Allitera Verlag

SIGRID BRAUNFELS, Kunsthistorikerin, war verheiratet mit dem Kunsthistoriker Wolfgang Braunfels, einem Enkel Adolf von Hildebrands, drei Kinder. Verfasserin einer Hildebrand-Werkmonographie sowie von Arbeiten über Leonardo, über die Geschichte der Vorstellungen von Maß und Proportionen des Menschen und seiner Architektur in Europa und über ikonographische Themen.

edition monacensia
Herausgeber: Monacensia
Literaturarchiv und Bibliothek
Dr. Elisabeth Tworek

Adolf von Hildebrand –
Ein Bildhauer über Kunst

Kritische Aufsätze zu architektonischen, städtebaulichen und allgemein kulturellen und künstlerischen Fragen

Herausgegeben von Sigrid Braunfels

Allitera Verlag

Dieses Buch enthält eine bearbeitete Auswahl der 1969 im Westdeutschen Verlag, Opladen erschienenen und 1988 nachgedruckten Fassung von Adolf von Hildebrands *Gesammelten Schriften zur Kunst*, die von Henning Bock erarbeitet wurde. Bocks Anmerkungen wurden übernommen, jedoch ohne seine ausführlichen Angaben zu weiterführender wissenschaftlicher Literatur.

Weitere Informationen über den Verlag und sein Programm unter:
www.allitera.de
Bibliographische Information der Deutschen Bibliothek:

Die Deutsche Bibliothek verzeichnet diese Publikation
in der Deutschen Nationalbibliographie;
detaillierte bibliographische Daten sind im Internet
über <http: // dnb.ddb.de> abrufbar.

Gefördert aus Mitteln der Adolf von Hildebrand-Stiftung München.

2. verbesserte und ergänzte Auflage August 2011
Allitera Verlag
Ein Verlag der Buch&media GmbH, München
© 2010 für diese Ausgabe: Landeshauptstadt München/Kulturreferat
Münchner Stadtbibliothek
Monacensia Literaturarchiv und Bibliothek
Leitung: Dr. Elisabeth Tworek
und Buch&media GmbH, München
Umschlaggestaltung: Sigrid Braunfels und Alexander Strathern
unter Verwendung von Zeichnungen von Adolf von Hildebrand
Herstellung: Books on Demand GmbH, Norderstedt
Printed in Germany · ISBN 978-3-86906-081-1

Inhalt

Einführung von Sigrid Braunfels 9

Über Quellen und Ausgangspunkt künstlerischen Schaffens . 28
Zum »Problem der Form« 28
Wie die Natur und wie die Kunst arbeitet 30
Über das Generelle und Individuelle in der Kunst 33
Gemalte und plastische Architekturformen 42

Architektur 44
Einiges über die Bedeutung von Größenverhältnissen in der
Architektur 44
Drei Fragmente über Architektur 51
Beitrag zum Verständnis des künstlerischen Zusammenhangs
architektonischer Situationen 53
    Michelangelos David und die Piazza della Signoria in
    Florenz 57
    Der Domplatz in Florenz 61
    Der Markusplatz in Venedig 63
    Die Engelsburg in Rom 65
    Die Feldherrnhalle in München 69
    Der Wittelsbacher Brunnen auf dem Maximiliansplatz in
    München 70
    Zur nachträglichen Tönung der Figurengruppen 74
    Über den Augustinerstock in München 77
    Über die Erweiterung der Alten Pinakothek in München . 79
    Über Museen und Ausstellungsanlagen 83
    Die Wittelsbacher und ihre Beziehung zur Kunst 87
    Zur Marktplatzfrage in Basel 90

Über Stil. Gutachten zur Wormser Dombaufrage 93
Über Zeitstil und Künstlerindividualität 96
Über moderne Städte und die künstlerische Frage 98
Über das Konkurrenzwesen 99
Alte Baudenkmäler in Gefahr 104
Der Kunstschutz in Italien (Zum Verkauf und Abriß von 106
Kunstwerken) 106

Architektur und Denkmale 109
Zur Frage der Kaiser-Wilhelm-Denkmale 109
Die Villa Borghese und das Denkmal des Königs Umberto ... 116

Allgemein kulturelle Fragen 121
Zur Museumsfrage 121
Über die Einzelinteressen in der Kultur 124
Gemeinsame Kulturinteressen 125
Venedig und Luftkrieg 126
Arbeiter und Arbeit 128
Handarbeit und Maschinenarbeit 133

Ein Künstler über andere Künstler 134
Über Michelangelos spätere Plastik 134
Auguste Rodin 143
Zur Hans-von-Marées-Ausstellung in der Sezession 151
Zum Verständnis der Kunst von Hans von Marées 153
Edgar Kurz – ein Nachruf 156
Hildebrands Auseinandersetzung mit Richard Wagner 158
 Vorbemerkung Henning Bock 158
 Vorbemerkung Sigrid Braunfels (2010) 159
 Auszüge aus einem unpublizierten Manuskript Hildebrands 160
 Hildebrand an seine Frau, 6. November 1893 161
 An Cosima Wagner [Florenz, Juni 1896] 161

Musik und Drama 163
Münchener Künstler-Theater (zum Bühnenbild) 163
Musik und Drama 165

Zur Ausbildung von Künstlern 167
Das Studium an Kunstakademien 167
Zur Ausbildung der Bildhauer 173
Antwort Hildebrands auf das Angebot einer Professur an der
Akademie der Bildenden Künste in München 176
Hildebrand zur Kunsterziehung seiner Töchter 178

Literatur 180
Bildnachweis 180

Einführung
Hildebrands Weg zur Architektur und zum Berater in städtebaukünstlerischen Fragen sowie seine wichtigsten Bauten und Projekte

Von Sigrid Braunfels

Von verschiedenen Seiten werden in jüngster Zeit Stimmen laut, die eine Neubesinnung im Städtebau fordern. Man drängt auf bewußte und stadtbaukünstlerische Erneuerung, die den Bewohnern der weltweit immer höher ragenden verglasten Stahlgerüsttürme, der konzeptverliebt konstruierten oder postmodern kippenden Büro- und Wohnsolitäre der Banken und Industriebauten menschliche Lebensqualität und heimatliche Bindung durch ansprechende räumliche Gestaltung bieten kann, inmitten dieser rein konstruierten, von Gewinnstreben, Moden und sogenannten Verkehrsnotwendigkeiten (siehe S. 127), auch dem Wunsch nach Energieeffizienz dominierten modernen Baukultur.

So ist es zu begrüßen, daß sich die Leitung der Monacensia, die sich seit 1977 im Hildebrandhaus befindet, entschlossen hat, der von Florian Sattler neu erstellten Auswahl von Briefen[1] eines weit über sein Fach hinausdenkenden und gestaltenden Bewohners Münchens, Adolf von Hildebrands, einen zweiten Band folgen zu lassen, der weitgehend unbekannte Aufsätze, Zeitungs- und Zeitschriftenartikel sowie Notizen und Briefstellen aus dem Nachlaß des einst berühmten Bildhauers enthält.

Sie behandeln allgemeingültige kulturelle und künstlerische Fragen, in der Mehrzahl aber Probleme der Städtegestaltung, das heißt der in früheren Zeiten bewußt bedachten Städteschönheit.[2] Anhand von

[1] Florian Sattler, *Adolf von Hildebrand und seine Welt. Briefe und Erinnerungen*, München 2008.
[2] Vgl. dazu: Wolfgang Braunfels, *Mittelalterliche Stadtbaukunst in der Toskana*, Berlin 1966. (Das Buch zeigt, daß die Beamten der Kommune alljährlich mehrere Monate Bestimmungen gesetzlicher Art für die Einhaltung und Förderung der Stadtschönheit, für die Gestaltung von Straßen und Plätzen und für den Kirchenbau erließen sowie entsprechende Verträge mit

konkreten Detailbeispielen hat Hildebrand solche Fragen öfter exemplarisch erörtert. Mit ihnen suchte er in öffentliche Entscheidungen von Baubehörden kritisch oder richtungweisend einzugreifen, nicht nur in München, sondern auch in anderen europäischen Städten.

Das gesamte schriftlich gefasste Denken des erfahrenen Bildhauers über Kunst und künstlerisches Schaffen, auch seine aufschlußreichen Jugenderinnerungen, vor allem aber alle noch aufgefundenen Entwürfe zu seiner besonders von Kunstpädagogen immer noch beachteten, psycho- und wahrnehmungsphysiologisch begründeten Bildhauerlehre »Das Problem der Form in der bildenden Kunst« wurde von dem Kunsthistoriker Henning Bock unter dem Titel »Adolf von Hildebrand. Gesammelte Schriften zur Kunst« veröffentlicht. 57 zum Teil gedruckt aufgefundene, zum Teil aus dem schriftlichen Nachlaß Hildebrands von Bock entzifferte Aufsätze beruhen letztlich auf den in »Das Problem der Form« dargelegten Vorgängen und Einsichten und auf den Folgerungen, die Hildebrand aus ihnen für die gestalterische und bildhauerische Arbeit zog.

Angesichts der Aktualität, die Hildebrands Äußerungen zu Architektur und Kunst des öffentlichen Raums gerade vor dem Hintergrund gegenwärtiger Erneuerungsbestrebungen im Städtebau wieder erlangt haben, schien es ein unerläßliches Desiderat, diese Kunst, Kultur und Architektur betreffenden Aufsätze – ergänzt durch einige Dokumente aus seiner Lehrtätigkeit und seinem Briefwechsel – einem breiten Publikum erneut zugänglich zu machen.

Adolf von Hildebrand – ein Architekt?

Hildebrand hatte nicht Architektur studiert und war offiziell nicht als Architekt registriert.

In Erinnerung an das »große Ereignis« seines zehnten Lebensjahres, als er zufällig in die Berner Universitätssammlung antiker Statuen geriet und sich ahnungslos mit »dieser Welt der nackten Statuen«[3] konfrontiert sah, entschied er sich als 16-Jähriger für die Ausbildung als Bildhauer. Aus den Künstlerlexika erfahren heutige Menschen daher nur, daß er

den Stadtbaumeistern schlossen.) Siehe ferner: Hans Kritschel, *Die gotische Stadt. Planungsbeispiel Landshut*, München 1988.

[3] So Hildebrand in seinen Jugenderinnerungen. Siehe: *Adolf von Hildebrand. Gesammelte Schriften zur Kunst*, bearbeitet und mit Einführung versehen

einer der bedeutendsten deutschen Bildhauer des späten 19. und frühen 20. Jahrhunderts gewesen ist, ein klassisch gestaltender Antipode Rodins. Münchner kennen ihn allenfalls als Schöpfer dreier großer, bewunderungswürdiger Brunnen in ihrer Stadt. Den Meisten ist der Name des Künstlers heute unbekannt. Dem gegenwärtigen Zeitalter der mehrheitlich ungegenständlichen und auf allen Gebieten experimentierenden oder politisch agierenden Künste ist Hildebrand uninteressant geworden. In weitgehender Unkenntnis seiner stadtgestalterischen Tätigkeit wurde und wird er wegen seiner frühen Einzelfiguren den Neoklassizisten zugerechnet, eine rein kunsthistorische Klassifizierung nach Stilen, der Hildebrand selbst entschieden entgegengetreten wäre mit dem lapidaren Satz: »Die künstlerische Phantasie lebt nicht in einer solchen Zwangsjacke« (siehe der Aufsatz »Über Stil«, S. 95).

Den 19-jährigen Bildhauer brachte das erste Italienerlebnis zu der Erkenntnis, welch bedeutende Rolle die gebaute Umwelt für uns Menschen spielt. Wer die innere Erregung und Überwältigung nachempfindet – in Briefen an die Eltern geschildert –, die Hildebrand beim Durchschreiten der Gassen, Straßen und Plätze von Verona, Florenz und Rom nicht nur vor Einzelbauten überfiel, sondern vor allem in den städtischen Straßenführungen und Platzanlagen, vor den malerischen und skulpturalen Dekorationen der Gebäude und der Einbeziehung figuraler Skulptur in öffentliche Architektur, der begreift, daß da eine tiefwurzelnde angeborene Veranlagung hervorbrach und das eigene Wollen in bestimmte Richtungen lenkte. Hier begann das lebenslange vom Augenerlebnis gelenkte Erkennen des künstlerischen Zusammenhangs architektonischer Situationen (siehe S. 53ff.) und die später in seinem Lehrbuch folgende schriftliche Darlegung der Einsichten und Folgerungen, die er aus eigenen Betrachtungen und aus wahrnehmungsphysiologischen Forschungen seiner Zeit für die Bildhauerei und ihre Praxis ebenso wie für die Befriedigung des wahrnehmenden Betrachterauges fruchtbar zu machen suchte.

Das Italienerlebnis machte ihm die Einheit der drei bildenden Künste (Malerei, Plastik und Architektur) bewußt und das Gipfeln der beiden ersten – so empfand er es – in der Architektur. Hier fand er die vorbildhafte Erfüllung und Anregung für sein späteres Wirken. Die

von Henning Bock, wissenschaftliche Abhandlungen der Arbeitsgemeinschaft für Forschung des Landes Nordrhein Westfalen, Bd. 39, Köln und Opladen 1969, 2. Auflage 1988, S. 456ff. (Im Folgenden zitiert als Bock) italienische Architektur und die Art ihrer Belebung durch Hinzufügung skulpturaler Werke ließ ihn das Hervortreten des tektonischen Elements in Kunstwerken und die Bedeutung erkennen, die es für die Wirkung der künstlerischen Gestaltung besitzt; eines Elements, das – verankert in unserem aufrechten Körperorganismus – als tektonisches Empfinden jedem Menschen angeboren ist und unbewußt als ordnend und wohltuend empfunden wird; eines Elements, das vor allem für die Architektur, aber auch für die anderen Künste ein konstituierendes Grundprinzip darstellt. Mit Hildebrands Worten: »Erst die architektonische Verarbeitung einer der Natur entnommenen Formenwelt macht ein Werk zum vollen Kunstwerk. Damit erst tritt Plastik und Malerei in die allen Künsten gemeinsame Sphäre aus der Welt des bloßen Naturalismus heraus in die Welt der wahren Kunst.« »Aus der Daseinsform in die Wirkungsform« hat er an anderer Stelle mehrmals diese Umwandlung eines aus der Natur gewonnenen Eindrucks (der Daseinsform) in eine »Wirkungs- oder Ausdrucksform« genannt. Hans von Marées' Lehre hat die Notwendigkeit der »architektonischen Verarbeitung« in ihm gefestigt: daß das Werk erst dadurch »auf eine höhere Kunststufe gehoben« werde, als sie ein imitatives Werk erreicht, das nur die Natur oder das Modell nachbildet.

Für den Blick des Bildhauers brachte ferner die Dreidimensionalität, die räumliche Erstreckung einer plastischen Figur und ihre von allen Seiten gleich eindrucksvoll zu gestaltende Formung eine natürliche Nähe zur dreidimensionalen, Raum gestaltenden oder begrenzenden, Raumerlebnisse vermittelnden Architektur.

Raum, räumliches Sehen und Erleben spielte bald eine ebenso bedeutende Rolle in Hildebrands Nachdenken wie das »architektonische Grundprinzip«. »Unser Verhältnis zum Raum findet in der Architektur seinen direkten Ausdruck«, heißt es in »Das Problem der Form« in dem der Architektur gewidmeten Kapitel: »Die Raumvorstellung und ihr Ausdruck als Erscheinung«. Im Räume und Plätze gestaltenden Wesen der Architektur hatte sich Hildebrand deren Rolle als Gipfel der bildenden Künste eröffnet und festigte den Wunsch, selbst auf solche Weise »architektonisch« zu wirken, auch auf der Ebene seines ursprünglich gewählten Fachs, der plastischen Bildhauerei: Denn eine plastische Figur war für Hildebrand ein dreidimensionales Gebilde, Raum einnehmend wie wir selbst, und von Raum umgeben; sie wird von jedem Betrachter räumlich und vom tastend bewegten Auge in

Beziehung zu dem sie umgebenden Raum erlebt. Nicht nur von ihrer eigenen tektonischen Formung, sondern auch von der Wahl ihres Aufstellungsortes und dessen sie umgebenden gestalterischen Qualitäten hängt es ab, ob sie mehr oder weniger unbemerkt bleibt oder ob ihre künstlerische Bedeutung für den Betrachter anschaulich wird.

So gab es seit der Münchner Zeit selbst unter den Arbeiten des 40-jährigen Bildhauers kaum ein Porträt oder eine Figur, denen er nicht eine Art ihnen zugehörigen Raums geschaffen hätte: eine Nische, einen besonderen, passend gestalteten Rahmen, beim Porträt öfter auch einen nur ihm zugehörigen Hintergrund, etwa eine kleine wandartige Formation, die es von ringsum verstreuten beliebigen Gegenständen in einem privaten Zimmer sonderte und ihm Beachtung sicherte.

Schließlich trat er mit eigenen Bauprojekten an die Öffentlichkeit und hatte mit seinem ersten großen Brunnen, dem *Wittelsbacher Brunnen*, und dessen monumentalen, in die vorhandene Situation komponierten Figuren, den Durchbruch zur Anerkennung als bedeutender Meister städtischer Platzgestaltung und als einer der fähigsten Bildhauer seiner Zeit erreicht, hatte »mit der ihm gegebenen moralisch-künstlerischen Autorität die Verfinsterung des Münchner Stadtkerns verhindert.«[4]

Dennoch ist es heute nahezu völlig vergessen, daß er auf baumeisterliche Art weit über seine figürliche Bildhauerei hinaus gedacht und gearbeitet hat, daß er neben kleineren architektonischen Aufträgen und bei eigenen Grabmalarbeiten und Denkmalen als entwerfender Architekt gewirkt hat; daß er mit vielbeachteten architektonischen Konkurrenzentwürfen bei wichtigen öffentlichen Preisausschreiben hervorgetreten und schließlich als Mitglied der von Prinzregent Luitpold 1901 gegründeten Monumentalbaukommission maßgeblich an vielen Entscheidungen über größere städtische Bauvorhaben in München beteiligt war und außerhalb Münchens sehr oft als Berater in Fragen städtebaukünstlerischer Gestaltung und als der bedeutendste Platzgestalter seiner Zeit herangezogen wurde. Vergessen ist ebenso, daß er in seinen platzgestaltenden und städtebaulichen Arbeiten wie in seinen Brunnen bewußt an den Barock anknüpfte, weil dieses Zeitalter ausgezeichnet ist durch höchste Leistungen in bewußter Stadtbaukunst.

Der Bildhauer Toni Stadler (1888–1982) wußte durch seinen Vater –

[4] Curt Hohoff, *München*, München 1979, S. 244. Siehe auch Sigrid Esche-Braunfels, *Adolf von Hildebrand (1847–1921). Werkmonographie*, Berlin 1993, S. 453–518.

der als Maler und Direktor der Münchner Kunstakademie im Gremium der Monumentalbaukommission mitwirkte – und hat es berichtet, daß der Kronprinz Rupprecht als oberste Entscheidungsinstanz bei großen kulturellen Bauvorhaben vor jeder entscheidenden Sitzung Hildebrand aufsuchte und sich von ihm genau informieren und beraten ließ. Und Julius Meier-Graefe, der einflußreiche Kunstschriftsteller und Autor der beeindruckenden Monographie über Hans von Marées und sein zeichnerisches wie malerisches Werk, schrieb, obwohl er manches an Hildebrands Kunst auszusetzen fand, nach der Vollendung des *Hubertusbrunnens* (1909): »Hildebrands Besitz ist der eines Baumeisters – eines bewundernswerten Baumeisters« und: »Der Münchner Hubertustempel ist ein Juwel der Architektur« und »Als man im Jahr 1889 Hildebrands Entwürfe für das *Kaiser-Wilhelm-Denkmal* in Berlin (siehe S. 110, Abb. 27, S. 115, Abb. 28 und 29) ablehnte, brachte man die Hauptstadt um die vielleicht einzige Gelegenheit, eine würdige Monumentalarchitektur zu erhalten, die womöglich das Schicksal der Stadt Berlin in glücklichere Bahnen gelenkt hätte.«[5]

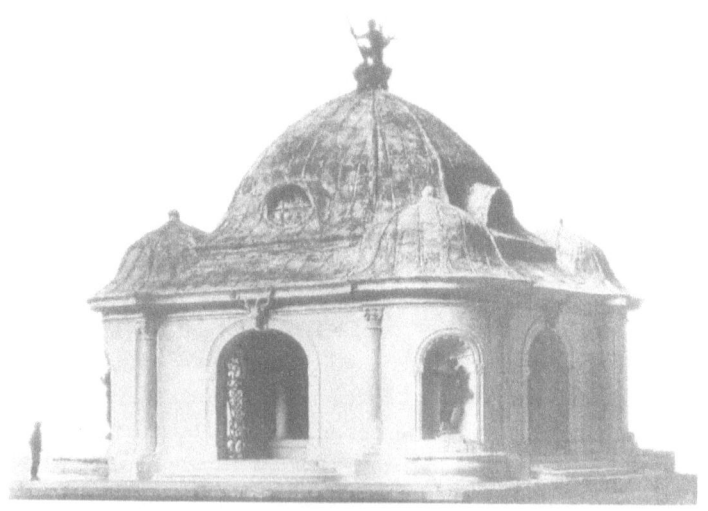

Abb. 1: Das letzte, 1904 eingereichte Modell des *Hubertustempels*, noch ohne die endgültige, flachere Kuppelform (siehe auch Abb. S. 25)

[5] Julius Meier-Graefe, *Entwicklungsgeschichte der modernen Kunst in drei Bänden*, Band II, München 1987, S. 417.

Solche Urteile, solche Anerkennung von Hildebrands Urteilsfähigkeit in wichtigen städtebaulichen Entscheidungen sind – wie seine Aufsätze – nicht lediglich als historisch interessante Anschauungen einer für uns nicht mehr maßgeblichen Epoche zu werten. Sie geben uns vielmehr zu bedenken, aus wieviel persönlicher und zugleich sachlich objektiv und überzeitlich künstlerischer Erfahrung und Arbeit diese Urteilsfähigkeit erwuchs; aus wie viel wacher, stets gleichzeitig schauender und denkender Beobachtung der jeweils ländlichen oder städtischen Umgebung, der so oft sinnlosen Abrisse oder der unsensibel an falsche Stellen gesetzten Neubauten. Oft nur kleine Anbauten, Treppen, Tore, Türme, über die Jahrhunderte von Generationen guter Baumeister an gutem alten Bestand weitergebaut – so Hildebrand (siehe S. 55f.) –, lehren uns zu sehen, wie sie es verstanden, die vorgefundene Situation angemessen und mit künstlerischem Sinn fortzuentwickeln.

So wollte auch Hildebrand wirken, so entstanden als Zeugnisse seiner Befähigung nach der ein- und ausdrucksvollen Formung und angemessenen Größe des *Wittelsbacher Brunnens* zwischen hohen Häusern am steilen Ende des abgebrochenen alten Stadtwalls – Wölfflin hat ihn als den »Festeingang Münchens« bezeichnet – seine anderen großen Brunnen sowie zahlreiche Denkmale, für die er ebenso den dem Auftrag gemäßen Platz selbst bestimmte und dem Werk entsprechende Form und Größe gab. Wo er städtische Räume und Straßen mitgestalten konnte, galt dies – nach seinen eigenen Worten – der Befriedigung eines allen Menschen angeborenen natürlichen Schönheitsempfindens.

Die Bedeutung einzelner Bauten innerhalb eines städtischen Zusammenhangs stehe unter dem »Gesetz der Kunst« – so nannte es Hildebrand – nämlich: Ein jedes Werk sei stets als Teil eines Größeren, einer Situation gedacht; zwischen der Form eines Gebäudes und der seiner Platzumgebung müsse ein innerer Zusammenhang reinster Folgerichtigkeit existieren (siehe hierzu den Aufsatz »Über den künstlerischen Zusammenhang architektonischer Situationen« mit seinen vielen Beispielen).[6] Hildebrand war eine zweifache Gabe verliehen: erstens die

[6] Hildebrand an seine Frau am 18. Februar 1895: »[...] Du weißt ja, ich lausche mit einem Ohr immer auf das, was sich so von selbst fügt und daran füge ich dann noch ein eigenes Stück. Ich muss aber vorher fühlen, daß der Hang dahin in der Situation liegt. [...] das bloß gewollte ist mir gegen die Natur und hat auch was unkünstlerisches. Ich sehe deshalb Allerlei vor mir. [...]« Bernhard Sattler, *Hildebrand und seine Welt*, a. a. O., S. 426.

Kraft der rationalen Durchdringung eines visuellen Sachverhalts und zweitens die intuitive Fähigkeit, die künstlerische Form zu finden, die der von der Erkenntnis kommenden Einsicht positiv, das heißt schöpferisch und nicht nur in den Konventionen und Formen der jeweiligen Gegenwart antwortet.

Es gibt weitere überzeugende Urteile über Hildebrands Autorität auf dem Gebiet architektonischer Gestaltung: Heinz Wetzel, seit 1925 Professor für Städtebau an der TU Stuttgart, hat geschildert, wie ein einziger Tag mit Hildebrand, die gemeinsame Betrachtung einer im Hügelgelände über Florenz liegenden Villa, durch Hildebrands eindrucksvolle Analyse der Mittel, die ihre Gestalt innerhalb ihrer landschaftlichen Umgebung steigere, für ihn ein Wendepunkt in seinem Leben als Architekt und Lehrer gewesen sei:

»Gelegentlich einer Studienreise durch Italien 1911 wandelte ich mit Theodor Fischers Freund Adolf von Hildebrand an einem [schönen] Florentiner Frühlingsmorgen im Kreuzgang des alten Klosters San Francesco auf und ab [damals Hildebrands Eigentum und alljährlicher Frühjahrsaufenthalt, das er allein bewohnte, seit der ehemalige Mitbewohner, sein Freund Hans von Marées, sich ganz in die Vereinsamung zurückgezogen hatte]. Es war von Architektenerziehung die Rede und vom Wert der Studienreisen nach Italien. Hildebrand fragte mich, was ich hier treibe, und ich kam mir sehr auf der Höhe vor, als ich ihm sämtliche ›Rosinen‹ von Florenz lückenlos memorierte mit der Behauptung, das alles zu studieren und zu zeichnen. ›Dachte ich mir's doch‹, sagte Hildebrand, ›aber das haben schon Hunderte und Aberhunderte vor Ihnen getan, das führt nicht weiter, das sind abgeschlossene Sachen, die gehen Sie eigentlich gar nichts an. Sehen Sie einmal dort drüben auf dem Berg diese Villa an, was fällt Ihnen da Besonderes auf?‹ ›Nichts‹, war meine Antwort. Und nun zeigte er mir, wie ausgezeichnet der Kubus proportioniert war, wie richtig der Baukörper in die Landschaft gestellt war, wie er gewissermaßen in der Landschaft wurzelte und aus dem Landschaftsbild gar nicht mehr wegzudenken war. Der Baukörper stand genau auf dem Geländebruch, auf der Faltung zwischen Abhang und Plateau, in seiner Bildwirkung die Faltung übersteigend. Der Kubus war langgestreckt und schmal, die charakteristische Landschaftsform im Kleinen wiederholend. Obwohl die Schmalseite des Hauses an sich etwas zu gestelzt gewesen wäre, wirkte sie ganz behaglich breit. Und nun ließ Hildebrand mich dahinterkommen, mit welchen Mitteln die Breitenwirkung erreicht war. Es waren nämlich in jedem Stockwerk nur zwei Fenster in der Schmalwand, und diese Fenster waren, so weit es überhaupt ging, nach außen gerückt. So wurde die Breite unterstrichen, wogegen eine Betonung der Mittelachse durch Fenster die an sich schmale Fassade in zwei noch krasser gestelzte Hälften aufgespalten hätte. Dann machte er mich aufmerksam auf die Betonung der Längswand durch eine Reihe großer Fenstertüren, die gewissermaßen das Gesicht des Hauses nach dem Tale, dem Arno und der Stadt ausrichteten und so die Beziehung oder besser Zuordnung der ganzen Anlage zum Arno-Raum ausdrückten. Das Gefalle des Hanges war mäßig, im Gesamtbild war es aber immer noch prägnant und eindrucksvoll. Der Kniff dabei war die wundervoll ausgewogene Neigung des stark überkragenden Daches: Die Neigung des Hanges war immer noch steiler als die des Daches. Sogar auf die Bepflanzung des Parks dehnte sich die Betrachtung aus. Um das Aufsteigen des Hanges zu unterstreichen, war der Hangabfall ausschließlich mit Zypressen bepflanzt. Der an die Rückfront anschließende ebene Teil des Gartens war mit Pinien bestückt, die mit ihren flachen, breiten Schirmen den Eindruck des Flachen unterstützten. Die klare Ausrichtung dieser Bepflanzung unterstrich auch das schlicht Kubische des Baukörpers, die Zypressen das Aufgerichtetsein des Hauses über dem Flußtal, die Pinienschirme mit der Betonung der Horizontalen das Gelagertsein des Anwesens auf der Plattform. ›Nur an den einfachsten Dingen können Sie hier lernen! Was haben Lenbach und ich uns für Mühe gegeben, Ihren Meister Theodor Fischer für diese Sehform aufzuschließen!‹ Diese Unterhaltung hat mir erst das Verständnis für meinen Lehrmeister, den großen Schweiger Theodor Fischer, geweckt. Das war das einzige Mal in meinem Leben, daß ich mit Hildebrand allein zusammen war, und dieser Tag war für mich ein Wendepunkt.«[7]

[7] Heinz Wetzel, *Stadtbaukunst. Gedanken und Bilder aus dem Nachlaß*, Stuttgart 1962, S. 52.

Auch die Schriftstellerin Isolde Kurz hat in ihren Erinnerungen die besonderen Eigenheiten des von Hildebrand für sie in der Ferienkolonie Forte dei Marmi gebauten kleinen Hauses ausführlich geschildert, »dessen Äußeres« verwirklichte Hildebrands Absicht, »auf kleinstem Raum den Eindruck des Mächtigen zu geben« (vgl. »Drei Fragmente über Architektur«, S. 51).

»Mein Haus war ein Geisteskind Hildebrands. Er erläuterte daran gern seinen Satz, daß durch weise verteilte, breit gelagerte Fenster und Türöffnungen ein kleiner Bau größer wirkte.«[8]

Ich meine, daß man es als seltenen Glücksfall bezeichnen kann, daß ein Künstler, der das Kunstgeschehen seiner Zeit in der Vernetzung mit politischen Interessen und Entscheidungen aus schöpferischen Augen mit klugem Instinkt verfolgte und bedachte, seine Gedanken über inner- und außerkünstlerische Bedingungen für geglückte Kunst nicht nur im Werk, sondern auch in zahlreichen schriftlichen, sein Urteil begründenden Zeugnissen in Worte fasste; Worte, die in unserer Kultur gerade da wieder bedenkenswert sind, wo so viele sichtbare Beispiele guter Stadtbaukunst durch die Kriege der Menschen vernichtet wurden und nun sehr oft durch unsensible solitäre architektonische Lösungen ersetzt werden.

Im Folgenden seien die neben der schriftlichen Fixierung seiner Schaffensgedanken stehenden wichtigsten Realisierungen von Bauten und zeichnerisch genauer faßbaren Projekten auf Hildebrands Weg als Architekt und Berater genannt.[9]
Sogleich nach der Niederlassung in San Francesco in Florenz scheint der 24-jährige Hildebrand durch Gespräche und Kritik über Architektur dortige Bekannte so beeindruckt zu haben, daß er sie zu kleinen architektonischen Aufträgen veranlassen konnte und dann in Neapel den Zoologen Anton Dohrn, der soeben den Bau seiner *Zoologischen*

---

[8] Isolde Kurz, *Die Pilgerfahrt nach dem Unerreichlichen. Lebensrückblick*, Tübingen 1938, S. 378ff. Die ganze Beschreibung ist abgedruckt in: Sigrid Esche-Braunfels, *Werkmonographie*, a.a.O., S. 492.
[9] Die hier kurz genannten Bauten und Projekte sind ausführlich beschrieben und abgebildet in: Sigrid Esche-Braunfels, Werkmonographie, a.a.O., im Kapitel »Hildebrand als Architekt«, S. 453–524.

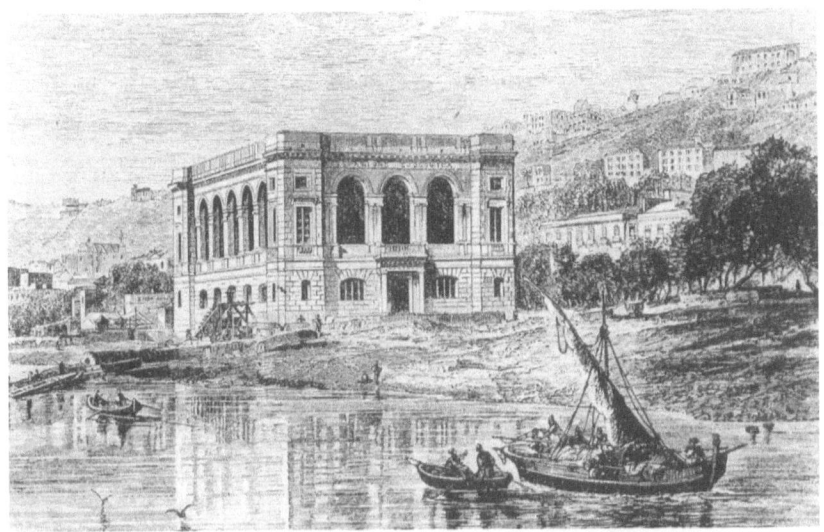

Abb. 4: Der nach Hildebrands Entwurf entstandene erste Bau der *Zoologischen Station* in Neapel

Station in Angriff nehmen wollte, dafür gewann, die bereits von einem italienischen Architekten entworfene Fassade des Baus zu verändern und nach seinen (Hildebrands) Entwürfen fertigen zu lassen.

Auch zu der berühmten Ausmalung des später als Bibliothek genutzten Raums in der Station mit den bedeutenden Fresken von Hans von Marées hat der 26-Jährige abermals Anton Dohrn überredet und dafür die gemalte architektonische Gliederung für die Freskenfelder erdacht und ausgeführt: mit den ornamental verzierten Pilastern und den großen mit Muschelrundbögen abgeschlossenen geriffelten Wandfeldern dazwischen, als Hintergrund für die von ihm gefertigten Monumentalbüsten Darwins und seines Gegenspielers Ernst Baer. 15 Jahre später beauftragte Dohrn Hildebrand erneut mit der Gestaltung der Fassaden der von ihm selbst im Inneren entworfenen Erweiterungsbauten der Station.

Doch erst 1888/89, mit 42 Jahren, versuchte Hildebrand aus seiner mehr oder weniger autodidaktischen Florentiner Isolation herauszutreten – mit der Teilnahme an der großen Konkurrenz für das *Kai-*

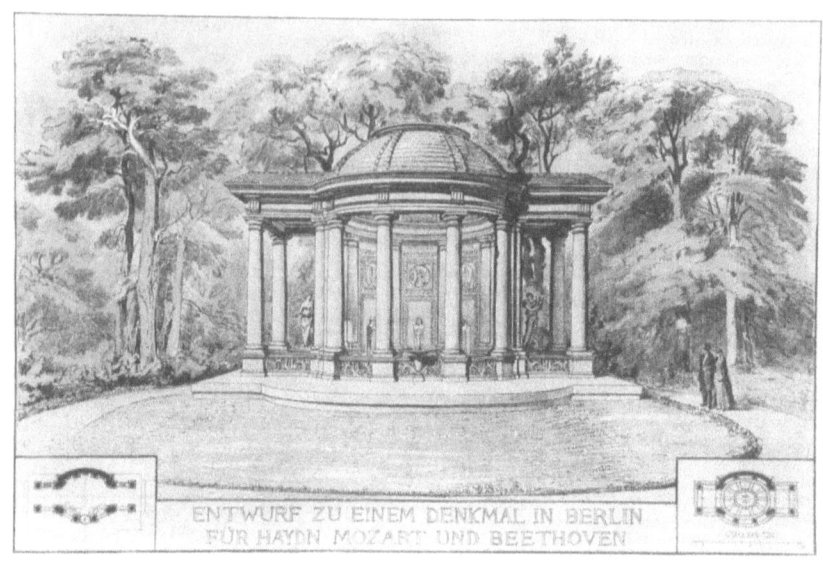

Abb. 5: Konkurrenzentwurf für ein *Haydn-Mozart-Beethoven-Denkmal* im Berliner Tiergarten

ser-Wilhelm-Gedächtnismal in Berlin. In einjähriger Arbeit – zuletzt mit Hilfe des jungen Architekten Emanuel la Roche – entstand ein sorgfältig ausgeführtes Gipsmodell einer großen Architektur, einer überwölbten Halle mit eingebundener Skulptur, mit der er der Öffentlichkeit jenen »Besitz eines bewundernswerten Baumeisters« dokumentierte, den Meier-Graefe rühmte (siehe S. 14 und Abb. S. 110 und 115). Der Entwurf gehörte zu den Favoriten des ersten Preises. Aber der Kaiser lehnte Architektur für dieses Denkmal ab und wählte das Reiterdenkmal des ihm vertrauten Bildhauers Reinhold Begas. Hildebrand erhielt mit drei anderen Einsendern den zweiten Preis.[10]

Dies war für Hildebrand der Beginn einer Reihe großer Enttäuschungen auf dem Gebiet architektonischer Planungen. Auch die fast gleichzeitige, durch Aufforderung veranlasste Beteiligung an der Konkurrenz für ein *Haydn-Mozart-Beethoven-Denkmal* (siehe

[10] Die Briefe, in denen sich Hildebrand und seine Freunde zu den Berliner Vorgängen äußerten, bei Bernhard Sattler, *Hildebrand und seine Welt. Briefe und Erinnerungen*, München 1962, S. 331–333.

Abb. 5) im Tiergarten in Berlin, von Hildebrand mit einem kuppelbekrönten offenen Pavillonentwurf beschickt, an der Rückwand drei Hermen, und von vielen Jurymitgliedern favorisiert, scheiterte an des Kaisers Ablehnung von Architektur.

Ein kuppelüberwölbter Raum, in dem der Mittelpunkt des Gewölbes so tief liegt, daß der darin Stehende sich noch innerhalb des Kuppelgewölbes und ganz von ihm umschlossen fühlt, war seit Hildebrands erstem Betreten des römischen Pantheons sein architektonischer Lieblingsgedanke, eigentlich ein der Skulptur naher Formgedanke. Hier zeigte sich der Bildhauer. Er hat ihn in zahlreichen Entwürfen variiert und ein paar Mal in kleinerem Maßstab an eigenen Bauten verwirklicht oder zu verwirklichen gesucht, nicht nur an seinem zweiten Hauptwerk, dem *Hubertustempel* (siehe Abb. 1) und an einem *Grabmausoleum in Kiel,* sondern auch an einem Projekt für eine *Kunsthalle an der Binnenalster* in Hamburg, in Entwürfen für eine *Trinkhalle* in einem Kurort und für ein *Atelier,* das er nahe seinem Ferienhaus in Forte die Marmi für sich selbst plante und dessen Bau von ihm selbst entworfen war. Auch das längere Zeit offiziell für München geplante *Marées-Museum,* für das Hildebrand Zeichnungen und ein Gipsmodell[11] (siehe S. 154, Abb. 30 bis 32) fertigte, sollte einen achtekkigen, kuppelartigen Raum enthalten: den Mittelsaal für die Neapler Fresken. Abermals scheiterte dieser Plan in Berlin, diesmal an den Bedingungen des Ministeriums, die Anton Dohrn verärgert zum Rückzug seiner Einwilligung zur Überführung der Fresken nach München brachten.

Für Freunde hatte Hildebrand viele Häuser in seinen Skizzenbüchern entworfen. Bekannt wurden außer seinem *eigenen Haus* in München und seinem *Ferienhaus in Forte* (siehe Abb. 6) zwei weitere: das *für Hermann Levi bei Partenkirchen* (siehe Abb. 7) entworfene, das sogar an seiner Außenwand in einem skulpierten Inschriftband Hildebrand als Baumeister nennt, und das nicht mehr erhaltene der befreundeten Schriftstellerin Isolde Kurz. Es lag nahe dem originellen Ferienhaus, das nach dem Zweiten Weltkrieg zugunsten eines Hotels in einer Nacht- und Nebelaktion abgerissen wurde, bevor am nächsten Tag das Abrißverbot der italienischen Denkmalpflege eintraf.

[11] Im Depot der Neuen Pinakothek München.

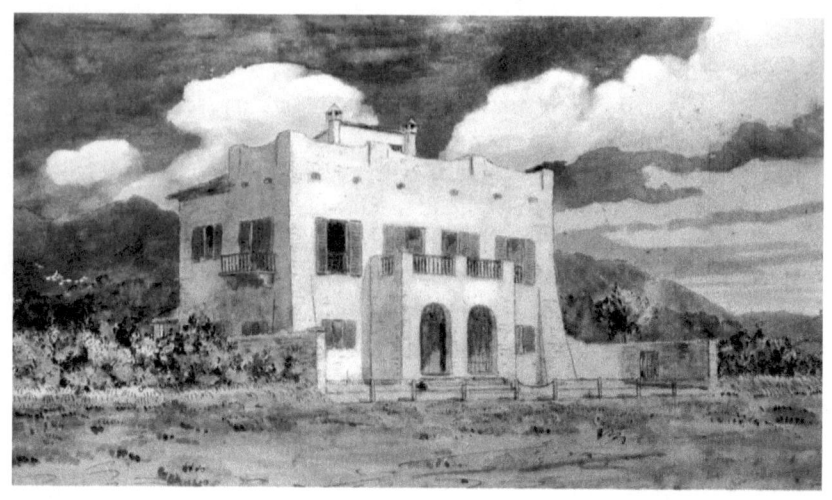

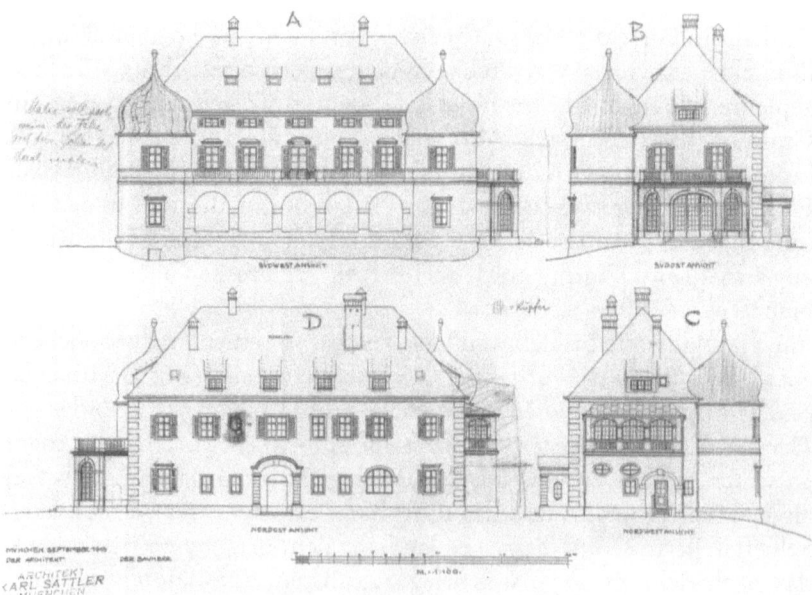

Abb. 6: Ferienhaus Hildebrands in Forte dei Marmi

Abb. 7: Ansichten des für den Dirigenten Hermann Levi nach Hildebrands Entwürfen gebauten Hauses bei Partenkirchen

Abermals mit großer Enttäuschung verbunden war die sich über viele Jahre hinziehende Arbeit an einem *Bibliotheks- oder Stadthausentwurf in Worms* (siehe S. 95, Abb. 26) hinter Hildebrands *Siegfriedbrunnen*, der schließlich wegen seines »italienischen« Stils abgelehnt und dem im »deutschen« Stil arbeitenden Theodor Fischer übertragen wurde.

Ähnlich wie bei den großen Konkurrenzentwürfen für Berlin erging es in den Jahren 1903 bis 1905 den schon weit in Plänen, Modell und Zeichnungen ausgearbeiteten Entwürfen für die *Schackgalerie* und das neue *Preußische Gesandtschaftsgebäude* in München (siehe Abb. 8), die Kaiser Wilhelm II. zwar genehmigt hatte, aber zur Ausführung seinem Hofarchitekten Ernst von Ihne übergab, der sie dem Münchner Architekten Max Littmann, dem Erbauer des Prinzregententheaters und der Villa Stuck, zur Überarbeitung sandte. Dieser gab sie wiederum weiter an einen jüngeren Mitarbeiter, welcher vor allem das Äußere dem preußischen Geschmack entsprechend veränderte.

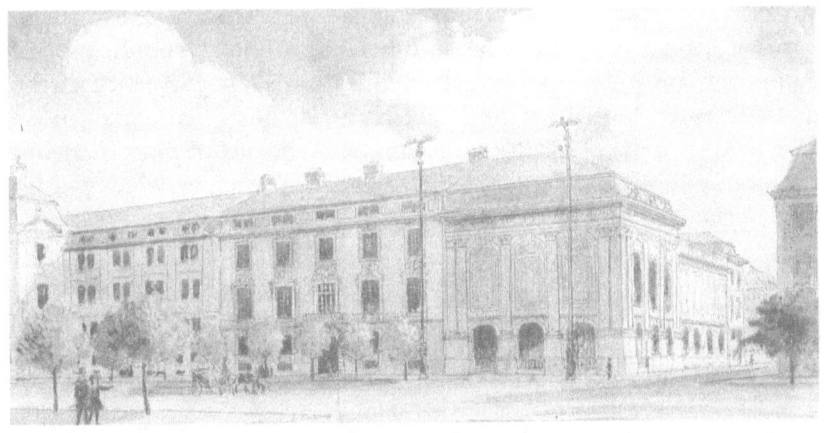

Abb. 8: Entwurfszeichnung für Schackgalerie und Preußisches Gesandtschaftsgebäude in München

Carl Sattler, Schwiegersohn und Schüler Hildebrands, der auf Theodor Fischers Rat nach seiner architektonischen Ausbildung in Hildebrands Werkstatt Mitplaner und Zeichner der Eingabepläne für die genehmigenden Behörden wurde, schrieb in seinen Erinnerungen:

»Wie es möglich war, daß ein so bedeutender Bau so elendiglich zustande kommen konnte, ist nicht in die Öffentlichkeit gedrungen.«
Für München hat sich Hildebrand immer mit vielen Entwürfen an großen Projekten beteiligt. Die Gestaltung des Brunnenplatzes, der Grottenwand und der Treppenanlage unter dem Friedensengel[12], auch die beidseitige Straßenführung von der Isarbrücke um parkartige Anlagen herum zur Höhe des Monuments (1897 zur Zeit der Ausführung des *Wittelsbacher Brunnens*) ist ziemlich sicher von seinen Ratschlägen inspiriert worden. Seine drei monumentalen in München befindlichen Brunnen, die großen Beispiele städtischer Platzgestaltung, waren allerdings von Mißgeschick verfolgt: Der *Wittelsbacher Brunnen* erlitt im Zweiten Weltkrieg teilweise Zerstörung, die jedoch von seinem Meisterschüler und Mitarbeiter Theodor Georgii meisterlich wieder hergestellt wurde[13], ist aber heute, von starkem Verkehr umgeben, der Aufmerksamkeit der Vorüberbrausenden entzogen. Der *Hubertusbrunnen* wurde durch Hitlers Aufmarschpläne gegenüber dem von ihm veranlassten Luftfahrtministerium von seiner großen Platzanlage vor dem Bayerischen Nationalmuseum aus der Kunstmeile Münchens entfernt[14], doch nach dem Krieg mit Unterstützung von Kronprinz Rupprecht am Ende des Nymphenburger Kanals wiedererrichtet, wo er freilich der Aufmerksamkeit der Kunstinteressierten entzogen ist. Den dritten nach seinem Stifter genannten *Reinhardbrunnen*, der einst für Straßburg auf einem großen Platz vor dem Theater errichtet worden

---

[12] Siehe Sigrid Esche-Braunfels, *Werkmonographie*, a.a.O., S. 487.
[13] Siehe Vincent Mayr und Sigrid Braunfels, *Der Wittelsbacher Brunnen in München. Die Wiederherstellung nach dem Zweiten Weltkrieg durch Theodor Georgii*, in: Schönere Heimat (92. Jg.), Heft 3/2003.
[14] Ein Gutachten, das die Stadt München von der obersten Baubehörde und von Gabriel von Seidl, dem Architekten des Bayerischen Nationalmuseums eingeholt hatte, ehe die Stadt beschloß dem Prinzregenten Luitpold ein Denkmal zum 85. Geburtstag nach Hildebrands Plänen zu stiften, erklärte: »Die Terrasse vor dem Bayerischen Nationalmuseum samt Prinzregentendenkmal und Hubertustempel steht mit dem Museumsgebäude in unmittelbarem Zusammenhang und bildet gewissermaßen erst den Abschluß der gesamten Bauanlage.« Siehe dazu Hildebrands Brief an den Münchner Bürgermeister von Borscht, Frühjahr 1904, in dem er die Gesamtanlage der Terrasse vor dem Museum mit Reiterdenkmal und »architektonischem Schmuck« des Brunnens in ihren aufeinanderfolgenden Größenverhältnissen darlegt. Siehe Florian Sattler, *Adolf von Hildebrand*, a.a.O., S.81ff.

war, haben die Franzosen nach dem Ersten Weltkrieg abgerissen.¹⁵ Er wurde von aufmerksamen Stadtvätern (ohne seine schöne Balustrade) im Tausch gegen einen kleinen Brunnen eines Straßburger Künstlers für München gerettet, hier aber, seiner stadtbaukünstlerischen Funktion beraubt, im wenig besuchten Abseits der Isarinsel gegenüber dem Deutschen Museum wiedererrichtet.

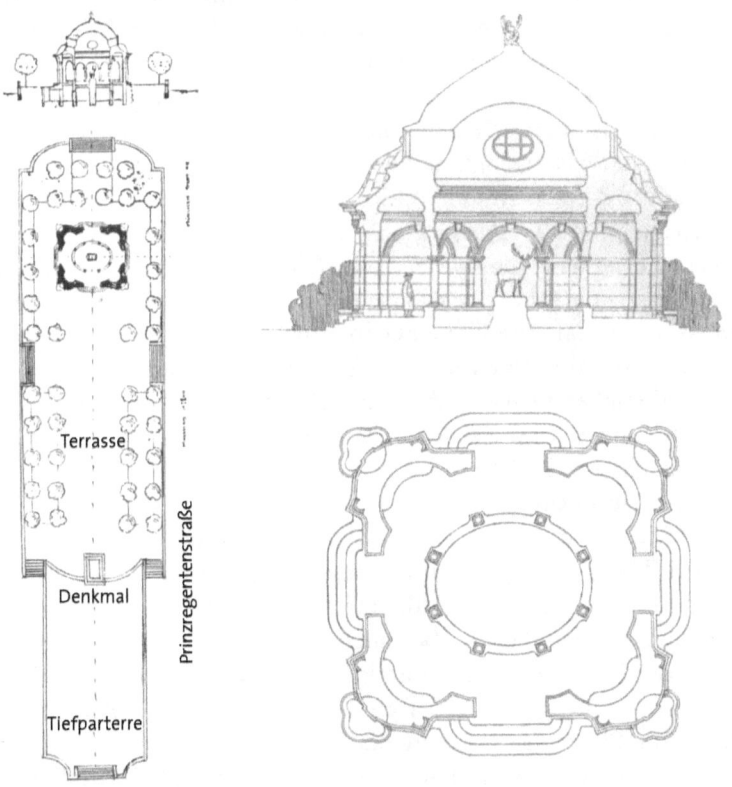

Abb. 9: Grundriß der Gesamtanlage vor dem Bayerischen Nationalmuseum mit Hubertustempel

Abb. 10: Blick ins Innere des Hubertustempel (oben) und Tempelgrundriß (unten) siehe auch S. 14

¹⁵ Hildebrand an Kronprinz Rupprecht, Oktober 1919: »Die Zerstörung des Straßburger Brunnens ist einfach dumm, daß sie die Figur entfernt haben, ist noch zu verstehen, aber die ganze Anlage mitsamt dem Bassin ist sinnlos. An der lag mir mehr als an der Figur des Vater Rhein.« (Bernhard Sattler, *Adolf von Hildebrand*, a.a.O., S. 703) Rupprecht war bereit, die Figur zu kaufen.

Beachtlich waren Hildebrands Vorschläge zur lange geplanten *Erweiterung der Pinakotheken* (siehe S. 82, Abb. 19 und 20), die aber dann nicht zustande kam. Auch beteiligte er sich an Entwürfen für Reliefs und Anbauten an das Armeemuseum und den *südlichen Zugang zum Hofgarten-Tiefparterre* (siehe S. 91, Abb. 23 bis 25), ein Projekt, das wegen des Ersten Weltkriegs aufgegeben wurde.

Gegen Ende seines Lebens fesselten ihn nach spektakulären Theaterbrandkatastrophen in Stuttgart und Wien Möglichkeiten zur Verhinderung solcher Unglücksfälle. Er beteiligte sich an der Konkurrenz für einen neuen *Theaterbau in Stuttgart*, bei dem es ihm, wie bei einem kleinen Theaterprojekt an der Theresienstraße in München, um ein neuartiges von ihm mit dem musiktheoretisch interessierten Münchner Architekten A. Zeh sorgfältig ausgearbeiteten *System von Treppenanlagen* ging, das eine schnelle Flucht aller Theaterbesucher ermöglichen sollte (siehe Abb. 12). Auch eine interessante Konstruktion der Ränge, die sich an den Seiten auf die Bühne hin so senkt, daß alle Besucher in stufenartig angeordneten Sitzreihen den frontalen Blick auf die Aufführung haben konnten, zeigte sein praktisches Denken. Aber die Zuschreibung des ersten Preises war schon im Voraus zwischen dem Intendanten und Max Littmann abgesprochen – Hildebrands und Zehs Neuerrungenschaften fanden gar keine Beachtung.

Bei einem Entwurf für ein *Mozarttheater* in Wien, um den die Fürstin Thurn und Taxis und Hugo von Hofmannsthal nach dem Brand des Ringtheaters Hildebrand gebeten hatten, ging es wieder nur um Treppenanlagen, aber auch um die städtebauliche Situation. Hildebrand lieferte einen sorgfältigen Grundriß des Zuschauer- und Garderobenraums sowie der Ränge und Treppen; vom Äußeren dagegen, da die Platzfrage noch unentschieden war, nur zwei verschiedene Bleistiftentwürfe des mit flacher Kuppel überwölbten Rundbaus. Der Krieg verhinderte Fort- und Ausführung (siehe Abb. 11).

Zeugnisse für Hildebrands praktisches Denken sind auch zeichnerische Entwürfe – wie sie einst Leonardo machte und wie sie in Chicago verwirklicht wurden – für zweistöckige Fußgängerstraßen zur Entlastung des städtischen Straßenverkehrs: Die Zugänge zu den Geschäften lagen in den oberen Straßen. Bemerkenswert sind ebenfalls genau ausgeführte zeichnerische Pläne für ein großes mehrstöckiges Weltausstellungsgebäude mit Auf- und Abfahrtrampen für Fuhrwer-

ke. Für sie war – wie für andere Aufträge Hildebrands – der Erste
Weltkrieg wiederum das Todesurteil.

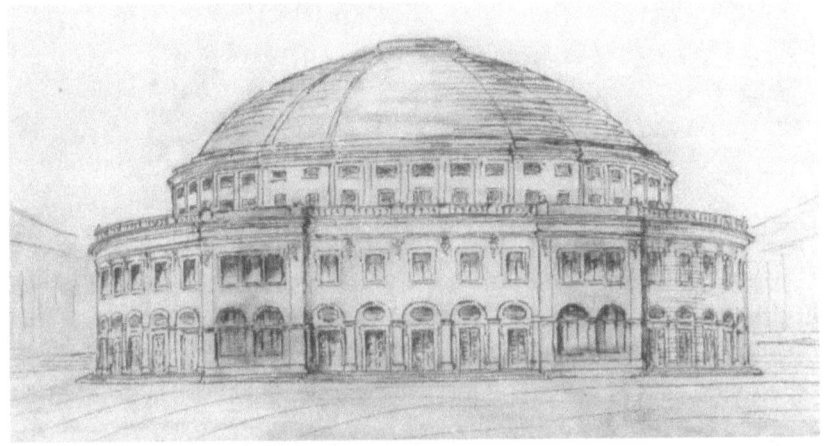

Abb. 11: Hildebrands Entwurf für ein Mozarttheater in Wien

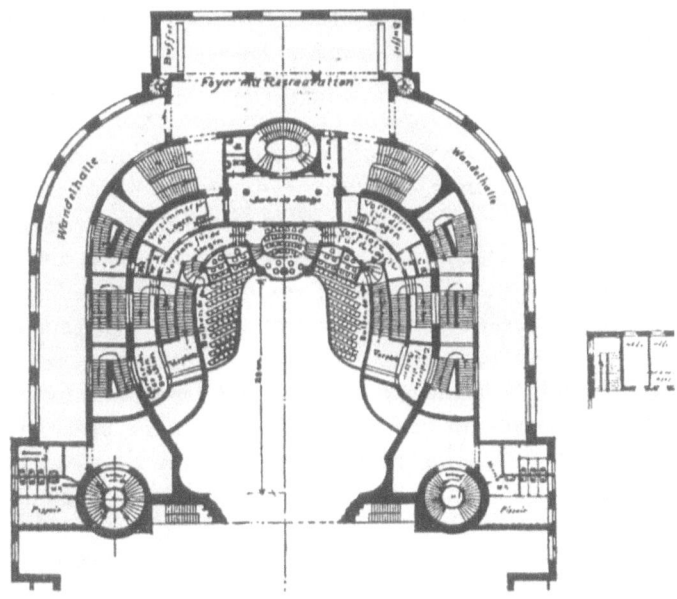

Abb. 12: Horizontalschnitt durch das Zuschauerhaus in Stuttgart mit den vielen bei
einem Brand rettenden Treppen

Über Quellen und Ausgangspunkt künstlerischen Schaffens

Zum »Problem der Form«[16]

Hildebrands noch heute beachtete Schrift »Das Problem der Form« erfuhr in der Öffentlichkeit zunächst vor allem von Künstlern ebenso viel Zustimmung wie scharfe oder mißverstehende Kritik. Der angesehene Kunsthistoriker Heinrich Wölffin nannte die Schrift »erfrischenden Regen auf dürres Erdreich« und faßte den Inhalt in dem Satz zusammen: »Das Kunstwerk muß augengerecht sein.« Kritiker meinten, daß das Buch nur auf Grund der Gespräche Hildebrands mit seinem Freund Konrad Fiedler und dessen kunstphilosophischem Denken zustandekommen konnte, das auf denselben wahrnehmungsphysiologischen und existentiell gegebenen Prämissen aufbaute wie das Buch Hildebrands. Dagegen versuchte Hildebrand in einigen nurmehr als Fragmente erhaltenen Schreiben die unterschiedliche Eigenständigkeit von Fiedlers philosophischen Gedanken über die Rolle der Kunst im Menschendasein als Mittlerin zu Erkenntnissen, die durch kein anderes Medium zu vermitteln sind, und seinen eigenen auf des bildenden Künstlers Arbeit gerichteten Gedanken und Erkenntnisabsichten darzulegen. Zwei dieser Fragmente seien hier für den an Hildebrands »Problem der Form« Interessierten an den Anfang einiger mehr kunsttheoretischen Aufsätze gestellt.

Wer vom sogenannten philosophischen Interesse ausgeht und das »Problem der Form« liest, sieht die künstlerischen Anschauungen als das logische Resultat, als die Konsequenz des Ausgangspunktes an. Darin liegt ein großer Mißgriff. Die künstlerischen

---

[16] Undatierter Entwurf; bei Bock (S. 347ff.) bilden diese Beiträge das Ende einer langen Reihe von einzelnen Entwürfen zum Problem der Form, die auch die Antwort Hildebrands an einen Kunstwissenschaftler enthält. Dem folgt ein lesenswerter, gedanklich zugehöriger Aufsatz »Über Kunstwissenschaft«, der unveröffentlicht blieb.

Anschauungen, die Art, die Erscheinung[17] zu sehen und zu verstehen, kurzum die ganze künstlerische Beziehung zur Natur sind auf ganz anderem direktem Boden gewachsen und haben ihren Wert und ihre Wahrheit ganz unabhängig von der Art und Weise, wie sie erklärt und theoretisch entwickelt sind und wie ich sie aus der Sehtätigkeit heraus begründe. Das sind beim »Problem der Form« ganz zu trennende Wahrheiten. Die Reliefauffassung der Erscheinung, wie ich sie verständlich zu machen suche, ist eine künstlerische Tatsache, die ich nicht erfunden habe, sondern die immer und zu allen künstlerischen Zeiten bestanden hat und nachzuweisen ist. Dieser Nachweis ist dabei geschehen, und es wird sich diese Wahrheit als Tatsache nicht ändern, wenn meine Begründung noch so falsch wäre. Auch ist über solche Wahrheiten nicht zu streiten, wer kein musikalisches Gehör hat, wird eben von Harmonie nichts verstehen können. Und es ist ein Unding zu glauben, daß man durch Worte und theoretische philosophische Entwicklung das ersetzen kann. Solche Wahrheiten tragen ihren Beweis in sich für die, die sie eben erleben können, und nur in diesem Erleben liegt ihr Wert. Wer sie bloß denkt, kennt sie aber noch nicht. In der Reliefauffassung habe ich sozusagen die natürliche Wohnung erkannt, in der unsere künstlerische Formvorstellung lebt und arbeitet, wenn sie nicht in Widerspruch mit sich selbst geraten will.

Meine Arbeit »Problem der Form« geht von einem ganz anderen Interesse aus als die Fiedlers.
Im Laufe der künstlerischen Entwicklung fühlt man sich zu gewissen Auffassungsweisen der sichtbaren Welt in bestimmter Weise gezwungen, und diese Erlebnisse und bestimmten Überzeugungsstadien sind bestimmend beim künstlerischen Schaffen und Gestalten. Neben dieser eigentlichen künstlerischen Tätigkeit hatte ich stets auch ein anderes Interesse, welches mich sozusagen auf einer anderen Seite beschäftigte. Was ist es, was einen da zwingt, da muß eine reale Ursache sein. Diese entdeckte ich in der doppelten Fähigkeit unseres Auges. Diese Entdeckung ist der eigentliche Kernpunkt meiner Arbeit und ist das ganz Neue gegenüber der naturwissenschaftlichen Auffassung der Augen. Ob die Außenwelt in letzter Instanz als reale

---

[17] Gemeint ist die Erscheinung der uns umgebenden sogenannten »Wirklichkeit« wie unser individuelles Auge sie wahrnimmt, auch die eines Bauwerks.

Existenz oder als Produkt der menschlichen Natur aufzufassen ist, ist eine Frage, die mit dem eigentlichen Kernpunkt in Fiedlers Auffassung nichts zu tun hat. Seine Auffassung der künstlerischen Tätigkeit als eine ganz eigene Art der Weiterentwicklung einer sichtbaren Welt und die Ursachen dieser Tätigkeit als künstlerischer Gestaltung bleiben vollständig dieselben, wie auch die Wirklichkeit aufgefaßt werden kann. Die Arbeit, diese sogenannte sichtbare Welt oder Wirklichkeit als gesehen zu erfassen, wird weder leichter noch schwerer durch die Art der philosophischen Basis und geht unabhängig vor sich und kann deshalb auch unabhängig davon erkannt und besprochen werden.

Es ist das wichtig festzustellen, weil von anderer philosophischer Seite[18] die Fiedlersche Wirklichkeitsidee als falsch angesehen wird und man damit glaubt, seine Arbeit über den Haufen werfen zu können.

Wie die Natur und wie die Kunst arbeitet[19]

Vor kurzem hat ein Amerikaner im Naturhistorischen Museum in Florenz eine einfache Holzkiste aufgestellt, die meine Neugierde erregte. Ihre Vorderwand und ebenso der Deckel fehlten. Innen war das rauhe Holz grau angestrichen und von derselben Farbe ein Vogel aus Gips, vor der Hinterwand schwebend, angebracht. Da das Licht von oben einfiel, erschien der Rücken des Vogels bedeutend heller, der tief beschattete Bauch viel dunkler, und so sah man von weitem den Vogel sich stark plastisch abheben vom Hintergrunde, alles sozusagen grau in grau gemalt. Nun mußte man besonders darauf aufmerksam gemacht werden, daß ein zweiter ebensolcher Vogel dem beschriebenen vorausflog, so unsichtbar, gleichsam geisterhaft erschien er. Das kam so zustande: Bei ihm war der beleuchtete Rücken um so viel dunkler getönt, daß er für das Auge die Farbe des Hintergrundes annahm. Der Bauch war mit Weiß aufgehellt und die Schattennuancen bis zum Rücken überall so aufgelichtet, daß die Modellierung durch Licht und Schatten gänzlich aufgehoben war und der Vogel mit dem Hintergrunde eines wurde.

---

[18] Gemeint ist die Dissertation von Arminio Janner: *Adolf Hildebrand und Conrad Fiedlers Kunsttheorie*, Dissertation, Straßburg 1911. Janner stellt beide Theorien falsch dar und kommt daher zu einer schiefen Beurteilung ihres Verhältnisses zueinander.

[19] Beilage zur *Allgemeinen Zeitung*, Nr. 207, 1901.

Sah man sich nun den so unsichtbar gemachten Vogel von der Nähe an, so zeigte er genau die Färbung eines natürlichen grauen Vogels mit allen Schattierungen vom dunklen Rücken bis zum hellen Bauch.

»Sehen Sie, das ist der Sinn der Naturfärbung. Diese hebt die plastische Wirkung auf, indem sie der natürlichen Beleuchtung von oben entgegenarbeitet und die Wirkung von Licht und Schatten wieder zunichte macht. Dadurch wird das Tier möglichst unsichtbar und dem Auge des Feindes entzogen. So sehen wir den Hasen nicht, der dicht vor uns sitzt, und so ist es bei der Mehrzahl der Tiere, der Bauch hell, der Rücken dunkel gefärbt. Die Tiere, die so gefärbt sind, haben bessere Chancen und erhalten sich.« So sagte der Amerikaner, und sein einfacher trefflicher Apparat demonstrierte aufs schlagendste, auf welche Weise die Natur die Tarnkappe zu weben versteht.[20]

Es leuchtet ein, daß sein Apparat mit zwei Mitteln arbeitet. Einmal ist, wie in der Natur, Licht und Schatten am Vogel durch die Abtönung seiner Färbung aufgehoben und damit seine körperliche, plastische Wirkung fürs Auge unmöglich gemacht. Außerdem wirkt die Farbe des Vogels und die des Hintergrundes als dieselbe, wodurch sich nun weiterhin die Vogelgestalt auch nicht als unkörperlicher, einheitlicher Farbenfleck vom Hintergrunde abtrennen kann. Somit sind die beiden Mittel, den Vogel sichtbar zu machen, außer Kraft gesetzt. Daß die Natur auch diesen zweiten Trick, das Tier so zu färben wie seine Umgebung, vielfach verwendet, ist bekannt.

Diese ingeniöse, sozusagen physikalische Demonstration des Darwinschen Naturprinzips brachte mich auf den Gedanken, wie lehrreich es wäre, durch solchen Apparat auch das künstlerische Prinzip, das *Sichtbarmachen* zu demonstrieren.

Es würde sich dann darum handeln zu zeigen, auf welche Weise der unsichtbar gewordene Vogel bloß durch Veränderung des Hintergrundes wieder sichtbar wird.

Zuerst müßte dies durch zeichnerische Mittel, also durch die Wirkung der Überschneidung demonstriert werden. Der gleichmäßig grau angestrichene Hintergrund würde durch irgendwelche Linien, z. B. durch Zeichnung von Gräsern derart gekennzeichnet, daß der Vogel, der diese überschneidet, davon losgetrennt sichtbar wird. Dann müßte die Aufgabe durch malerische Mittel gelöst werden, indem der

[20] Zur Tarnung vgl. Rudolf Arnheim, *Kunst und Sehen*, Berlin 1964, S. 53.

Hintergrund durch Hell und Dunkel, z. B. durch Gewölk, belebt oder überhaupt derart farbig behandelt wäre, daß der Vogel vor dem dazu kontrastierenden Hintergrunde wieder sichtbar auftaucht. Zuletzt müßten beide Mittel vereinigt angewandt werden, um zu zeigen, wie die Erscheinung des Vogels immer mehr gesteigert werden kann. Dies Steigern der Erscheinung würde nicht darin bestehen, daß der Vogel sich immer stärker als Farbenfleck vom Hintergrund unterscheidet, sondern vielmehr darin, daß er an sich körperlich und zudem örtlich deutlich vor dem Hintergrund erscheint, also einen räumlichen Eindruck hervorruft. Erst im Vollbesitz dieses Eindruckes würden wir die Existenz des Vogels als eine wirklich sichtbare erleben. Kurzum, es ließe sich so in schlagender Weise der Gegensatz des Darwinschen Naturprinzips zu dem künstlerischen Darstellungsprinzip demonstrieren, und man würde daraus erkennen, was es mit der bloßen Imitation der Natur auf sich hat und in welchen Fällen sie verhängnisvoll wird. Es gibt ja heute genug Bilder, die, blindlings der Natur folgend, solche Unsichtbarkeiten darstellen, wo man sich umsonst abmüht, etwas zu erkennen. Vor der Imitation solcher unsichtbar machenden Naturkonstellationen bewahrt der natürliche Instinkt eigentlich ganz von selbst, weil der künstlerische Sinn sich nur da erwärmt und erhöht, wo die Natur stark zu ihm spricht. Malt also der Künstler nur da, wo sein Sinn in Flammen aufgeht, so wird er, von diesem eingeborenen Kompaß geleitet, niemals eine Beute des kunstfeindlichen Naturprinzips der Unsichtbarmachung werden. Nur der falsche Glaube, daß die Natur unter allen Umständen künstlerisch wirken müsse, doktrinärer Wille und Schwäche des künstlerischen Naturells machen ihn zum Sklaven der Natur.

Natürlich handelt es sich hier nicht nur um den einen Fall der Schutzfärbung, sondern dieser soll nur als ein Beispiel dienen für die vielen Fälle, wo die Natur ausdruckslos bleibt. Eine Naturimitation hat nur da einen künstlerischen Wert, wo die Natur für und nicht gegen das Auge arbeitet, und sie ist ja, Gott sei Dank, auch darin unerschöpflich.

Aber noch ein anderes würde dabei einleuchten. Man sieht, wie ein Gegebenes, in diesem Falle also der Vogel, mit seinen bestimmten Farbenabstufungen durch ein Veränderliches, vom Künstler zu Bestimmendes – das ist hier der Hintergrund – bedingt und zur Geltung gebracht wird. Diese zwei Faktoren sind es, die in ihrem Zusammenwirken jedes Kunstwerk gestalten. So ist z. B. auch der von der Natur festgestellte Organismus eines Geschöpfes wohl zu trennen von der vom Künstler zu wählenden Stellung und Anordnung. Auch diese kann in natura derart sein, daß wir kein verständliches Bild von dem betreffenden Geschöpf erhalten. Von diesem Unverständlichen bis zum Prägnanten, Eindringlichen geht eine fortschreitende Entwicklung, die auf immer feinerer, räumlicher Anordnung beruht und die stets mit der Aufnahmefähigkeit des Auges rechnen muß. Nicht gebunden an die zufällige Konstellation der Natur vermag der Künstler für das Sichtbarwerden zu gestalten, mit diesem Zweck zu wählen und zu vervollständigen und daher an Stelle des Naturzufälligen eine für das Auge notwendige Bildkonstellation zu setzen. Diese gestaltende Tätigkeit wird um so feiner sein, je mehr die Mittel scheinbar absichtslos und zufällig ihre Kraft äußern und mit der Unschuld der Natur auf den Beschauer wirken.

Mit dieser Einsicht, daß hier ein unendlicher und unerschöpflicher Schatz von Wirkungsmitteln in der Natur verborgen liegt, welchen der Künstler zu heben hat, wird erst die Kunst zu einer objektiv fruchtbaren, schöpferischen und einer unbegrenzten Entwicklung fähigen Tätigkeit. Die Natur selbst muß ebenso als eine selbst gestaltende aufgefaßt werden, aber als eine, die unbekümmert um das künstlerische Prinzip einmal ihr Antlitz zeigt, ein andermal verhüllt, und die bei dem steten Wechsel ihrer zufälligen und flüchtigen Manifestationen wohl vom Künstler beobachtet, im glücklichen Moment erhascht und festgehalten werden soll, die sich aber nicht, wenn der Ausdruck erlaubt ist, als Professionsmodell zu jeder Stunde gebrauchen läßt.

Über das Generelle und Individuelle in der Kunst[21]

Wenn wir in der bildenden Kunst von ihrem Spezialgebiet, nämlich von der Gestaltung der Erscheinung als rein optischem Problem absehen und die Natur in ihren Lebensformen und Lebensäußerungen als Wirklichkeit in Betracht ziehen, so ist eine der interessantesten Fragen das Verhältnis des Individuellen zum Generellen.

[21] *Kunst für alle*, Bd. XXXXV, 1921/22, S. 27–35; der Text wurde schon 1912 geschrieben, blieb aber unvollendet und wurde erst nach Hildebrands Tod veröffentlicht.

Ich meine hier selbstverständlich nicht das Individuelle des Künstlers, sondern das des dargestellten Objektes. Am schärfsten tritt uns diese Frage entgegen, wenn wir das Verhältnis des Künstlers zur Natur nach den zwei verschiedenen Seiten verfolgen, die sich von selbst ergeben, dem Darstellen nach der Natur wie beim Porträt und dem freien Schaffen aus der Vorstellung.

Geht die künstlerische Darstellung wie beim Porträt von einer gegebenen Erscheinung aus, so entsteht nur dann ein lebendiges Bild, wenn das Individuelle auch als Lebensausdruck des Generellen verstanden und gegeben ist. Wir müssen den Eindruck bekommen, daß sich z. B. bei einem Kopf der Augapfel drehen, der Mund sich öffnen, die Kinnladen sich bewegen können. Denn es ist klar, daß alles, was wir als Lebensäußerung empfinden, durch den generellen Apparat (Stoff und Organismus mit seinen Lebensfunktionen) entsteht und daß das sogenannte Individuelle nur in den verschiedenen Formverhältnissen und im Vorwiegen bestimmter genereller Eigenschaften liegt. Soweit wir eine gegebene Wirklichkeit als Ausdruck des Generellen erfassen, wird sie uns verständlich und zu einer lebendigen Wahrheit, insofern sie aber von außerhalb liegenden und nicht erkennbaren Ursachen abhängt, müssen wir sie als einfaches Faktum hinnehmen. Es besteht z. B. bei einem Kopf mit spitzer Nase und langem Kinn zwischen den beiden Formen kein sich bedingender Zusammenhang. Eventuell aber ein künstlerischer, als gegebener Augeneindruck, von dem ich ja hier absehen will, dessen Stellung aber hierbei klar wird. Jede Zusammenstellung von Formverhältnissen ist in der Natur möglich, sobald sie organisch lebensfähig ist. Mit dieser Möglichkeit ist der unendliche Reichtum der Naturerscheinung gegeben, die Fülle der Manifestationen des Wirklichen. Wir können also dem Naturgebilde ein doppeltes Interesse entgegenbringen, insofern es uns als Verkörperung des Generellen eine allgemeine Wahrheit, das ist Leben, ausdrückt und insofern es uns als Sonderfall des Wirklichen um ein neues Bild des Lebendigen bereichert. Wir können diese zwei Interessen sehr wohl trennen und die Begabung des Künstlers je nach Vorwiegen des einen oder anderen unterscheiden. Das heißt, der eine sucht in der Natur nach dem ständigen Ausdruck des Generellen, der andere freut sich an dem Charakter der Verschiedenheiten.

Der Sinn für das Leben und für das Lebendige ist zweierlei. Für ein gutes Porträt sind beide Interessen unerläßlich. Denn wenn auch künstlerisch die Lebensstärke an sich, wie sie allein durch das Generelle zustande kommt, ausschlaggebend ist, so ist doch das Interesse am Sonderfall und an der Ähnlichkeit der Ausgangspunkt für das Porträt, und es verlangt das volle Aufgehen im tatsächlich Gegebenen.

Da die bildende Kunst die Natur nur als Erscheinung eines bestimmten Moments und Zustandes geben kann, als ein einmaliges Situationsgebilde, so muß der Künstler einen Einzelfall des Individuums wählen, z. B. einen Kopf in der oder der Bewegung. Damit tritt er schon aus dem engen Rahmen des einfach Gegebenen, denn die Wahl ist ein freier, geistiger Akt gegenüber der Wirklichkeit und setzt voraus, daß wir in unserer Vorstellung zu einer Überzeugung über die Wirklichkeit gelangt sind. Alle Beobachtung schließt ja überhaupt ein stetes Einreihen und Einordnen in unsere Erfahrung ein, ist ein Akt der Assimilierung, wobei der frische Eindruck und die bisherigen Erfahrungen zusammenstoßen.

Das Gelingen der Darstellung hängt davon ab, ob eine Einigung beider zustande kommt oder nicht. Die Vorstellungen, die dabei mitsprechen, gelten jedoch nicht dem Tatbestand der Natur allein, sondern auch der künstlerischen .Erscheinung und dem optischem Problem, und gehören deshalb nicht mehr in den Rahmen dieser Untersuchung.

So gut wie den Menschen kann man natürlich alles in der Natur porträtieren, und das Bezeichnende dieses Verhältnisses zur Natur ist, daß dabei das Individuelle stets als ein von außen direkt Gegebenes, nicht als ein rein aus innerer Konsequenz Entwickeltes erfaßt wird. Es tritt dabei die gegebene Natur immer als ein mitschaffender Faktor auf und stellt dem Künstler reichere oder ärmere Ausdrucksmittel zur Verfügung, weshalb die Wahl der Natur von großem künstlerischem Einfluß auf das Kunstwerk sein wird.

In anderer Beziehung zur Natur steht das freie Schaffen. Die Vorstellungskraft befähigt uns, unsere Wahrnehmungen und Augenerlebnisse wie in einem Behälter aufzubewahren, worin sie weiterleben und sich unbewußt umwandeln, indem das uns Eindrucksvolle an ihnen sich weiter entwickelt, das Unwesentliche verkümmert. In dieser Umwandlung lebt eine produktive Kraft, und in ihr bekundet sich schon die Art der Gesichtspunkte, die bei dem betreffenden Künstler maßgebend sind. Aus dieser Fülle der Einzeleindrücke, die uns nur teilweise ins Bewußtsein treten, kann aus irgendwelchem Anlaß durch einen

Kristallisationsprozeß eine sprechende Konstellation zusammenschießen in derselben Weise, wie uns blitzartig ein Gedanke kommt. Solche Vorstellungskonstellationen treten als Visionen auf. Es ist ein von innen entstandenes, noch nicht übersehbares, selbständiges Naturprodukt, was uns da überkommt. Es gleicht einem Teppichmuster aus unendlich vielen Fäden gewoben, die als Beziehungen zwischen Einzeleindrücken unbewußt vorhanden waren und die nun in eine bestimmte Ordnung getreten sind. Je naturgemäßer sich die Fäden geordnet und zum Motiv geeinigt haben, desto gesünder und lebensfähiger wird dieses sein. Mit dem Bedürfnis, diese Fäden nach allen Seiten hin weiter zu verfolgen und ans Tageslicht zu bringen, wird solch ein Motiv dann zum Ausgangspunkt der bewußten künstlerischen Arbeit. Außerdem steht aber solch Motiv in einem natürlichen inneren Zusammenhang zu der Gesamtheit der Empfindungs- und Vorstellungswelt des Künstlers. Denn es ist ihr Naturprodukt und hängt mit tausend Fäden mit ihr zusammen als Teil eines Ganzen. Als solches wird es auch im Kunstwerk empfunden mit all seinen Wurzeln und unsichtbaren Verzweigungen bis in den Untergrund der unbewußten seelischen Zusammenhänge. Als Sammel- und Knotenpunkt von Lebenseindrücken enthält es sowohl eine Einheit als auch eine individualisierende Kraft, denn es ist selber ein individuelles Produkt gegenüber dem Ganzen unserer Vorstellungen.

Nehmen wir z. B. die Vorstellung eines rennenden Menschen, d. h. eine bestimmte Körperhaltung, welche das Rennen ausspricht. Da das Rennen nicht nur die Stellung, sondern auch durch das sichtbare Spiel der beweglichen Muskeln sich ausdrückt, so ist ein dicker und alter Körper von selbst ausgeschlossen. Der Vorwurf verlangt einen schlanken Wuchs, womit schon eine individuelle Eigenschaft gegeben ist. Aus dem Bedürfnis, die generelle Funktion zu verdeutlichen, spezialisiert sich Glied für Glied in der Vorstellung als Ausdruck des organisch notwendigen Zusammenhangs der Bewegung. Um diese noch augenfälliger zu machen, fliegt vielleicht das Haar im Winde; Ausdruck der Hast und Eile gibt dem Gesicht seine Form, und so nimmt die Figur durch das Motiv des Rennens einen speziellen Charakter an, bei dem alles hervorgehoben ist, was die Bewegung verdeutlicht. Ist es gelungen, dieses Leben der Figur überzeugend zu gestalten, so glauben wir an die Figur, der Körper lebt, mit ihm ein Individuelles, ohne daß die Vorstellung eines bestimmten Individuums dabei mitgespielt hat. Wie weit die Spezialisierung oder Individualisierung Bedürfnis ist, hängt von der geistigen Atmosphäre ab, aus der der Vorwurf stammt. Ob dieser mehr einer elementaren Welt angehört oder mehr einer genrehaften, zufälligen, wird seine Art bestimmen. Auf diese Weise entsteht eine Art Individuelles, dessen Elemente stets mit der konsequenten Weiterentwicklung oder Realisierung des Vorwurfs entstanden sind, nicht aber aus direkten äußeren Tatsachen wie beim Porträt. Es besteht also ein innerer, durchweg notwendiger Zusammenhang zwischen der Gesamtvorstellung und der Einzelvorstellung. Ein homogenes Vorstellungsmaterial, welches die größte Bestimmtheit erlangen kann, ohne jemals aus dem Bereich der inneren Vorstellungswelt herauszutreten und sich als Porträt an eine einzelne bestimmte Wirklichkeit zu halten oder davon abzugehen.

Wie verschieden solcher Vorwurf auch ohne verschiedenen Körpertypus individualisiert, wird sehr gut durch folgende Tatsache erhellt. Ich hatte einen gut gebauten jungen Mann als Modell. Wenn ich ihn in die Stellung des *Theseus* von Phidias[22] brachte, so sah er aus, als hätte er dazu Modell gestanden. Dasselbe war aber auch der Fall, wenn er die Stellung des *Sklaven* von Michelangelo[23] annahm. Auch da kam alles genau so heraus wie in der Statue. Das zeigt also, daß das, was zu so ganz verschiedenen individuellen Resultaten führt, nicht die Verschiedenheit zweier Modelle zu sein braucht, sondern die Verschiedenheit des Vorwurfs ist und der Stellung, welche ganz verschiedene Ausdrücke des organischen Lebens sichtbar macht. Hierin, in der Verschiedenheit des Motivs, liegt das Bezeichnende für Phidias und Michelangelo, während das Verständnis und das Herausholen des organischen Lebens bei beiden dasselbe ist.

Es kann aber eine gegebene Stellung eines Modells auch als Vorwurf angesehen werden, falls sie sich dazu eignet und dazu anregt. Alsdann gewinnt die Porträtdarstellung an künstlerischem Umfang wie beim freien Schaffen. Die kühnste Verwertung der Porträtdarstellung in diesem Sinn ist wohl die *Nachtwache* von Rembrandt; dagegen stellt das *Abendmahl* von Lionardo die größte individuelle Spezialisierung

[22] Der sogenannte *Theseus* von Phidias aus dem Ostgiebel des Parthenon, London, Britisches Museum, entstand um 437–33 v. Chr.; er wird heute als *Dionysos* gedeutet.
[23] Michelangelo, *Sterbender Sklave*, Paris, Louvre, begonnen 1513 für das zweite Projekt des *Juliusgrabes*.

des Generellen dar. Beide sind typisch für den gemischten und ungemischten Ausgangspunkt des künstlerischen Schaffens.

Ob der Künstler fähig ist, aus seiner Vorstellung allein zu schaffen oder des Modells bedarf, ist eine Frage, die den Vorgang im Prinzip nicht berührt, die aber praktisch eine große Rolle spielt. Die Art, wie der Künstler das Modell benützt, ist entscheidend. Einerseits soll der Vorwurf bis zur klaren Formgebung entwickelt werden, anderseits wird die klare Formgebung immer nur aus der direkten Naturanschauung gewonnen. So stehen sich dann die Vorstellung und das zufällige Modell feindlichst gegenüber. Nur allzuleicht wird der Künstler Sklave der Natur, die vor ihm steht, anstatt ihr nur das abzugewinnen, was der Vorwurf und seine Gestaltung verlangt, und über alles, was dem Modell als Person angehört und in keiner Beziehung zum Vorwurf steht, als über einen Fremdkörper wegzusehen. Hier leidet der moderne Künstler meistens Schiffbruch, und sein Werk ist aus zwei ganz verschiedenen Reichen genommen. Er schweißt gewaltsam und unnatürlich den angestrebten Vorwurf mit dem kopierten Modell zusammen. Diese innere Zusammenhanglosigkeit macht das Werk unkünstlerisch, denn gerade die durchgehende Einheit des Anschauungsbildes ist Kunst und macht sie zu einer selbständigen Welt gegenüber der Wirklichkeit. In diesem Dilemma liegt der Grund, weshalb so viele Künstler lieber auf eine weitgetriebene Positivität der Form verzichten und der Natur aus dem Wege gehen, um nicht die Vorstellungseinheit zu verlieren, wobei aber dann die Gefahr des Schematischen oder Unfertigen eintritt. Um diese Klippe zu umschiffen, greift der Künstler oft nur zu solchen Motiven, die aus der Erscheinung eines bestimmten Modells entstanden sind und mit ihm in einem inneren Naturzusammenhang stehen, also nicht die Gefahr in sich tragen, in Widerspruch mit der gegebenen Individualität des Modells zu geraten. Solche Gelegenheitsmotive können zu den lebendigsten Resultaten führen, wenn sie natürlich und glücklich gefunden sind. Prinzip von Rodin bei seinen guten Sachen.

Um den Widerspruch zu vermeiden, der oft zwischen dem Vorwurf und der realisierten Form durch das Modell entstanden ist, behelfen sich die neueren Franzosen vielfach mit dem einfachen Mittel, die Teile wegzuschlagen, die stören, um mit dem Eindruck des Fragmentarischen das auszufüllen und zu ersetzen, was in dem Arbeitsprozeß ungelöst geblieben. Ein Mittel, das natürlich nur die Schwierigkeit umgeht, sie aber nicht überwindet. Das Dilemma bleibt eben so lange bestehen, als die volle Durchbildung nicht durch die Individualisierung der Vorstellung zustande kommt, sondern durch das Porträtstudium am Modell. Bei dem einseitigen Naturstudium, wie es heutzutage meist verstanden wird, beruht die künstlerische Entwicklung nicht mehr, wie früher, darauf zu lernen, die Vorstellung im Einklang mit der Natur konsequent zu entwickeln, sie immer in wahrere, natürlichere Bahnen zu lenken, um dann selbständig und doch voller Natur vorgehen zu können, sondern die Vorstellungswelt als Ganzes bleibt eine Sache für sich, als ein Bereich, der nicht zur eigentlichen Kunst gehört und der unberührt von dem künstlerischen Naturverhältnis bleibt. Nachdem die Vorstellungsarbeit aufgehört hatte, aus dem lebendigen Motiv heraus zu schaffen und an dessen Stelle Gedanken und eine naturlose Reminiszenz getreten war, wurde das Kind mit dem Bade ausgeschüttet, die Produktionsweise der Vorstellung überhaupt verpönt, anstatt zu erkennen, daß sie nur auf Abwege geraten war. Nur angesichts der direkten Natur fühlte sich der Künstler vor hergebrachten Vorstellungseinflüssen sicher, und diese Reaktion führte naturgemäß dazu, sich nur an die direkten Wahrnehmungen zu klammern, die Vorstellungswelt wurde sozusagen vogelfrei. Damit waren ihr alle Tore geöffnet, alle Möglichkeiten gegeben. Nie ist soviel gesuchter Tiefsinn, Mangel an natürlichem Empfinden und gesundem Menschenverstand in der bildenden Kunst verzapft worden als gerade heutzutage bei dem mißverstandenen Grundsatz l'art pour l'art. Anstatt die Vorstellungen gänzlich zu reinigen von unkünstlerischen Elementen, sie künstlerisch zu kultivieren, werden sie als roher Fremdkörper direkt mit einem Stück Naturstudium in Verbindung gebracht, das sie als Kunst rechtfertigen soll. Der Kontrast ist aber natürlich um so schreiender.

Aus allem bisher Gesagten ergibt sich, daß das Individuelle, das als Realisierung eines Vorstellungsbildes entsteht, gar nichts zu tun hat mit dem Individuellen, welches der direkten Naturwiedergabe angehört. Beim freien Schaffen handelt es sich um eine innere Wahrheit, beim Porträtieren um eine äußere. Doch vermag beim Porträt die Vorstellung das Individuelle so zu erweitern, daß es mehr und mehr als Bild einer inneren Vorstellung wirkt, während beim freien Schaffen die Vorstellungskraft ein Allgemeines in einem immer bestimmteren Rahmen zusammenzudrängen vermag, so daß es ein Individuelles wird, welches die Illusion der Wirklichkeit gibt.

Das Interessante und nicht so leicht Vorstellbare dabei bleibt der Übergang des Generellen zum Individuellen. Gar zu leicht wird die Einheitlichkeit des Individuellen mit dem Porträthaften verwechselt. Man bildet sich ein, die Einheitlichkeit des Individuellen stände im geraden Gegensatz zum Generellen und darin liege ihr Wert. Nicht nur gegenüber der bildenden Kunst, sondern gegenüber aller Kunst, die es mit der Darstellung der Natur zu tun hat, wie z. B. der dramatischen, ist diese Auffassung sehr verbreitet. Ich möchte deshalb noch an einem Bilde den Übergang des Generellen zum Individuellen klar machen. Stellen wir uns das Generelle vor als eine endlose Kette verschiedenster Glieder mit ungleichen Anschlußvorrichtungen, weshalb nur gewisse Glieder aneinandergeschlossen werden können, so lassen sich daraus die verschiedensten Ketten zusammenstellen. Sie sind alle individuell verschieden, ohne doch etwas anderes zu sein als eine organische Verbindung von generellen Gliedern. Eine neue Art von Zusammenhang findet nicht statt, sondern nur eine neue Zusammenstellung oder Auswahl von Einzelgliedern in ihrem organischen Zusammenhang. Diese Auswahl ist z. B. beim Drama die Folge des poetischen Vorwurfes.

Es geht der Dramatiker gewiß nicht davon aus, sich einzelne Menschen in ihrem Wesen als fertige Porträts vorzustellen und sie dann dramatisch aneinanderzuschweißen. In der Vorstellung des dramatischen Geschehnisses sind vielmehr der äußere und der innere Vorgang unzertrennlich verschmolzen. Die Situation zeichnet sowohl die Figur wie umgekehrt. Jeder Zug der Figur ist generelle Lebensäußerung, jeden Zug können wir miterleben, nachfühlen, weil er eben generell ist. Bei einer Figur, die nicht einheitlich wirkt, liegt der Fehler schon in der Gesamtkonzeption. Wie in der Plastik ein Bewegungsmotiv unzusammenhängend sein kann, so daß z. B. die Bewegungen des Oberkörpers und der Beine nicht zusammenstimmen, so kann auch das dramatische Motiv auseinanderfallen und zu Widersprüchen innerhalb der Figuren führen. Man kann nicht genug die Vorstellung festhalten, daß Vorwurf, Einzelsituation und Figur ein und derselbe Organismus sind, nur von verschiedenen Gesichtspunkten aus betrachtet. Auf diese Weise entsteht immer mehr Leben vor uns, aber wir glauben, nur bestimmte Personen reden wie von wirklich Existierenden und lösen sie allmählich ganz vom Stück ab. Es ist das die unmittelbare Wirkung des Kunstwerks, die jedoch aus dem Kunstwerk und seinem wirklichen dichterischen Element hinaus und weiterhin zu falschen Vorstellungen von dem künstlerischen Gestalten führt. Das Wesentliche beim Dramatiker ist ja die Art und Weise, wie bei ihm Leben entsteht, und dies Leben gilt nicht nur den Figuren, sondern dem geheimnisvollen, unzertrennbaren Gefüge menschlicher Regungen und fortwirkender Handlungen als poetischem Ganzen. Das ist es, was uns mitreißt und erschüttert.

Das Interesse an der Einzelfigur wird naturgemäß noch erhöht durch den Schauspieler. Mit ihm tritt ein neues Moment in die dramatische Dichtung, durch ihn wird das vorgestellte Individuelle des Dichters in die Wirklichkeit gestellt und zur Porträtkunst. Weil der Schauspieler selbst ein wirklicher ist, nicht weil er die bestimmte Rolle spielt. Er muß den glaubwürdigen Übergang des dichterisch Individuellen in ein wirkliches Individuum schaffen, und das ist eine selbständige, ganz neue Aufgabe. Es gibt vortreffliche Schauspieler, die doch bei aller Kunst nur den Eindruck eines lebendigen Porträts geben.

Es ist aber ihr Individuelles, nicht das vom Dichter geschaffene, sie täuschen dann durch die Stärke ihrer Individualität über die Figur des Dichters hinweg. Andere bleiben wieder in der Rolle des Stückes, vermögen sie aber nicht mit sich natürlich in Wirklichkeit umzuwandeln, denn die wahrhaft große Schauspielkunst ist eine unendlich seltene Erscheinung. Ein Porträthaftes kann vom Dichter wohl angestrebt werden, wenn er wie bei historischen Personen an eine Wirklichkeit gebunden ist und äußere feste Punkte gegeben sind. Sie müssen aber ganz so aufgesogen sein vom Motiv, daß ihm das Porträthafte daran kein anderes Gestaltungsmittel in die Hand gibt als bei erfundenen Figuren, und daß es auch nicht als anderes in Erscheinung tritt. Er kann es als Künstler immer nur als ein vorgestelltes Individuelles geben, nicht als ein Wirkliches.

Die Quelle der lebendigen Gestaltungskraft liegt auch vielmehr in der inneren als in der äußeren Erfahrung. Die Fähigkeit, alle möglichen inneren generellen Vorgänge organisch zu fassen und in sich wahrzunehmen, bringt es zustande, verschiedene lebende Individuen zu gestalten. Der Eindruck der realen Wahrheit der Figuren ist ein Resultat der dichterischen Kraft, einen organischen Zusammenhang aufzudecken, und beruht nicht auf einem Kopieren von Gestalten der Wirklichkeit.

Gemalte und plastische Architekturformen[24]

Während meines Aufenthaltes in Athen[25] und der Eindrücke der dortigen Architektur kam mit der Gedanke, daß den architektonischen Formen in Stein eine Periode vorausgegangen sein müsse, in der sie sich als gemalte Verzierung der einfachen Konstruktionsglieder formiert hatten. Denke man sich die einfachen Wände mit Tür und Fenster, vielleicht einige Holzpfeiler davor, die ein Dach trugen als schattige Vorhalle, so war es natürlich, die Öffnungen mit farbigen Linien zu umrahmen, die Pfeiler zu verzieren, indem man Funktionsmotive dazu verwendete, eine Basis und ein Kapitell sich ausbildete als sinnreiche Verzierungsform, ebenso Kannelüren als farbige Streifen. Motive für Verzierungszwecke bildeten sich auf solche Weise aus und nahmen stabile Formen an. Alle Gesimse sind ursprünglich gemalt aus dem Bedürfnis, Übergänge zu schaffen und die rohen Konstruktionsteile zu verschönern und zu verzieren, ähnlich wie bei Vasen. Erst nachdem sich diese Verzierungsformen gemalt entwickelt hatten, kam man darauf, sie plastisch zu geben, das heißt sie von vornherein mit der Konstruktion in Rechnung zu bringen und in Stein dann auszuhauen. Auf diese Weise durch langjährige Erfahrung vorbereitet, konnte man überhaupt erst alle die Formen vorher bestimmen, welche beim Bauen in Betracht kamen, während es unmöglich erscheint, daß ohne solche Vorentwicklung beim Bauen selbst die Formsprache sich erst entwickeln konnte. Ornamente wie Eierstäbe etc. wurden alle erst gemalt in ihrer Wirkung erlebt, denn bis solche Formen klare stabile Geltung gewannen, brauchte es eine Zeit des improvisierten Versuches, der schwerlich in Stein vor sich gehen konnte, als Malerei aber der Fantasie Gelegenheit bot, sich auszubilden und festzulegen. Das farbige Element ist das Primäre, der Übergang in die Plastik eine spätere Epoche. Eine Zeitlang erhielt sich dann noch das Farbige, bis es zuletzt ganz aufhörte und die Plastik allein zurückblieb und das

---

[24] Nach Hildebrands Tod in den *Münchner Neuesten Nachrichten* vom 16. August 1921 unter dem Titel »Malerische und plastische Architektur« veröffentlicht; das Manuskript war unbetitelt.

[25] Im April 1887 hielt sich Hildebrand mit Fiedler einige Zeit in Athen auf; ob er diese Eindrücke damals niederschrieb oder erst später, läßt sich nicht feststellen. Hier sind zwei Fragmente desselben Inhalts zu einem Artikel zusammengefaßt.

Feld behauptete. Daß später, als schon die volle Steinarchitektur und ihre Formsprache bestanden, eine weitere Fortbildung der Form stattfand, ist selbstverständlich, der Ursprung aber liegt in der farbigen Ausschmückung und in der vernünftigen Verwertung der Funktionsvorstellungen als anschauliche Motive. Damit wäre das Konstruktionselement ursprünglich unabhängig von dem Verzierungselement vorhanden gewesen und die architektonischen Formen erst als Resultat dieser beiden getrennten Elemente entstanden, und zwar nicht als eine gleichzeitige Verquickung beider während des konstruktiven Vorgangs, sondern als zwei ganz getrennte Vorgänge, die erst später sich als Steinformen zu einem fertigen Stil einigten. Das Bedürfnis, den konstruktiven Vorgang unabhängig von der architektonischen Form zu kennzeichnen, tritt denn auch immer zu Tage, indem der Fugenschnitt stets unabhängig von der architektonischen Form auftritt, als ein materielles Element gegenüber dem geistigen. Dieser Entwicklungsvorgang scheint erst bei den Griechen zum Abschluß gekommen zu sein. Bei den ägyptischen Bauten blieb noch ein großer Teil in der malerischen Verzierung zurück, so daß ihre Bauglieder so, wie wir sie jetzt noch kennen, nur die elementaren Grundformen bedeuten, die weitere Formenentwicklung mit der Farbe verschwunden ist. Dagegen ist in Algier noch jetzt dies Stadium der Architekturentwicklung deutlich zu sehen, indem dort die Bauten sich heute noch mit der gemalten Formensprache begnügen.

Architektur

Einiges über die Bedeutung von Größenverhältnissen in der Architektur[26]

Gar manchem werden, wenn er einmal nachts beim Laternenschein das Gras betrachtet, die einzelnen Halme mit ihren langen Schlagschatten wie Bäume erschienen sein, so daß er in die sonst so einfache Wiese wie in einen geheimnisvollen Wald hineinschaute, in welchem die Käfer als große Ungetüme hausen.

Dadurch, daß ringsherum tiefe Dunkelheit herrscht, ist das beleuchtete Gras die einzige Welt, es tritt in kein reales Verhältnis zur übrigen Natur, das wirkliche Größenmaß hört auf zu sprechen, und nun fängt nur die kleine Welt des Grases an zu wirken, und sie wird reich und reicher und zum hohen Walde, nur wie aus der Ferne gesehen, oder als wären wir selber zu ihrem Maßstabe zusammengeschrumpft. Die Vorstellung der wirklichen Größe, der Maßstab der Dinge wird ausgeschaltet. Eine Art von Puppenwelt, in die wir versetzt werden, es ist das Kästchen der neuen Melusine. Es hat diese Welt einen geheimnisvollen, heimlichen Reiz. Wir wissen, daß sie nicht unser ist, wir schauen jetzt hinein wie in einen Traum, der im Wachen seine reale Bedeutung verliert und doch einen Besitz in unserem Fantasieleben und in unserer Vorstellungswelt ausmacht. Es ist die Welt der Heinzelmännchen, der Märchen überhaupt. Diese Welt erlischt beim Tageslicht. Der Eindruck des wirklichen Waldes vernichtet diese Waldwelt des Grases, das Gras erhält wieder sein normales Sein. Beides tritt wieder in seine reale Beziehung. Der Gesichtspunkt, aus dem wir beides betrachten, ist dann derselbe, das Bewußtsein der realen Außenwelt.

[26] *Pan*, Bd. V, 1899; S. 104ff. Von drei bekannten Persönlichkeiten erhielt Hildebrand anerkennende Briefe für diesen, sie erhellenden Aufsatz: von Wilhelm von Bode, Direktor der Berliner Museen, von Dirigent Hermann Levi und von Cosima Wagner, 1899. Siehe Bernhard Sattler, *Hildebrand und seine Welt*, a.a.O., S. 470–473.

So schließen sich also diese zwei Welten eigentlich aus und führen ihr getrenntes Dasein, wie das Wachen und Träumen. Es gibt eine Poesie des wachen Zustandes, in der die reale Ordnung der Dinge festgehalten wird, und eine des Traumes, die diese Ordnung ignoriert. Es gibt aber auch eine Vermischung der beiden Welten, und es liegt in ihr ein fantastischer Reiz, der die sogenannte Romantik charakterisiert. Durch die Vermischung entsteht eine Art Gleichwertigkeit der beiden Vorstellungswelten. Beide prägen sich als gleich real oder als gleich unreal ein, wir verlieren die Grenzen der beiden Welten und verlieren uns selber in einem Halbdunkel, die Register unseres Bewußtseins gehen durcheinander.

Ganz analoge Verschiebung des Maßstabs und damit der Vorstellungen kommt auch bei der architektonischen Gestaltung vor. Es werden Gesamtmotive oder einzelne Bauglieder verwendet, um kleinere Gebilde zu formen. Es werden z. B. große gotische Turmmotive als Krönung in kleinem Maßstabe wiederholt. Deutsche Renaissanceschränke zeigen ganze Palastfassaden, allerlei Kleinkunst, wie Kästchen, Pokale etc., werden als Bauten en miniature behandelt. Ein bezeichnendes Beispiel ist das *Sebaldusgrab* von Peter Vischer in Nürnberg.[27]

Es treten wie gesagt Formen, deren Entstehung mit der Konstruktion im Großen zusammenhängt, – wie z. B. Rund- und Spitzbögen – und deren Vorstellung mit einer gewissen Größe verbunden ist, en miniature auf, und damit ist der reale Boden verlassen, und das Gras wird, um bei meinem Beispiel zu bleiben, als großer Wald behandelt. Der Formcharakter der verschiedenen Stile kommt dabei natürlich sehr in Betracht. Der ausgesprochen konstruktive Charakter eines Spitzbogens läßt sich nicht ausmerzen. Immerhin besitzt jeder Stil eine von dem konstruktiven Wesen genügend unabhängige Formsprache, um der romantischen Übertragung nicht notwendig zu bedürfen.

Es ist bezeichnend, daß die Antiken diese Romantik nicht kennen. Sie haben jeglichen Gegenstand als reales Gebilde in seinem eigenen Maßstabe und Größenverhältnisse zu uns neu geformt. Alles ist im hellen Tageslicht gedacht, als Teil der realen Welt. Auch die italienischen Möbel sind als selbständige Gebilde gestaltet, nicht als Spiel mit Erinnerungsbildern großer Bauten behandelt. Es werden dabei eben

---

[27] Das *Sebaldusgrab* in St. Sebald in Nürnberg wurde zwischen 1488 und 1519 von Peter Vischer d. Ä. und seinen Söhnen geschaffen.

nur Formen benutzt, welche Funktionen ausdrücken, nicht aber im Großen entstandene konstruktive Bauglieder, oder es erleiden diese eine so starke Umformung, daß der konstruktive Charakter in einen ornamentalen übergeht.

Die Wiederholung eines Motivs am selben Bau in verschiedenen Größen, wie z. B. die unzähligen verschieden großen Türmchen am Mailänder Dom[28], hat noch einen weiteren Einfluß. Der Turm, der seine reale Bedeutung als Bau hat, in den man hineingehen kann, und der also in einem real praktischen Verhältnis zu uns steht und sein Größenmaß verlangt, wird in kleinem Maßstabe, bei welchem alle diese realen Möglichkeiten, diese reale Bedeutung aufhören, als Turm eigentlich wesenlos und nur noch als Bild, als Scheinexistenz zum Zweck der Belastung wiederholt und dicht neben den wirklichen realen Turm gestellt. Bei diesem Spiel mit dem Maßstabe und mit den Vorstellungsarten wird aber überhaupt das Gefühl des Maßstabs und der Realität geschwächt. Es verläßt uns eine sichere Größenempfindung, ähnlich wie es uns im Gebirge ergeht, wo wir keine Gegenstände als bestimmte Anhaltspunkte zum Messen der Entfernung vorfinden. An Stelle des sicheren Raumgefühls tritt ein fantastischer Reiz des Unbestimmten, Unfaßbaren, ein Hauch des Unwirklichen.

Vergleichen wir diese Romantik in der Architektur mit der in der Poesie, so erscheint erstere viel gewagter. Bei der Poesie, wenigstens bei der erzählenden, versetzt die Sprache als reines Innenprodukt uns überhaupt bloß in die Welt des Vorgestellten. Eine Vermischung von Vorstellungen erster und zweiter Ordnung ist weder so in die Augen springend noch als Gleichnis unseres Fantasielebens etwas Abnormes.

Viel eher ist die Architektur dem Drama zu vergleichen, wo der Vorgang als wirklicher auftritt – aber auch hier bleibt noch der Unterschied bestehen, daß der Bühnenvorgang von der übrigen Realität abgegrenzt wird, nur allein vor uns steht, eine Welt für sich ausmacht – während der architektonische Bau inmitten der realen Umgebung als Teil derselben Realität dasteht.

In der übrigen bildenden Kunst liegt die Sache anders. Eine plasti-

---

[28] Gemeint sind die gotischen Fialen am Mailänder Dom aus dem Ende des 14. und Anfang des 15. Jahrhunderts.

sche Figur ist wie das gemalte Bild immer nur ein Bild der Natur, hat keine Lebensfunktion wie ein Bau, in den wir eintreten. Als Bild ist sie an keine Größe gebunden, ebenso wie die Natur je nach der Distanz groß oder klein erscheint. Die Figur ist nicht selbst Natur und will es nicht sein.

In der Welt der bildlichen Darstellung stört deshalb die Anbringung von Figuren verschiedenen Maßstabes, wenn sie in keinem handelnden und nur in einem architektonischen Zusammenhang gedacht sind, nicht, sie führen dann sozusagen nur eine ornamentale Existenz bezüglich des Maßstabes. Der architektonische Bau ist aber nicht das Bild sondern das Naturobjekt selbst, und wenn dasselbe Baugebilde doppelt jetzt als real und dann wieder als bloßes Bild auftritt, so entsteht eine ähnliche Vermischung, als wenn wirkliche Menschen und Statuen auf demselben Fuße verkehren würden.

Es läßt sich nicht leugnen, daß in der romantischen Übertragung an sich ein sozusagen billiges Gestaltungsprinzip liegt. Es handelt sich dabei mehr um die größere oder geringere Feinheit der Assoziation als um formende Kraft.

Es gibt nun aber auch eine Maßstabsübertragung im entgegengesetzten Sinne. Die architektonische Schnecke ist eigentlich ein ornamentales Gebilde und im kleinen Maßstabe erfunden. Das erste Mal, wo sie meines Wissens groß auftritt, ist an der Mosaikfassade von S. M. Novella in Florenz.[29] Da ist sie nur als Zeichnung groß verwendet, um die beiden Giebelübergänge zu verzieren. Später sehen wir sie bei allen Barockkirchen als wirkliche architektonische Form im großen Maßstab auftreten. Überhaupt liegt im Barock die Neigung, vom Kleinen ins Große zu übertragen, aus dekorativen, ursprünglich kleinen Motiven große architektonische Formen zu machen, also eine Romantik im umgekehrten Sinne, wodurch der konstruktive Charakter des Baues sich in einen rein dekorativen auflöst. Anstatt ins Heimliche, Trauliche zu verkleinern, wird das Große ein vergrößertes Kleines, wir leben auf einem größeren Fuß, führen ein üppigeres Dasein. Wenn wir diese beiden Prozesse sich gegenüber stellen, so möchte es erscheinen, als wäre die romantische Verkleinerung aus der Fantasie des Baumeisters entstanden, weil das Festhalten der architektonischen

---

[29] Leon Battista Alberti (1404–1472) vollendete 1456–1470 die bereits um 1350 in den unteren Teilen begonnene Fassade von S. Maria Novella, die dann zum Ausgangspunkt einer langen Entwicklung dieses Fassadentyps wurde.

Form dabei bezeichnend ist, während die Vergrößerung vom Dekorativen ins Architektonische mehr vom Bildhauer ausgegangen zu sein scheint, dem es überhaupt näher liegt, die Masse als eine nicht konstruktive sondern gegebene anzusehen, die man erst nachher formt, wodurch das konstruktive Element überhaupt in den Hintergrund gedrängt wird; man denke an die Anschauung von Michelangelo und seine Art, die Form aus dem Stein herauszuholen.

Es läßt sich dieser Unterschied bei der architektonischen Vorstellungsweise überhaupt festhalten. Daß ein Bau aus einzelnen Teilen sich zusammensetzt, ist eine praktische Notwendigkeit, inwieweit aber diese Notwendigkeit in der Formgebung zum Ausdruck kommt, ist eine andere Frage. Ich spreche hier nicht von dem Unterschiede, der darin liegt, ob die reale Konstruktion mit der Formgebung wirklich zusammenfällt, oder ob nur eine fingierte Konstruktion zur Gliederung verwendet wird, wie bei Renaissancebauten. Der Unterschied, den ich hier betonen möchte, liegt vielmehr darin, ob die Erscheinung des Baues als ein Zusammengesetztes von Baugliedern, als ein Konstruiertes konzipiert ist und diese Vorstellung betont zum Ausdrucke kommt, oder ob der Bau vielmehr als Gesamtmasse vorgestellt ist, aus der die Form erst gewonnen wird, gleichsam wie aus dem Felsen gehauen. Hier soll die Erscheinung dem Eindrucke des Zusammengesetzten gerade entgegenarbeiten.

Bei romanischen Bauten z. B. ist bei Tür- und Fensteröffnungen, indem die Profilierung im Mauerkörper selbst liegt, die Mauer gleichsam als eine geschlossene und erst nachträglich durchbrochene Wand vorgestellt, und die Tür- und Fensterprofilierung zeigt dabei gleichsam die einzelnen vertikalen Schichten des Gesteins, wie sie bei einem Felsen zum Vorschein kommen. Auch ist die flache, reliefartige Ornamentik im Romanischen nur aus einer vorhandenen Fläche gehauen, nicht hinzugesetzt.[30]

Es ist hierbei viel mehr die Vorstellungsweise des betreffenden Künstlers maßgebend, als daß jene Verschiedenheit der Auffassung nach Stilarten zu sondern wäre. Die Einteilung der Bauten nach den Stilarten ist deshalb eine zum großen Teil äußerliche, nicht eigentlich künstlerische.

[30] Diese Beschreibung der Wandfunktion in der romanischen Baukunst stimmt im Wesentlichen mit Fiedlers Aufsatz »Über Wesen und Geschichte der Baukunst« von 1878 überein.

Jeder architektonische Stil hat besondere Eigentümlichkeiten, Fähigkeiten analog den verschiedenen Sprachen. Das, was aber der Künstler damit sagt, läßt sich nicht als Fähigkeit der Sprache ansehen, quasi als ihr latenter Inhalt. Gleich wie es sich bei einem Dichter nicht darum handelt, ob er Deutsch, Englisch oder Französisch geschrieben, sondern was er in seiner Sprache gesagt hat. Es ist deshalb eine oberflächliche, rein formale Einteilung, wenn man die architektonischen Leistungen, das künstlerisch Gute an einem Bau, vom Stil ableiten will, in ihm die Erklärung sucht. Das Schaffen in Verhältnissen, die innere Formkonsequenz, das Schalten und Walten mit Gegensätzen, Richtungen etc. ist ein künstlerischer Vorgang und Inhalt, welcher unabhängig vom Stil zu betrachten ist und in der Hauptsache schon vollständig feste Gestalt annehmen kann, ohne überhaupt noch in eine bestimmte Stilart ausgelaufen zu sein oder überhaupt auszulaufen. Das, was bei einem Bau noch im Halbdunkel als große Masse und in großen Gegensätzen, z. B. als geschlossene Wand gegen eine Halle, noch wirkt, also das Hauptmotiv in seinen Verhältnissen, bildet den Kern der architektonischen Leistung und ist als solcher genießbar, ohne daß wir erkennen, in welcher Stilart sich der Bau ausdrückt. Das Gute oder Schlechte entsteht also nicht aus der Stilart, sondern hängt von Dingen ab, welche viel allgemeinerer Natur sind. Der Künstler und der Philologe stehen in der Architektur ebenso weit voneinander wie in der Dichtkunst, und die Architektur vom Standpunkte der Stilfrage ansehen und erklären wollen, heißt Grammatik treiben und Philologe sein. Daß bei der architektonischen Erziehung heute immer noch der Philologe das Szepter führt, braucht nicht weiter ausgeführt zu werden. Im selben Mißverständnis befindet man sich aber, wenn man den Segen von einem neuen Stil erwartet und sich bemüht, ein Volapük[31] zu erfinden. Als brauchte man eine neue Sprache, um etwas Neues zu sagen.

Die Maßstabveränderungen haben wir im obigen im Hinblick eines bestimmten Einflusses auf unsere Fantasie betrachtet, gewissermaßen im *Dienste* der Romantik. Wir haben dabei erkannt, daß das Festhalten einiger Gegenstandsvorstellungen und ihr Übertragen in einen anderen Maßstab, als den ihnen natürlichen, die Fantasie aus der realen

---

[31] Volapük, eine überholte, 1879 von dem katholischen Pfarrer Schleyer geschaffene künstliche Weltsprache.

Vorstellungswelt in eine fiktive hinüberziehen kann. Es werden auch Maßstabsverschiebungen, insofern diese durch Gegenstandsvorstellungen angeregt werden, zu dem Zwecke benutzt, etwas größer oder kleiner aussehen zu machen, als es faktisch ist (indem sie vergrößert oder verkleinert zur Darstellung kommen). Hier wird denn also die Gegenstandsvorstellung nicht in dem Sinne benützt, um ihre Bedeutung, ihren Inhalt auch in dem anderen Maßstabe festzuhalten und der Fantasie zu übermitteln, wie beim verkleinerten Turm, sondern nur, um die mit ihr verbundene Größenvorstellung zu verwerten und damit den Größeneindruck des Ganzen zu steigern oder zu schwächen, je nachdem die angewandte Größenvorstellung vergrößert oder verkleinert auftritt.

Gäbe ich, um ein recht drastisches Beispiel zu geben, einem Brünnchen von einem Meter Durchmesser die Form, die an ein Waschbecken erinnert, so erscheint dies Brünnchen groß, weil wir die Form eines Waschbeckens mit einer geringeren Größenvorstellung verbinden. Gebe ich jedoch einem Waschbecken von dreißig Zentimeter Durchmesser eine Art Brunnenform, so verkleinert sich das Waschbecken, weil wir einen zusammengeschrumpften Brunnen erblicken. Hier geht die Benutzung und Übertragung der Gegenstandsform darauf aus, die Größenempfindung zu beeinflussen, und die auf solche Weise entstandene Größenempfindung beruht auf der Formgebung und hat nichts mit der wirklichen Ausdehnung des Gegenstandes, mit der Dimension des Ganzen zu tun. Es ist dieser geistige, innere Maßstab, nicht der äußere, der da entscheidet. Dieser innere Maßstab wird aber nicht nur durch Gegenstandsvorstellung vermittelt, sondern auch durch die räumliche Disposition, in der das Einzelne zueinander und zum Ganzen steht, indem es aus dem Ganzen einen einfachen oder komplizierten Gegenstand macht. So kann der innere Maßstab einer kleinen Hausfassade viel größer sein als der einer großen Kaserne. Das eng aufeinanderfolgende und doch getrennte Fenstermotiv der Kaserne hat an sich einen kleinlichen Maßstab, der sich durch endlose Fortsetzung nicht ändert, während die breitgelagerten wenigen Fenster des kleinen Hauses das Gefühl einer größeren Räumlichkeit erzeugen (siehe das Haus von Isolde Kurz, S. 13). So erscheint der antike Tempel viel größer, als er ist, weil er als ein aus ganz wenigen mächtigen Teilen gebildeter Parterreraum einen einfachen großen Gegenstand bildet, im Gegensatze zu einem vielstöckigen Haus gleicher Ausdehnung. Das Gesamtmotiv des antiken Tempels ist an sich ein groß wirkendes und bedarf deshalb nicht des Mittels der faktischen Ausdehnung, um mächtig zu wirken. Oder um ein ganz anderes Beispiel zu wählen, wenn ich einer Figur von bestimmter Größe die Proportionen einer gedrungenen kleinen Statur gebe, so wirkt sie bedeutend größer, als wenn sie die schlanke Proportion eines langen Menschen hat.

Es mag dies genügen, um verständlich zu machen, welcher Art die Konsequenzen der Maßstabsverhältnisse und wie endlos die Verknüpfungen dieser Konsequenzen zu einem Gesamteindruck sind. Das Gefühl für diese natürlichen Konsequenzen, die Fähigkeit mit ihnen zu schalten und zu walten, um sie zu einer Einheitswirkung zu führen, macht die künstlerische Fähigkeit des Architekten aus.

Drei Fragmente über Architektur[32]

1) Die künstlerische Metamorphose der Form als Funktionsausdruck in ihrer Wirkungsrolle als Eindruck erklärt uns denn auch bei der Architektur die Entstehung der architektonischen Formen. Erst dadurch, daß bestimmte Funktionsvorstellungen in einem bestimmten Wirkungszusammenhang sich immer wiederholen und rein als bestimmte Wirkungsakzente auftreten, gewinnen sie eine bestimmte Gestalt (vgl. S. 44f.) Der Ausdruck einer Funktion führt allein zu keiner künstlerischen Form. Er dient als Inhalt, als ein Material, welches erst aus dem Zusammenhang der Erscheinung heraus Form annehmen soll und kann. Wenn wir diese aus dem Zusammenhang gerissenen Bauformen wiederverwenden, so kann das nur geschehen, wenn sie in dem neuen Wirkungsverhältnis wirken, wenn sie derselben künstlerischen Intention dienen, die bei ihrer Entstehung wirksam gewesen ist. Und darin beruht z. B. der selbständige Wert der Architektur der Renaissance. Dagegen führt heutzutage die Erneuerung alter Stilformen zu keinem wirklich künstlerischen Schaffen. Es wird das bloße Zurückgreifen auf vergangene Stilformen selten oder niemals zu einem wirklichen Sprechen mit architektonischen Worten, die den künstlerischen Sinn aller Architektur zu neuem Ausdruck bringt.

[32] Unveröffentlicht, wohl 1912. Hildebrand lehnte sowohl Sempers Theorie, daß sich aus der Übertragung von Konstruktionsmerkmalen künstlerische Formen gebildet hätten, als auch den reinen Historismus ab. Vgl. Dieter Sattler, *Adolf von Hildebrand als Architekt*, Dissertation, München 1916.

2) Wenn wir den Eindruck von Bauten auf ihre allgemeinen Wirkungsbedingungen zurückführen, sozusagen ein Wirkungsskelett abstrahieren, welches die künstlerische Wirkung bedingt – so werden wir sehen, daß dasselbe von Bauten der verschiedensten Stile auf ganz dieselben Wirkungskombinationen hinausläuft und die Stilform nur eine Ausdrucksvariation von ganz demselben Sinn beinhaltet. Und wie es bei der Poesie vortreffliche Übersetzungen geben kann, so kann auch da der Sinn in verschiedener Stilform zur Darstellung gelangen. Bei manchen Bauten ist die allgemeine Wirkungslage allerdings so eng verbunden mit den Stilmöglichkeiten, daß sie nur in diesem einen Stil möglich sind.

Alle Zeiten haben Stilformen vorgefunden und aus diesem Vorrat geschöpft, indem sie diese Elemente wieder in einem neuen Zusammenhang sich weiter entwickeln ließen. Alle Gestaltungsprozesse, die sich seit Jahrhunderten zu fester Form kristallisierten, wurden in dem neuen Bau ab ovo wieder durchdacht, sie wurden wieder wahr und lebendig. Dagegen wird das bloße Zurückgreifen auf vergangene Stilformen nimmer zu einer wirklichen Sprache, die den künstlerischen Sinn alles architektonischen Schaffens zu neuem Ausdruck bringt. Und ob einzelne Bauformen verwendet werden oder ganze Motive, und ob sie mit mehr oder minder Geschmack und Sinn fürs Gute aus dem Vorrat aller Zeiten ausgesucht werden, ist angesichts des wirklichen Schaffens gleichgültig. Denn die Anwendung der schönsten, alten Motive ist eine Lüge, wenn sie nicht aus dem Zusammenhang des Ganzen wieder das notwendige Resultat ist, und die Produkte früherer künstlerischer Zeiten haben ihren Wert nicht in dem Resultat, das wir einfach wiederholen oder nachahmen können, sondern in dem lebendigen, wirkenden Prinzip, welches immer maßgebend ist und welches uns ein Fingerzeig ist, wie man zu schaffen hat. Ob sich dies treibende Prinzip in den Kunstanfängen oder in den Spitzen der künstlerischen Entwicklung kundgibt, ist gleich; nicht die Verliebtheit in ein bestimmtes Stadium der Kunstentwicklung und in ihren Eindruck darf dazu verleiten, diese einfach in unsere Zeit zu übertragen, indem wir alles machen, was ihnen dem Effekt nach ähnlich sieht, sondern es handelt sich um den lebendigen künstlerischen Prozeß, mag er noch so unbeholfen und unscheinbar auftreten. Die Geschicklichkeit der Effektnachahmung ist deshalb immer ein Kennzeichen einer äußerlichen Kunstauffassung.

3) Der architektonische Gestaltungsprozeß fängt überhaupt nicht mit der Vorstellung von Stilformen an, sondern mit der Vorstellung einer Gesamtentwicklung, welche auf der Gegenüberstellung von allgemeinen Gegensätzen beruht, z. B. eine Hallenreihung als Basis zu einem oberen geschlossenen Stockwerk. Dieser Gegensatz kann sich weiter ausbilden, indem die horizontale Lagerung des Oberbaues sich als ein Niedriges, Gestrecktes kennzeichnet. Ist die Höhe aus äußeren Umständen gegeben, so kann sie durch Längslinien geteilt werden und fürs Auge niedriger wirken oder durch in die Breite gezogene Fensteröffnungen für die Horizontale noch weiter betont werden. Um bei offenen Hallen die vordere Fläche des Baues möglichst festzuhalten, ist es wichtig, die Bögen durch Pfeiler und nicht durch Säulen tragen zu lassen, denn die Pilaster geben noch die Vorstellung der durchbrochenen Wand, während die runde Säule in ihrer weiten Stellung diese Kraft der Wirkung einbüßt. So kann sich die Gesamtwirkung nur noch gliedern in die einzelnen Wirkungsfaktoren, die an der Gesamtwirkung teilnehmen, diese kräftigen. Die Stilfrage ist dabei überhaupt gar nicht in Frage gekommen und kommt auch nicht an sich zur Frage, sondern zuletzt münden die schon so präzisierten Baufaktoren in die Bauform, die ihnen am natürlichsten dient. Auf diese Weise wird den entstandenen Bauformen nur das entnommen, was in ihnen als allgemeines Prinzip liegt und was sie befähigt, in neue Kombinationen einzugehen; alles andere, was von einer Verwendung zu einer bestimmten Situation herrührt und damit ganz individuellen Ursprung hat, bleibt unberührt, und an deren Stelle treten neue Gestaltungen.

Beitrag zum Verständnis des künstlerischen Zusammenhangs architektonischer Situationen[33]

Seitdem mit dem allgemeinen Stimmrecht auch das Gefühl der Selbstherrlichkeit beim Beurteilen von Kunstwerken allgemein geworden ist, gilt allenthalben das Schlagwort: Kunst ist eine Geschmackssache.

Damit erklärt man die Kunst für vogelfrei, für ein Wesen, das keine eigene Existenzberechtigung, keinen objektiv zu bestimmenden

---

[33] *Raumkunst*, 1908, Nr. 19, S. 77–103.

Gehalt, sondern nur einen Affektionswert besitzt. Nur als kunsthistorische Erscheinung gewinnt dann das Kunstwerk eine objektive Berechtigung und einen festen Boden. Dieser verbreitete Unglaube an ein objektiv Greifbares auf dem künstlerischen Gebiet öffnet nicht nur jedem Unsinn die Pforte, sondern wird auch zum Hindernis für alle sachliche Betrachtung.

Hat man sich jedoch einmal klar gemacht, daß den Mitteln, mit denen Natur und Künstler auf uns einwirken, eine objektive Kraftäußerung von räumlichen Vorstellungselementen innewohnt, daß z. B. die Wirkung von senkrecht und horizontal, von hell und dunkel etc. eine von Natur gegebene ist, über die der Künstler keine Macht besitzt, sondern deren Realität er nur benützen kann in verschiedener Stärke und Mischung, wie der Arzt seine Heilmittel, dann wird auch die Anschauung lebendig, daß in jeder Erscheinung sich ein bestimmter realer Vorgang abspielt, bei dem die Elemente der Erscheinung und ihrer räumlichen Vorstellung zusammen oder einander entgegenwirken.

Je nachdem diese Kräfte zusammenarbeiten oder sich gegenseitig aufheben, wird ihre Resultante objektiv stärker oder schwächer, ausdrucksvoller oder nichtssagender sein. Dieser sich faktisch abspielende Prozeß mit seinen Wirkungsergebnissen ist der objektiv vorhandene Gehalt aller Erscheinung als solcher. Wer auf diese Naturwirkungen und Kräfteäußerung unmittelbar reagiert, wie die Membrane auf die Schallwellen, wer ihre Einheiten und Widersprüche deutlich empfindet und zu unterscheiden vermag, verhält sich der Erscheinung gegenüber künstlerisch.

Damit gelangen wir aber zu einer objektiven künstlerischen Bewertung der Erscheinung, die unabhängig vom Affektionswert oder dem sogenannten Geschmacksurteil dasteht.

Weil auch der Künstler als Mensch was ihn in der Natur ergreift, als Affektionswert in seinen Werken zum Ausdruck bringt und weil dem Publikum der Mensch näher liegt als der Künstler, so sieht man in diesem Affektionswert den einzigen Inhalt seines Werkes. Jeder sieht dann im Künstler seinesgleichen, und dann ist freilich alles Urteil Geschmackssache.

Der Affektionswert wird je nach dem subjektiveren oder objektiveren Naturell des Künstlers bei seinem Werke eine größere oder geringere Rolle spielen, immer aber nur eine künstlerische Bedeutung und

Berechtigung gewinnen, wenn er in der Form eines objektiven Wertes im obigen Sinn auftritt, denn es ist klar, daß eine unbestimmte Größe nur durch eine bestimmte bestimmt werden kann.

In unseren Tagen, wo infolge der gesteigerten Verkehrsentwicklung so große bauliche Veränderungen in allen Städten notwendig werden, wo überall und in jedem Moment die Frage entsteht, was ist wertvoll und muß erhalten werden, was kann fallen etc., ist dieser Unglaube an einen objektiven künstlerischen Gehalt und die Maxime des subjektiven Geschmacksurteils doppelt verhängnisvoll. Kunsthistorische Standpunkte und das Geschmacksurteil der Majorität sind heute die einzigen entscheidenden Instanzen. Vor allem droht Plätzen und Situationen, die in verschiedenen Zeiten allmählich entstanden sind, die größte Gefahr, weil ihnen scheinbar keine künstlerische Absicht zugrunde liegt und man sie für ein Spiel des Zufalls hält. Bislang ist nur der einzelne Bau vom Kunsthistoriker als greifbares Kunstwerk geeicht worden. Man glaubt, daß der künstlerische Geist nur insoweit vorhanden sei, als er planmäßig vorgeht, und hält alles, was nicht als Gesamtanlage entstanden ist, für künstlerisch absichtslos und ein Werk des Zufalls. Nun ist es aber klar, daß, wo ein Zusammenhang der Erscheinung wirklich besteht, die Frage, ob er zufällig oder absichtlich entstanden ist, ganz gleichgültig ist. Auch ein Stück Natur kann ja künstlerisch wertvoll sein. Andererseits hält man aber vieles für Zufall, was keiner ist.

Ein jeder weiß, daß er oft recht vernünftig geträumt hat, vielleicht eine lange sinnreiche Geschichte – bei der von keinem Plan die Rede sein kann – wer sollte ihn gemacht haben? Gleichwohl hat der Traum einen zusammenhängenden Sinn. Der Zusammenhang kann also auch anders als durch einen Plan zustandekommen, nämlich durch das richtige, natürliche Weiterbilden von Stück zu Stück, wobei nicht gefragt wird, was später kommt. Auf diese Weise sind mehr oder weniger die meisten alten Städtebilder entstanden.

Der erste hat nur mit der Naturumgebung zu rechnen, der nächste wiederum mit dem schon Vorhandenen. Jeder sorgt für den richtigen Anschluß, für eine künstlerische Wirkung des Ganzen; so geht es weiter, jedesmal paßt es, weil einer nach dem anderen künstlerisch verfahren ist, weil jeder den objektiv vorhandenen Kräften Rechnung zu tragen wußte und mit ihnen weiterbildete. So spricht sich der künstlerische Geist ebenso im Anschließen und Fortführen aus wie im neuen Einzelgebilde. Seine Arbeit für eine künstlerische Erscheinung ist nicht nur in den Hauptwörtern niedergelegt, sondern auch in den Partikeln und in der Interpunktion, wodurch er der Erscheinung erst einen Sinn gibt. Man versteht dann, daß es dieser Zusammenhang ist, welcher das geistige Band ausmacht, daß für diesen Zusammenhang das kleine Mäuerchen, die kleine Biegung, die eine Stufe etc. ebenso wichtig sind wie der Bau selbst. Versteht man diesen Zusammenhang zu lesen, dann wird es unwichtig, ob das eine in dieser, das andere in jener Zeit entstanden ist, man fragt nur, aus welchem Geiste heraus der einzelne weiter gearbeitet hat. Man wird überhaupt den künstlerischen Geist trennen lernen vom Stil und den materiellen Werten, in denen er auftritt, von der Anzahl und Art der Kunstformen und dem Luxus des Materials.

Auf diese Weise entstanden die reizendsten Straßen und Plätze. Die Fortsetzung einer vorhandenen Situation entsprach immer dem Körpergefühl, das durch sie angeregt wurde und in bestimmter Weise physisch weiter wirkte. Angeregte Richtungsempfindungen, ein sich Ducken oder Aufwärtsstreben, ein sich Ausbreiten oder Zusammenziehen etc. verlangen je nachdem ihre Fortsetzung, ihr Ausklingen, ihren plötzlichen Abbruch etc. wie physische Zustände. So fügte ein jeder ein Neues richtig ein, weil er seinen Vormann und die gegebene Situation verstand, es reihte sich Einfall an Einfall, ohne Willkür, dem gegebenen Rhythmus folgend. Da wird man von Schritt zu Schritt fortgeleitet, bald rascher, bald langsamer, wie von Freundeshand, die jede Bewegung mit liebenswürdiger Geste erleichtert. Da ist die Umgebung ein sinnreiches Zwiegespräch, überall interessant und lebendig, nie merkt man die Absicht, alles scheint zufällig und deshalb doppelt reizvoll.

Da lebt man freilich in anderen Zeiten als der heutigen, wo an Stelle dieses inneren künstlerischen Geistes als einzige zusammenhaltende Kraft sich meist nur die gesetzliche Bauordnung durchzieht.

Daß vieles sich ändern muß und nicht erhalten bleiben kann, ist klar und das gute Recht der Gegenwart. Als Kulturmensch soll man jedoch die künstlerischen Werte kennen, die man opfert – nicht sie ahnungslos vernichten. Erst wenn man diese Werte richtig beurteilen kann, ist auch die Möglichkeit gegeben, mit ihnen richtig umzugehen. Um das Verständnis für solche Situationen zu fördern, scheint es mir deshalb eine notwendige und fruchtbare Sache zu sein, an Beispielen diesen künstlerischen Zusammenhang näher darzutun:

Michelangelos *David* und die Piazza della Signoria in Florenz[34]

Jeder, der noch die Piazza della Signoria in Florenz mit der *David-Statue* Michelangelos gesehen hat[35], wird die Lücke empfinden, die durch die Entfernung entstanden ist; nicht nur die materielle Lücke ist fühlbar, sondern auch der Adel des Platzes hat bedeutend abgenommen. Der *David* spielt nicht nur eine dekorative Rolle, sondern er ist trotz des großen Maßstabes eine individuelle plastische Schöpfung voll intimster Naturwahrheit und innersten organischen Lebens. Er ist darin ein Unikum und überragt alles, was je an Kolossalstatuen geschaffen worden ist.

Kein Wunder also, wenn von dieser Statue sich ein höherer Grad künstlerischer Weihe über den ganzen Platz verbreitet. Ein Michelangelo auf der *Straße* – welche Stadt kann das aufweisen! Seine mächtige Individualität drückt dem ganzen Platz den Stempel auf. Man stand unmittelbar dem höchsten künstlerischen Ernst gegenüber. Es ist eine charakteristische Seite von Florenz, daß, wo Architektur und Plastik zusammen auftreten, wie z. B. bei Or San Michele[36] etc. die Plastik ersten Ranges ist und neben ihrem dekorativen Zwecke auch als Plastik ihre volle selbständige Bedeutung erhält. Wie beim griechischen Tempel die Plastik das letzte höchste Zusammenraffen des Kunstvermögens, die letzte Blüte der Gesamtschöpfung bedeutet, wo die Architektur sozu-

---

34   *Frankfurter Zeitung* vom 3. Juli 1903.
35   Michelangelos *David* wurde zwischen dem 31. Juli und 4. August 1875 von dem ursprünglichen Aufstellungsort auf der Piazza della Signoria in die Accademia delle Belle Arti überführt, weil, wie bereits 1866 eine Kommission festgestellt hatte, sich starke Witterungsschäden bemerkbar machten; die Entfernung hatte zu lebhaften Protesten geführt, die zum mindesten die Aufstellung einer Kopie am alten Platz forderten. Erst 1910 wurde diese Forderung erfüllt.
36   Die heutige Kirche Or San Michele wurde nach dem Brand eines begonnenen Baus 1337 für einen Kornmarkt als offene Halle mit zwei gewölbten Obergeschossen errichtet. Bis 1380 waren die Bauarbeiten im wesentlichen abgeschlossen und die ursprünglich offenen Arkaden mit Maßwerk geschlossen worden. Schon zu Beginn des Neubaues hatten die Florentiner Zünfte auf Anregung der Seidenweberzunft beschlossen, Statuen ihrer Schutzheiligen an den Pfeilern anbringen zu lassen, doch gelangte zunächst nur die Statue der Seidenweber (1339/40) zur Ausführung. Erst seit 1399 folgten die Statuen der übrigen Zünfte, die vor allem von Donatello, Michelozzo, Ghiberti, Nanni di Banco und Andrea del Verrocchio ausgeführt wurden. Die plastische Ausstattung dieser Kirche gehört daher zu den wichtigsten Zeugnissen der Florentiner Frührenaissance.

sagen zur menschlichen Figur greift und zur Bildhauerei wird, um sich zu steigern und das letzte Wort zu reden – so läßt sich andererseits von einer Plastik sprechen, die, wie z.B. bei römischen Barockbauten, der Architektur dient und nur als Schmuck und dekoratives Element spricht und darin gipfelt, ohne eine selbständige Rolle zu beanspruchen.

Die Stärke von Florenz lag nie in dieser Art von Plastik, diese ist in Rom zuhause – das zeigen nur allzusehr die anderen Kolosse, welche zu Füßen des Palazzo Vecchio stehen. Jetzt, wo sie allein sprechen, tritt ihre Inferiorität nach beiden Richtungen offen zutage, und sie erniedrigen dadurch das künstlerische Gesamtniveau des Platzes. Wie der *David* noch unter ihnen stand, kamen sie nicht zu Worte, sein Glanz war zu mächtig, und sie behielten nur ihren Wert in ihrer architektonischen Rolle, die sie auf dem Platze zu spielen haben. Diese ihre architektonische Bedeutung verlangt ein besonderes Eingehen.

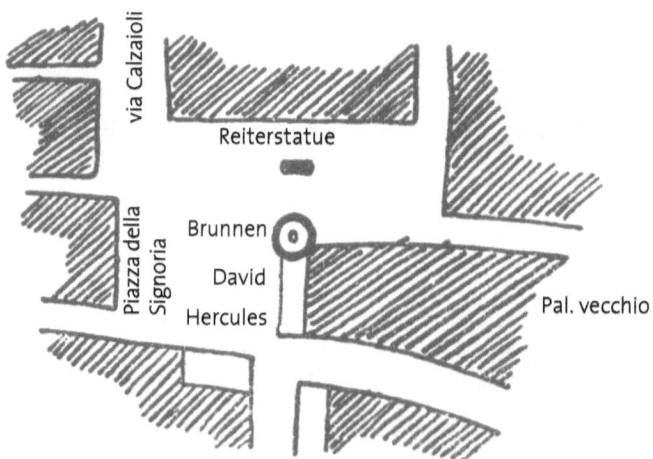

Abb. 13: Hildebrand, Piazza della Signoria in Florenz

Die künstlerische Entwicklung des Platzes della Signoria ist eine an sich höchst interessante.[37] Da der Palazzo Vecchio sich in der einen

[37] Die Grundform der Piazza della Signoria entstand im 13./14. Jahrhundert, als wahrscheinlich durch Arnolfo di Cambio (1298) der Palazzo Vecchio an Stelle kleinerer Häuser errichtet und dadurch die eigentümliche Platzform geschaffen wurde.

Ecke des Gesamtplatzes vorschiebt und also mit seiner ganzen gewaltigen Masse in den Platz hineinragt, so muß der ursprüngliche Eindruck, als er noch allein auf dem Platze stand, ein viel schrofferer als jetzt gewesen sein, das plötzliche Hereinragen des Kolosses muß etwas Erdrückendes gehabt haben. Dazu kommt, daß die gewaltige Steinmasse dieses Baues wie in einem Anlauf von der Erde ununterbrochen bis zu der obersten ausladenden Krönung steigt, um dann noch einmal im Turme dieselbe Bewegung zu wiederholen. Diese zweimal wiederholte charaktervolle Bewegung treibt die Wucht des ganzen Baues nach oben, wodurch der kriegerische Eindruck und die die ganze Stadt beherrschende Wirkung entsteht. Für den Platz selber und für den nahen Standpunkt hatte aber diese Wirkung natürlich den Nachteil, daß dem Auge unten am Fuße des Baues nichts als die ungegliederte Steinmasse geboten wurde und der Eindruck des mittelalterlich finster Drohenden vorherrschen mußte. Es lag deshalb die Idee sehr nahe, die Statue des *David* unten vor dem Palazzo Vecchio aufzustellen und dadurch den Platz und die Fassade auch für unten künstlerisch zu beleben. Dadurch entstand dann ferner das Bedürfnis, ein Gegenstück auf der anderen Seite des Einganges an der Fassade anzubringen, die Gruppe von Bandinelli.[38] Die Aufstellung dieser beiden Werke längs der Fassade führte später zu der sehr genialen Idee, diese begonnene plastische Reihe derart über den ganzen Platz fortzusetzen, daß das jähe Hineinragen des Palazzo Vecchio in den Gesamtplatz gemildert wurde. Indem sich dicht an der Ecke als weitere Fortsetzung der Fassadenrichtung des Palazzo Vecchio der Brunnen[39] anschließt und dann weiterhin das Reiterstandbild[40] aufgestellt wurde, entstanden auf dem Gesamtplatz *zwei* Plätze. Der vordere, der Hauptplatz, den die Fassade des Palazzo Vecchio und weiterhin die ebengenannten Monumente begrenzen, und der kleinere links dahinter liegende Platz. So wurde für den Platzeindruck in fast spielender und unbemerkbarer Weise das aufdringliche Hineinragen des Palazzo Vecchio gänzlich aufgehoben, während er oben seine kühne Einzelwirkung behielt. Aus der mittelalterlichen unwirtlichen Stimmung hatte sich der Eindruck des Platzes, analog der Entwicklung

---

[38] Gemeint ist die Gruppe *Herkules und Kakus* (1534) von Baccio Bandinelli.
[39] Der *Neptunbrunnen* von Ammanati wurde 1565–1575 aus Anlaß der Hochzeit des Francesco Medici mit Johanna von Österreich (1565) errichtet.
[40] Giovanni da Bologna, *Reiterdenkmal Cosimo I.* (1594).

der Lebensverhältnisse, zu einem lebensfroh-künstlerischen umgestaltet – einem Eindrucke, den wir heutzutage nicht mehr entbehren könnten.

Diese also jetzt absolut für den Eindruck des Platzes notwendige Reihe des plastischen Schmuckes ist durch die Entfernung der *Davidstatue* in ihrem Zusammenhang zerrissen, und so wie jetzt die Monumente dastehen, ist auch ihre architektonische Wirkung wesentlich abgeschwächt und undeutlich gemacht. Es ist deshalb eine absolute künstlerische Notwendigkeit, diesen Zusammenhang wiederherzustellen, um dem gesamten architektonischen Sinn der Platzanlage gerecht zu werden, d. h., es muß die Lücke wieder ausgefüllt werden. Daß die Statue den Palazzo Veccchio verdeckt und deshalb ihm zum Schaden gereicht habe, diesen Einwurf braucht man wohl bei den kolossalen Verhältnissen des Palazzo Vecchio kaum ernstlich zu widerlegen. Wohl aber muß einem anderen Bedenken ausdrücklich entgegengetreten werden, das in bezug auf die Möglichkeit einer guten *Kopie* der *Davidstatue* erhoben worden ist. Gerade die *Davidstatue* des Michelangelo läßt sich sehr wohl genau kopieren. Im Gegensatze zu seinen bloß abbozzierten Arbeiten oder zu jenen späten Werken, wo, wie z. B. bei der Statue der *Nacht* in den *Mediceergräbern*, Michelangelo durch die verschiedenartige Behandlung des Marmors als Stoff, durch Polieren und Rauhlassen, durch Stehenlassen von Meißelhieben etc. seinen Schöpfungen ein weiteres Leben verliehen hat unabhängig von der positiven Form, ist beim *David* alles positive klare Formgebung ohne irgendwelches Spiel in der Behandlung. Da wo der Entstehungsprozeß der Arbeit noch sichtbar und die Meißelführung ein verwertetes Mittel des Ausdrucks bildet, ist das Bedenken gegen eine Kopie sehr gerechtfertigt. Wo aber die Form so eminent graziös ist und durch ihre Positivität allein spricht, wo ferner bei der Größe des Maßstabes die Formgebung überall zu so einfachen klaren Flächen geführt hat, ist gerade der Fall für das Kopieren in seltenem Grade gegeben. Nicht nur genau plastisch kopieren läßt sich die Figur, sondern sie läßt sich auch in ihrer *Patina* so nachahmen, daß die frühere Wirkung auf der Signoria durchaus gesichert ist. Man möge doch an die vielen Marmorkopien denken, die im Altertum geschaffen worden sind und die heute noch ihre volle Wirkung üben, wie die *Ajaxgruppe*[41] in der Loggia dei Lanzi zeigt.

[41] Heute *Menelaos mit der Leiche des Patroklos* genannt.

Aus all diesen Gründen erscheint die Herstellung eines Ersatzes an Ort und Stelle durch eine Kopie nicht nur wünschenswert, sondern künstlerisch begründet und geradezu notwendig. Und wenn es störend ist, daß außer dem in der Akademie eingekerkerten *David*, der als Wirkung nicht mehr zählt, dann noch zwei *Davidstatuen* in Florenz existieren sollen, der auf dem ursprünglichen Platze der Signoria in Marmor und der in Bronze auf dem Platze Michelangelos[42], der durch seine Lage zu einem zukünftigen Pincio bestimmt ist, so kann kein Zweifel darüber aufkommen, *welcher* von beiden weichen muß.

Der Domplatz in Florenz

Die beiden Pläne (siehe Abb. 14 und 15) zeigen den Domplatz in Florenz, wie er noch vor kurzem war und wie er jetzt ist.

Das Baptisterium stand mit seiner geschlossenen, ausgesprochenen Hinterseite so dicht am Bischofspalast, daß der Raum, den man als Platz empfand, das Baptisterium nur von den drei Seiten umgab, deren jede durch eine Bronzetür betont ist.[43] Dadurch war die Gestaltung des Baptisteriums motiviert und natürlich. Jetzt, wo der Platz hinter dem Baptisterium ebensoweit geworden ist wie auf den anderen Seiten und das Baptisterium in der Mitte eines Platzes steht, ist seine Anlage mit der ausgesprochenen Hinterseite widersinnig geworden.

Früher, als der Hauptzugang zu dem Domplatz die Via Calzaiuoli war, trat man zwischen Dom und Baptisterium und sah nach rechts und links den Platz von den Fassaden der beiden Gebäude eingerahmt. Dieser Platz wirkte geräumig im Verhältnis zur Straße, und der Blick fiel direkt auf die beiden sich gegenüberliegenden Hauptportale. Die Treppenanlage vor dem Dom mit seinem Campanile zur Rechten machte diese Seite des Platzes zur Hauptseite, und das Baptisterium gegenüber wirkte wie das Küchlein zur Henne.

[42] Die Bronzewiederholung des *David* und der vier *Tageszeiten* wurde 1875 als Denkmal Michelangelos auf der Piazzale Michelangelo aufgestellt.
[43] Das Baptisterium, erbaut im 12. und 13. Jahrhundert, und der Dom, begonnen um 1296 von Arnolfo du Cambio, erheben sich über dem Areal eines römischen Palastes. Den westlichen Abschluß dieses Gebäudekomplexes bildet der Erzbischöfliche Palast, begonnen 1582 von Giovanni Antonio Dosio. 1895 wurde dessen Fassade auf der Westseite des Baptisteriums um 50 Meter zurückverlegt, um für die Via Ceretani eine bessere Verkehrsführung zu ermöglichen.

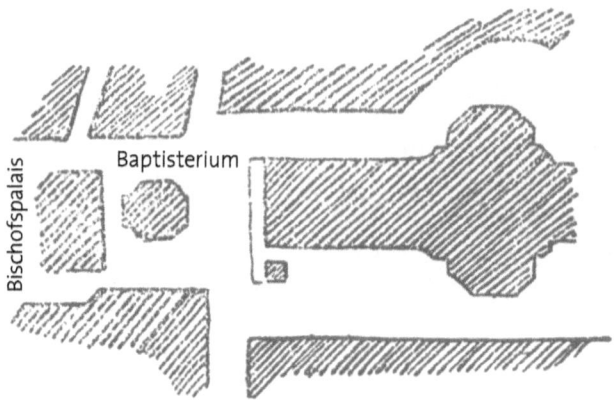

Abb. 14: Hildebrand, Einstiger Domplatz in Florenz

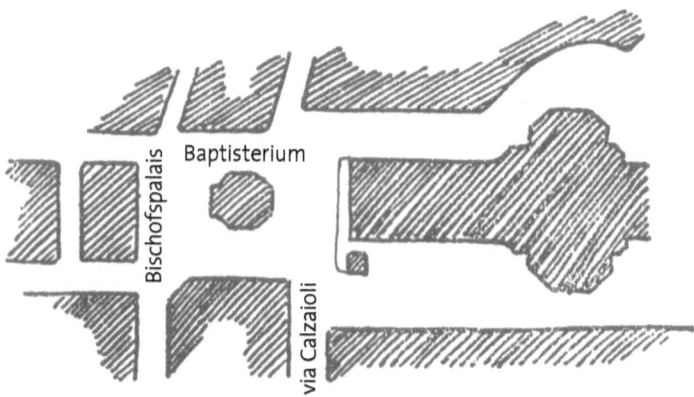

Abb. 15: Jetziger Domplatz in Florenz

Jetzt, wo der Bischofspalast so weit hinter das Baptisterium zurückgerückt worden und ein zweiter Hauptzugang zum Platze geschaffen ist (Via Roma, früher war dort nur ein kleiner Zugang durch einen Torbogen – ein ausgesprochenes Hinterpförtchen, damit der Platz abgeschlossen wirkte), jetzt tritt man von dort auf einen Platz, in dessen Mitte das Baptisterium steht, welches die Fassade des Doms verdeckt. Nicht nur ist der Bau des Baptisteriums an solcher Stelle widersinnig geworden, sondern man stolpert über ihn wie über ein Hindernis, und die unmittelbare Wirkung des Doms ist zunichte gemacht. Man muß eigens um das Baptisterium herumgehen, um den Dom zu sehen. Das darf einem nur zugemutet werden, so man selber das Gefühl hat, von hinten zu kommen. Für einen Haupteingang ist das eine klägliche Platzentwicklung.

Kommt man aber wie früher durch die Via Calzaiuoli, dann wirkt durch die bedeutende Vergrößerung des Platzes hinter dem Baptisterium der Raum zwischen diesem und dem Dom so gering, daß sich die Gebäude zu nah auf den Leib rücken und der Platz dazwischen nur als Straße wirkt; man möchte immer das Baptisterium zurückschieben.

Wir sehen, daß der ganze Sinn der früheren Situation gänzlich verlorengegangen ist und mit dem Baptisterium so in Widerspruch gerät, daß es jetzt dasteht wie ein stehengebliebener Schrank, der früher an der Zwischenwand zweier Zimmer stand, die man dann entfernt hat, um ein großes Zimmer zu gewinnen. So ist die fein abgewogene Anlage, die Einheit zwischen dem Sinn der Gebäude und dem ihrer Umgebung zum Unsinn geworden; und solche Verunglimpfung geschieht mit dem stolzen Bewußtsein, das Wertvolle geschützt zu haben. Der Platz durfte unter keinen Umständen hinter dem Baptisterium vergrößert werden, sondern man hätte den hinteren Teil des Bischofspalastes anstatt seines vorderen abtragen müssen, um eine Verkehrsverbindung mit der Via Ceretani zu schaffen, ohne den Domplatz zu berühren.

Der Markusplatz in Venedig

Merkwürdig war der ganz veränderte Eindruck des Markusplatzes nach dem Einsturz des Markusturmes.[44]

Ich kam auf der Fahrstraße von Padua und setzte dann mit dem Dampfer über nach der Lagunenstadt. Flach und flau schaute der Hauptstadtteil, denn sein Turm fehlte, über das stille Wasser und mahnte mich an das Bild so mancher Städte an Binnenseen, wie Zü-

---

[44] Der 1329 errichtete Markusturm stürzte 1902 ein, wonach Hildebrands Aufsatz entstand, wurde dann in den Jahren 1905-1912 wieder aufgebaut. Der sich von Westen nach Osten zur Markuskirche hin verbreiternde Markusplatz wird auf der Nordseite von den *Alten Prokuratien*, 1408-1517 von Pietro Lombardi u. a. errichtet, auf der Südseite von den 1584 von Vincenzo Scamozzi begonnenen *Neuen Prokuratien* eingerahmt.

rich etc., während die anderen Teile der Stadt mit ihren Türmen stolz in die Lüfte strebten. Entsetzt war ich dann über den matten Eindruck des Markusplatzes selber. Alles langgezogen und am Boden klebend, die Markuskirche klein und schief in eine Ecke gedrückt mit schlechtem Übergang zum Dogenpalast, und wie ich mich des längeren in einem Café niederließ, fing die viele Ornamentik an den Prokuratien an, sich so wichtig zu machen und herumzutanzen wie die Mäuse, wenn die Katze fort ist. Die ganze Energie war hin, und jetzt ging es einem erst auf, welch gewaltige Rolle der Turm gespielt hatte in dem Gesamtkonzert.

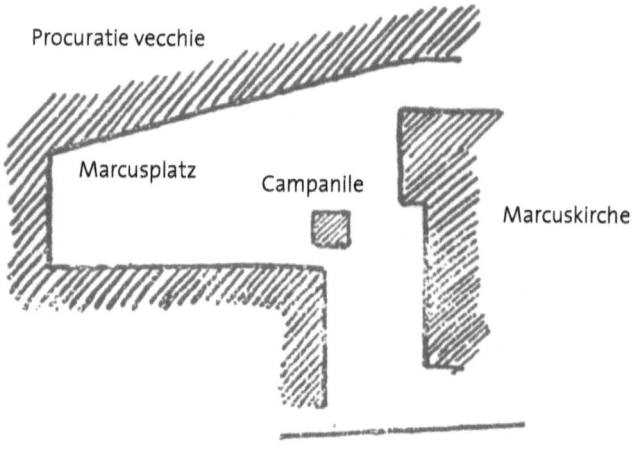

Abb. 16: Hildebrand, Markusplatz in Venedig

Der venezianische Turm, der immer ganz einfach gehalten in die Höhe ragt, ist der denkbar stärkste Gegensatz zu dem Gewühl unter ihm am Boden. Diese energische Senkrechte läßt einen aufatmen, gibt das Gefühl nach oben und befreit von der einseitigen horizontalen Richtung, von dem Gefühl, auf dem Bauch zu kriechen. So sind die Türme über die Stadt verteilt wie Luftschächte, um einen immer von Zeit zu Zeit hinaufzuweisen und Luft zu geben. So stand auch der Turm auf dem Markusplatz in seiner einfachen Wucht und gab allem anderen Maß und Halt. Seine Einfachheit wirkte so beschwichtigend auf alle Ornamentik der Prokuratien, daß nichts zu laut werden konnte, ja er machte überhaupt erst diesen reichen Schmuck um sich herum möglich. Alles war zusammengehalten und auf seine richtige Wirkung gebracht durch den mächtigen Baß, den der Turm abgab.

Wie der Plan zeigt, stand der Turm seitlich auf dem Platze, so daß die Mitte der Platzöffnung seitlich verrückt wurde und die Markuskirche in dieser Achse stand. Dadurch war die schiefe Stellung der Markuskirche zum Platz gänzlich aufgehoben und dazu ihre unklare Verbindung mit dem Dogenpalast verdeckt. Durch die Stellung des Turmes ging die Richtung des Platzes direkt auf die Markuskirche. Auch schien die Markuskirche größer als jetzt, weil sie die vom Turm eingeschränkte Platzöffnung ganz füllte, während sie jetzt ohne den Turm gegen eine weit größere Öffnung aufkommen muß, was sie natürlich klein erscheinen macht. Auch wurde die große Länge der Prokuratien und des Markusplatzes durch die gewaltige Höhenausdehnung des Turmes pariert und aufgewogen, der Platz schien kürzer, was wiederum der Kirche zugute kam, weil sie uns scheinbar näher stand. Jetzt ist die Längswirkung des Platzes die einzige Ausdehnung, die man empfindet, natürlich muß die Kirche an ihrem Ende verlieren. – So hängt eines am anderen, der Turm ist der Schwerpunkt der ganzen Situation, ohne ihn fällt alles durcheinander, verliert seinen Zusammenhang, seine Wirkung, er beeinflußte alle weitere Gestaltung des Platzes im Laufe der Zeiten, ohne ihn war der geistige Zusammenhang entschwunden. Ich war geradezu beelendet von dem jetzigen Eindruck. Wie ein Gesicht, aus dem Geist und Witz sprühte und aus dessen Augen jetzt der Stumpfsinn blöde schaut, so schaute mich der Platz jetzt an. Möge der Turm bald wieder erstanden sein.

Die Engelsburg in Rom

Unlängst hörte ich munkeln, man habe in Rom die Absicht, aus kunsthistorischem und archäologischem Eifer die Bauten auf der Engelsburg[45]

---

[45] Die Engelsburg, begonnen 135 n. Chr. von Kaiser Hadrian als sein Mausoleum und vollendet 139 von Antonius Pius, wurde bald in die Befestigung Roms einbezogen. Das Monument wurde dann von den Päpsten als Festung beibehalten und erlebte bis zum 16. Jahrhundert immer neue Um- und Anbauten. 1901 begannen die Restaurierungsarbeiten, 1933/34 wurde in seinen Räumen ein Museum eingerichtet.

zu entfernen und das Kastell zu reinigen von seinen späteren Zutaten. Ob etwas Wahres daran ist, weiß ich nicht, aber schon der Gedanke kann einen erschrecken.

Ob man jetzt klar darüber ist, wie das Mausoleum Hadrians ausgesehen hat und ob dies mit der bisher angenommenen Ansicht übereinstimmt, daß auf dem großen Rundbau sich ein Mittelbau mit der Statue des Hadrian als Krönung erhoben hat, weiß ich nicht. Jedenfalls würde der Bau, wenn er als Ganzes bestünde, viel weniger in seine Umgebung passen als der jetzige, und außerdem bliebe noch immer die Frage offen, ob er künstlerisch höher stünde als die Engelsburg in ihrer jetzigen Form. Ich habe einen großen Zweifel, denn als Monument mit einer mittleren Bekrönung als Abschluß konnte es immer nur die ins Kolossale getriebene Kunstform eines kleineren Gebildes darstellen.

Wir können jedoch die Frage nach dem ursprünglichen Aussehen der Engelsburg ganz beiseite lassen, da eine Rekonstruktion vollständig ausgeschlossen ist und außerdem ein künstlerisch ganz unmögliches Beginnen wäre. Es würde sich vielmehr jetzt nur darum handeln, den jetzigen Aufbau zu beseitigen, weil er später entstanden ist, und den ursprünglichen Rundbau als Fragment verstümmelt, wieder nackt, seiner späteren Kleider beraubt, hinzustellen, analog dem Forum. Ein reines Sportvergnügen für Archäologen, welches man sich gerade gut auf dem Papier leisten kann. Dagegen steht in Wirklichkeit jetzt ein Bau von der größten künstlerischen Bedeutung da, wenn auch seine ursprüngliche Form allmählich zu etwas ganz anderem wurde.

Die Aufbauten auf der Engelsburg hatten neben ihrem praktischen Zwecke die Aufgabe, der Burg eine Art Abschluß nach oben zu geben, wodurch sie der späteren Umgebung angepaßt und ins Leben gezogen wurde, anstatt nur als historisches Fragment zu wirken. Praktisch handelte es sich um eine nur teilweise Bebauung, ein großer Teil des Kastells sollte als Terrasse erhalten bleiben, künstlerisch handelte es sich um eine Krönung eines gewaltigen Rundbaues, die für die verschiedenen Ansichten stets eine perspektivisch klare Silhouette abgeben und immer groß wirken sollte. Eine nur teilweise Bebauung machte es immer schwierig, eine Krönung von imposanter Gesamtwirkung zu finden.

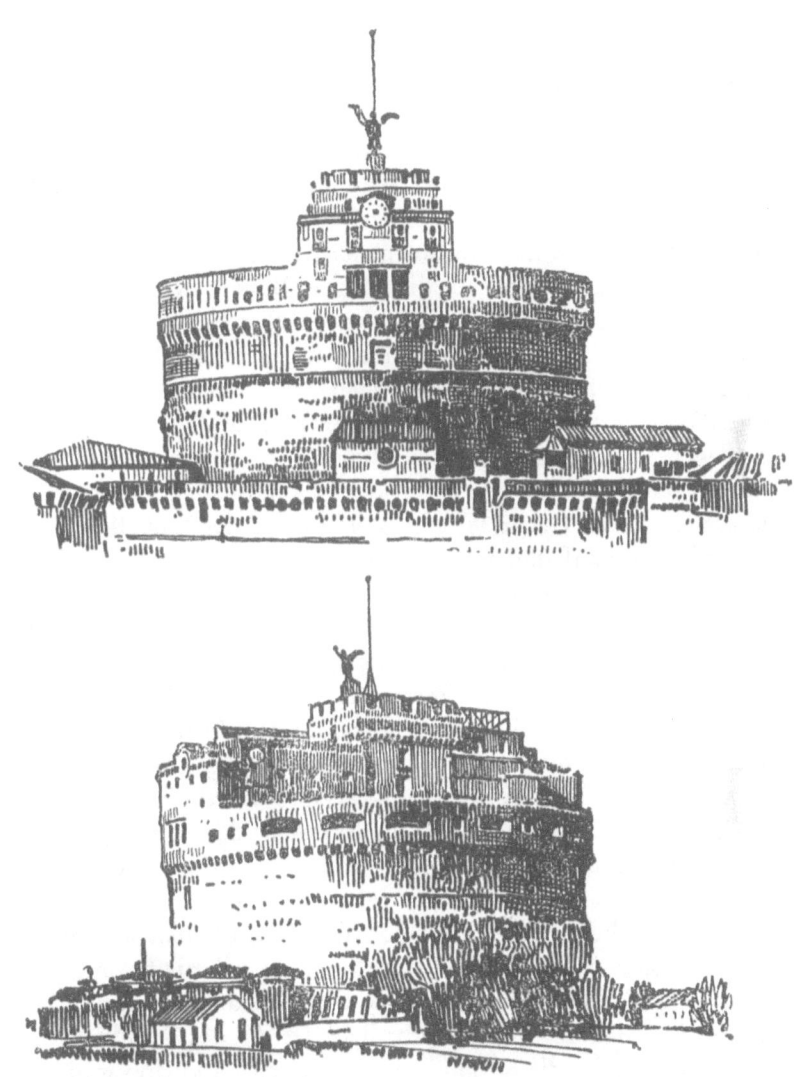

Abb. 17 und Abb. 18: Hildebrand, Die Engelsburg

Bei jeder Bebauung in der Mitte mit herumlaufender Terrasse entsteht der Nachteil, daß durch die perspektivische Überschneidung des Fußpunktes eine klare, sichtbare Verbindung mit dem Unterbau von unten gesehen wegfällt. Ein Mittelbau wird deshalb unorganisch und kleinlich wirken, wenn er nicht den größten Teil der Terrasse einnimmt. Darf er das, so ist im allgemeinen die Kuppelform die natürlichste und am nächsten liegende Lösung für einen Abschluß nach oben, denn sie nimmt die ganze Rundung des Unterbaues auf und schließt ihn nach oben sich wölbend ab. Die Silhouette des Bogens über dem Ganzen ist das Entscheidende dabei. Diese Silhouette bleibt aber auch wirksam, wenn nur die mittlere Bogenlinie der Kuppel gegeben ist und sich wie ein Henkel über ein Rundgefäß hinüberwölbt. Es ist sozusagen der lineare Grundstock für die Wirkung, ohne die wirkliche kubische Masse zu benötigen.

Diese Bogenlinie über das Rund der Terrasse und ihren Mittelpunkt geschlagen, ist denn auch die Grundform, innerhalb der die Bebauung wirklich stattgefunden hat. Zu beiden Seiten bleibt die Terrasse frei, und die einzelnen Gebäude steigen vom Rand des Kastells eins nach dem andern hinauf und wieder hinunter bis zum Rand, immer der gedachten Bogenlinie im freien Rhythmus folgend.

Nur ganz von vorne gesehen bekommt diese Bebauung ein anderes Gesicht, weil sie sich nur als turmartiger Aufbau in der Mitte zwischen den beiden seitlichen Terrassen erhebt. Hier hat sie aber den gewaltigen Vorzug vor jeder Erhöhung auf dem Mittelpunkt der Terrasse, daß sie vorn direkt auf der Brüstung aufsteigt, als unmittelbare Fortsetzung, also keinen Übergang verlangt und die Front krönt wie ein kühner Turm. Dabei bleibt einem immer der Aufstieg nach der höchsten Krönung mit dem Engel auf der Mitte des Baues verständlich.

Hiermit ist aber alles gelöst, und die größte Freiheit war möglich. Bei dem großen Maßstab des Ganzen konnte sich die Krönung ohne Einbuße der Einheit nun in einzelne Gebäude auflösen und dadurch einen festen Maßstab für die wirkliche Größe des Rundbaus abgeben. Mächtig steigt die Krönung am äußersten Rand empor in immer neuem Anlauf von Haus zu Haus und überspannt das ganze Kastell in der größten Ausdehnung wie mit beiden Armen. Das ist groß, ohne schwerfällig zu sein. Zufällig und spielend vollzieht sich diese geheime Gesamtform aus scheinbar unabhängigen Einzelbauten. Darin liegt ein ganz gewaltiger Vorzug gegen jede ursprünglich mögliche Formgebung, die den einmal angeschlagenen Maßstab durchweg festzuhalten gezwungen war, um einheitlich zu bleiben. Jede übertriebene Vergrößerung eines Monumentes hört auf zu wirken, weil dabei keine Formen des gewöhnlichen Lebens vorkommen, welche uns als Maßstab dienen. Ein Bau wie das Colosseum wirkt groß, weil seine Einzelmotive einen wahrnehmbaren Größenmaßstab abgeben, der an sich nicht übertrieben ist. Jetzt ist der Rundbau der Engelsburg gewaltig geworden, weil auf ihm eine kleine Stadt Raum hat.

Ich weiß nicht, ob die jetzigen Aufbauten auf einmal oder allmählich entstanden sind, das ist auch gleichgültig, jedenfalls war das angegebene Grundprinzip der leitende Gedanke. Solche Meisterstücke von architektonischen Lösungen sind nicht zufällige Zutaten, die man wieder beseitigen darf, weil sie nicht ursprünglich beabsichtigt waren. Sie sind ebenso heilig wie der ursprüngliche Bau, wenn sich der künstlerische Geist so stark in ihnen offenbart wie hier.

All diese Beispiele illustrieren Situationen, die scheinbar zufällig sind, weil sie keinem symmetrischen oder gleichzeitig entworfenen Plan entspringen. Wir haben aber gesehen, daß zwischen der Formgebung der Gebäude und der ihrer Platzumgebung ein innerster Zusammenhang, reinste Folgerichtigkeit existiert. Der Sinn für diesen Zusammenhang war im vergangenen Jahrhundert gänzlich abhanden gekommen, gleichzeitig mit der zunehmenden Entwicklung des Museumswesens und der damit zusammenhängenden Gewohnheit, Kunstwerke außerhalb ihres Zusammenhangs als isolierte Werke zu betrachten (vgl. das Folgende und S. 109).

Die Feldherrnhalle in München[46]

So haben wir gerade in München aus dieser Zeit ein eklatantes Beispiel solch unkünstlerischer Auffassung – die Feldhernhalle.[47]

---

[46] Das Beispiel der Fehlplanung der Feldherrnhalle in München war ursprünglich der Schlussabschnitt des vorausgegangenen Aufsatzes über die Engelsburg. Wir setzen es hier an den Beginn der Münchner Beispiele.

[47] Die Feldherrnhalle in München wurde als Abschluss der Ludwigstraße 1841–1844 von Friedrich von Gärtner (1792–1847) im Auftrag König Ludwigs I. zu Ehren des bayerischen Heeres errichtet. Als Vorbild diente die Loggia dei Lanzi in Florenz. Ein Häuserblock musste abgebrochen werden, so daß die Fassade der Theatinerkirche vollkommen freigelegt wurde und eine platzartige Erweiterung der Ludwigstraße entstand. Die visuelle Feinfühligkeit Hildebrands für solche architektonischen Gestaltgesetzlichkeiten war schon damals und ist heute verlorengegangen.

Die Loggia dei Lanzi in Florenz[48] ist da zum Vorbild genommen, ohne Rücksicht auf die Situation, welche ihr zugrunde liegt.

Solche Halle wirkt als Höhlung und verlangt die Vorstellung eines Körpers, aus dem sie herausgeholt ist. In Florenz bildet die Loggia das Ende einer Häuserreihe, so daß nur die Front und eine Seite von ihr geöffnet sind. Man hat also den Eindruck, daß das eine Ende des geschlossenen Häuserkomplexes unterhöhlt und zur Halle wurde. Die elementare Bedingung für die natürliche Wirkung der Loggia ist gegeben. In München dagegen ist die Halle zwischen zwei Straßenöffnungen gestellt, also ein Loch zwischen zwei Löchern, und der Körper fehlt vollständig für die Frontansicht. Damit verliert die Halle ihren innersten Sinn und alle Wirkung. Sie könnte noch so gut an sich sein, in diesem Zusammenhang kann sie nie zur Geltung kommen, wie das beste Wort am unrechten Ort gebraucht.

Es ließen sich eine Masse von Beispielen anführen für diese unkünstlerische Auffassung des »Dings an sich«, die leider immer noch fast alles beherrscht. Ihre Lehre hatte sich auf allen Schulen, Polytechniken und Universitäten so eingenistet, war von da aus in alle Köpfe der gebildeten Kreise übergegangen, daß es noch eines Generationswechsels bedarf, um endlich ihren Bann zu brechen und den Menschen wieder die Augen zu öffnen für das allgemeine Gesetz aller Kunst: Daß ein jedes stets als Teil eines Größeren, einer Situation gedacht sei. Wie der Degen für sich vorhanden ist, zugleich aber durch die Formgebung des Griffes auf die Hand hinweist, die ihn fassen soll, ebenso weist das künstlerische Gebilde nicht nur auf sich zurück, sondern über sich hinaus, als Teil eines Umfassenderen. Je stärker dieses Doppelleben, je weiter dieser Lebensraum des Einzelgebildes, desto größer seine künstlerische Bedeutung.

Der Brunnen auf dem Maximiliansplatz in München[49]

Der südliche Teil des Maximiliansplatzes stellt einer Brunnenanlage ganz bestimmte Bedingungen. Auf der Nordseite des Platzes ragt das etwas erhöhte Ende der von Carl Effner 1876 auf den alten Stadtwallresten angelegten Anlagen in den Platz und bildet dessen Abschluß.

[48] Benci di Cione und Simone Talenti erbauten 1374–1381 die Loggia dei Lanzi im Auftrag der Stadt Florenz.
[49] *Süddeutsche Bauzeitung*, 1894, Bd. IV, S. 396ff; Hildebrands vollständige und detaillierte Beschreibung auch der Details in: Sigrid Esche-Braunfels, *Skulptur und Architektur des Wasserspiels. Hildebrands Brunnen*, München 2005;

Die Anlagen erhalten dadurch im Verhältnis zum Platz ein dammartiges Ansehen. Dieses wird gesteigert durch die Baumgruppen und ihre geschlossene Wirkung, sowie dadurch, daß der die Anlagen durchschneidende Fußweg gerade über die Enderhöhung führt. Auf diese Erhöhung sollte der Brunnen zu stehen kommen.

Bei der Größe des Platzes und der weiten Entfernung, von der aus der Brunnen zu sehen ist, war derselbe nur groß möglich und mußte deshalb im wesentlichen architektonisch sein. Ferner kam es darauf an, eine Breitenwirkung und keine Höherentwicklung anzustreben: Es mußte vermieden werden, gegenüber den zu beiden Seiten stehenden Häusermassen mit einer dritten, niedrigen Höhe aufkommen zu wollen, vielmehr mußte die Brunnenanlage als breit gelagert mehr die Verbindung zwischen den Häusern und den Abschluß des Platzes bilden. Um dies zu erreichen, mußte die Gesamtbreite der Anlagen, das sind 40 m, in die architektonische Gestaltung hineingezogen werden und das ganze Terrain in die Brunnenanlage aufgehen. Nicht aber durfte man bloß einen Brunnen auf den gegebenen erhöhten Platz der Anlagen setzen, denn dabei wäre entweder der Brunnen oder die Naturbasis zu klein geworden.

Eine weitere Frage war alsdann, ob für die Brunnenanlage die Form eines halbrunden Ausschnittes aus dem ansteigenden Terrain, einer Art von Einbuchtung, maßgebend werden sollte, oder ob man der nach dem Platz vorspringenden Form der gegebenen Erhöhung folgen mußte. Das erstere erschien deshalb ausgeschlossen, weil bei der Gesamtbreite von 40 m die Einbuchtung in das Terrain nur klein hätte sein können, wenn die seitlichen Einfassungen noch die nötige Ausdehnung hätten behalten sollen, um überhaupt die Vorstellung einer Einbuchtung natürlich erscheinen zu lassen. Die Situation zwang deshalb dazu, den Brunnen als Ausbuchtung in den Platz springend zu gestalten und so eine Form zu gewinnen, in der die Richtung der Anlagen und ihr Abschluß zum Ausdruck kam. Endlich mußte der gegebene Höhenunterschied zwischen der Terrainerhebung und dem Platz darauf hinweisen, diese Höhenverschiedenheit auch in der Brunnenanlage geltend zu machen. Dies führte dazu, ein oberes Bassin anzunehmen, mit dem sich der Beschauer, auf der Seite der An-

Jürgen Wittstock, *Adolf von Hildebrands Hauptwerk. Der Wittelsbacher Brunnen in München*, in: Oberbayerisches Archiv, Bd. 100/101, München 1976, S. 7–67.

lagen stehend, auf gleichem Niveau befindet, und von dem aus sich das Wasser in ein unteres, nach der Seite des Platzes und mit diesem auf gleichem Niveau liegendes Bassin ergießt. Damit war der fernere Vorteil verbunden, daß das herabströmende Wasser auch auf die Ferne hin einer Wirkung sicher war, während nicht sehr große Bassins immer nur in der Nähe zur Geltung kommen.

So erschienen die allgemeinen Züge gegeben, um den Charakter einer architektonischen Weitergestaltung der gegebenen natürlichen Terrainverhältnisse innezuhalten. Die oben entwickelte Auffassung der Situation ist es, die der weiteren Gestaltung des Brunnens zugrunde liegt und aus der sich die Einzelformen als natürliche Folge ergeben haben.

Um sich nun diese Einzelformen und ihren Zusammenhang klarzumachen, empfiehlt es sich, den Brunnen gleichsam von hinten nach vorn, d. h. von der Seite der Anlagen aus und ihrer Richtung folgend zu entwickeln. Steht man auf der erhöhten Seite der Anlagen, so hat man das obere Bassin vor sich, das von einem ca. 80 cm hohen Rande umfaßt ist; Das Bassin hat eine Weite von 25 m, ist auf der Seite der Anlagen in der Mitte etwas eingezogen, während es nach dem Platze zu in der Mitte als ein Halbrund von ca. 13 m Breite ausladet. Durch diese Vorwölbung nach dem Platze zu, verbunden mit der gegenüberliegenden Einziehung des Bassinrandes ist die Richtung des Vorstrebens in den Platz noch mehr zur Geltung gebracht; auch erschien es vorteilhaft, den langgestreckten hinteren Bassinrand zu unterbrechen.

In der Mitte des oberen Bassins erhebt sich ein Aufbau, der eine Schale von 5,50 m Durchmesser trägt; diese wird überragt von einer kleineren Schale, aus der das Wasser in die größere und von da in das Bassin abfällt. Die Schalen, sowie der Sockel und auch das Halbrund des Bassins sind nicht kreisrund, sondern elliptisch und fügen sich dadurch in die Breitenwirkung des Brunnens ein. Zu beiden Seiten des Halbrundes und in einer Achse mit dem mittleren Schalenaufbau sind zwei Sockel angebracht, die den auf der vorderen Seite etwas erhöhten Brunnenrand nicht überragen. Durch diese Sockel bilden sich in dem Bassin auf der Seite nach der Anlage besondere seitliche Abteilungen; um diesen eine gewisse Selbständigkeit gegenüber dem mittleren Teil des Bassins zu geben, aus dem sich der Schalenaufbau erhebt, ist je in ihrer Mitte ein Wassersprudel angebracht. [...] Die seitlichen Sockel tragen Kolossalgruppen, in denen sich die zerstörende und die fruchtbringende Kraft des Wassers darstellt. Jene ist durch einen Mann symbolisiert, der auf einem Wasserpferd reitet und einen Felsstein schleudert – es ist das Gebirgswasser gemeint, welches das Geröll mit sich führt, diese durch ein Weib, das auf einem Wasserstier sitzend eine Schale in der Hand hält – der das Land befruchtende ruhige Strom. Diese Gruppen, deren jede 4 m lang und 3 m hoch ist, sind der in der Mitte sich erhebenden Schale zugerichtet, werden aber von dieser noch überragt, sie bilden so, zusammen mit dem plastisch verzierten Sockel der Schale und den vor ihnen aufsteigenden Wasserbögen, eine Art mittlere plastische dekorative Zone innerhalb des architektonischen Ganzen; in ähnlicher Weise durchzieht auch am Unterbau des oberen Bassins der dekorative Schmuck, bandartig zusammengehalten, horizontal den Bau. [...]

Stellt man sich nun unten auf den Platz vor die eigentliche Front des Brunnens, so ruhen der Schalenaufbau und die beiden Gruppen auf einem Unterbau, bestehend aus dem vortretenden Halbrund, aus den beiden Postamenten, die der vorstrebenden Bewegung des Halbrundes einen seitlichen festen Halt geben, und aus dem Felsgestein, welches sich rechts und links an die architektonischen Teile anschließt und den festen Bodengrund der Anlagen ausdrückt. Dieser ganze Unterbau hat die Höhe von ca. 2,80 m, die dadurch erreicht ist, daß der vordere Rand des oberen Bassins gegen den hinteren Rand erhöht wurde. Die seitlich abfallenden Felsen bilden die Vermittlung dieser Höhe mit dem Straßenniveau, und indem sie andererseits ihre schräge Richtung vermittelst der plastischen Gruppen bis zur Höhe der Schale fortsetzen, so baut sich das Ganze allmählich in einem flachen Bogen zur Gesamthöhe auf.

Das Halbrund, welches das obere Bassin trägt und dazu bestimmt ist, den Abfluß des Wassers nach unten zu vermitteln, hat zum Motiv Nischen, die von Pfeilern flankiert sind; in den Nischen sind über großen Muscheln sieben Köpfe von Wassertieren angebracht, die das Wasser in die Muscheln speien; von da fließt das Wasser in das untere Bassin. Über den Pfeilern tragen Doppelkonsolen den oberen Bassinrand. Auch aus den Sockeln, welche die Gruppen tragen, strömt Wasser herab; um ab hier schon die Vorstellung des festen Terrains zu erwecken, zieht sich das seitliche Gestein etwas über den Sockel, die Nischen sind weggelassen, und die Muscheln, über die das Wasser herabfließt, sind nur angehauen. Auf diese Weise vollzieht sich der

Übergang von dem seitlichen Naturfelsen zu der künstlerisch geformten Brunnenwandung. Der Eindruck, daß der Brunnen sozusagen aus dem Naturgestein herausgehauen und ganz aus dem Terrain herausgewachsen erscheint, ist noch überdies dadurch erreicht, daß das Gestein auf beiden Seiten von links nach rechts schräg gelagert ist; diese schräge Richtung ist auch in den Fischreliefs auf den Pfeilern festgehalten, durchzieht den ganzen Unterbau und bindet ihn zu einem Ganzen zusammen.

Auf einer Länge von ca. 18 m strömt das Wasser an dem Unterbau herab und füllt das untere Bassin, welches, der Brunnenform gemäß, den Unterbau in seiner ganzen Breite von 40 m umfaßt; es wird durch einen breiten und ganz niederen Rand abgeschlossen, so daß von fern der Unterbau darüber ganz sichtbar bleibt. Um es zu vermeiden, daß das vorspringende Brunnenhalbrund zwischen den massiven Bodenmassen als dünnwandig und wie mit Platten belegt erscheint, wurde der Fugenschnitt trotz der geringen Gesamthöhe in so geringen Höhenabständen gehalten, daß das Gefühl erweckt wird, in der Front die Querschnitte und nicht die Längsschnitte der Steine zu sehen.

Der ganze Bau besteht aus einem harten Muschelkalk von goldrötlicher Farbe, der in einem neuen Bruch von Zwiesler und Baumeister bei Enzenau gewonnen wird. Zwiesler und Baumeister haben auch den Bau und die Steinmetzarbeit ausgeführt; die Gruppen sind aus Untersberger Marmor.

Zur nachträglichen Tönung der Figurengruppen[50]

Wenn ich trotz des lebhaften Anteils, welchen verschiedene Zeitungen an der Tönung der Figuren des *Wittelsbacher Brunnens* genommen haben, erst heute auf Ihre Aufforderung das Wort ergreife, um dem Publikum Aufschluß über diese meine Änderung zu geben, so war ich dabei von der Absicht geleitet, mit der Tönung erst so weit gediehen zu sein, daß sie auch selbst für sich zu sprechen imstande ist.

Wie jeder beobachtet haben kann, hatte sich der Unterschied in der Dunkelheit des Engenauer Steins, aus dem der Brunnen hergestellt

---

[50] *Allgemeine Zeitung* vom 10. August 1907; diesem Zeitungsaufsatz ging Hildebrands Brief an den Münchner Magistrat voraus, abgedruckt in: Bernhard Sattler, *Adolf von Hildebrand und seine Welt*, a.a.O., S. 67f.

ist, und des Untersberger Marmors, aus dem die Gruppen bestehen, mit der Zeit gesteigert. Zum Teil wurde das durch das Grün- und Dunkelwerden des Brunnensteines, zum Teil aber auch durch das Abblassen des Untersberger Marmors veranlaßt. Während der Brunnenstein schon ein ganz altes Aussehen bekam, stachen die Gruppen weiß, blendend und neu davon ab und trennten sich als ein Besonderes von dem Ganzen des Brunnens. Diese Trennung widerspricht aber durchaus der ganzen Brunnenanlage und der künstlerischen Absicht; sie mußte also aufgehoben werden, wenn der Brunnen harmonisch wirken sollte. Hätte ich nicht angenommen, daß die Witterung die verschiedenen Steinfarben ausgleichen werde, hätte ich vielmehr vorausgesehen, daß der Farbenunterschied im Gegenteil zunehmen würde, dann hätte ich die erst jetzt vorgenommene Tönung der Gruppen schon im Atelier gemacht. Jedermann hätte es dann schön gefunden, daß die Gruppen ebenso dunkel wie der Brunnenstein wirken. Jetzt aber, da ich nachträglich und vor den Augen des Publikums diesen Tönungsprozeß ausführe, hält man denselben für etwas ganz Unerhörtes.

Man muß wissen, daß die Tönung des Marmors so alt ist wie die Skulptur. Bei den Alten war das Tönen und Wachsen des Marmors selbstverständlich. Heute glaubt man in vielen Kreisen, daß der Wert des Marmors in seiner weißen Farbe beruhe. Dies Weiß löst aber durch die starken Reflexe die Schatten auf und macht die Form undeutlich. Die Schönheit und das Leben des Marmors liegt nicht in der weißen Farbe, sondern im Korn und dem leuchtenden Kristall. Durch eine Tönung werden diese Eigenschaften nicht beeinträchtigt. Außerdem wirken die Lichter auf den Höhen gegenüber den getönten Tiefen der Form um so kräftiger und reizvoller. Im Laufe der Jahre besorgt die Natur diese Tönung von selbst; der Staub setzt sich in die Tiefen und der Regen wäscht die Höhen immer wieder hell. Sollte nun der Untersberger Marmor der Harmonie des Ganzen zuliebe dunkler wirken, so war es das Beste, ihm den Ton gleich zu geben, den er im Laufe der Jahre allmählich bekommen hätte. Als Beispiel möge man die Propyläen ansehen, welche aus demselben Stein gebaut sind. Ein Polieren des Untersberger Steines der dunkleren Wirkung zuliebe, geht deshalb nicht an, weil, wenn man nur die Höhen poliert hätte, dieselben das Dunklere, die Tiefen aber das Hellere geworden wären und aller Form entgegengewirkt hätten.

Man hätte also den Stein durchweg polieren müssen. Eine solche Politur erzeugt aber ein durchgehendes und porzellanhaftes Glänzen und macht die Form undeutlich. Bei wirklich weißem Marmor ist ein Aufpolieren der Höhen sehr wohl möglich und oft angebracht, weil durch die Politur kein Farbenunterschied entsteht, und Glatt und Rauh, Glänzend und Matt gegeneinanderwirken, ohne die Farbe zu alterieren. Bei farbigem Marmor jedoch, wie es der Untersberger ist, werden, wie schon gesagt, die polierten Stellen dunkler. Also der dunklere Ton konnte nicht durch Polieren, sondern mußte durch Farbenmittel erreicht werden.

Was diesen Prozeß betrifft, so ist derselbe ein recht einfacher, er braucht aber einige Zeit und Sachkunde. Man gibt dem Steine zunächst den Anstrich mit Wasserfarbe (weder Öl- noch Zementanstrich), welcher zu meinem lebhaften Bedauern das Publikum in unnötige Besorgnis brachte, und reibt dann allmählich die Höhen der Formen nach Belieben wieder heraus. Das Kristallkorn des Marmors kommt dann wieder zum Vorschein; die Höhen der Form werden leichter; die Tiefen intensiver – kurzum, es entsteht das, was sonst die Zeit bewirkt. Damit wird also nicht der Marmor geschändet, sondern im Gegenteil sein Reiz erhöht. In dieser Behandlung des Marmors liegt wahrlich kein Verbrechen.

Daß der Laie, der von diesem Verfahren nichts weiß, über das Anfangsstadium desselben und das erste Aussehen der Figuren erschrickt, ist mir nachträglich begreiflich geworden. Hätte ich die eingetretene Aufregung vorausgesehen, so würde mir selbstverständlich auch nicht die Erkenntnis der Notwendigkeit entgangen sein, vorher die Genehmigung des Magistrats nachzusuchen. Nachdem jetzt die Figuren mehr und mehr klar hervortreten, wird man den Vorteil der von mir vorgenommenen dunkleren Tönung erkennen und, wie ich nicht zweifle, eingestehen müssen, daß die Einheit des Ganzen und die Klarheit der Gruppen wesentlich gewonnen haben. Niemand wird mir zutrauen, daß ich, der ich den Brunnen geschaffen, denselben nachträglich durch kopfloses Anstreichen zu verunstalten imstande bin. Die dunklere Wirkung der Gruppen wird man in kurzer Zeit als etwas Selbstverständliches ansehen, und man wird mir nicht daraus einen Vorwurf machen, daß ich nachholte, was ich von vornherein hätte tun können und was von Tag zu Tag zu einer dringenderen künstlerischen Notwendigkeit wurde.

Über den Augustinerstock in München[51]

Es ist bedauerlich, daß über den hohen Kunstwert der Augustinerkirche überhaupt noch gestritten werden mußte. Die Zeit, in der man den Kunstwert eines Baues nach der Anzahl seiner Einzelformen bemessen hat, sollte doch endlich vorüber sein. Die großzügigen und doch feinen Verhältnisse der Augustinerkirche liegen für jedes künstlerische Auge klar zutage, und ebenso zweifellos ist auch die Tatsache, daß ein so absolut schlichter Bau, der nur durch den Adel seiner Verhältnisse wirkt, eine so seltene Erscheinung in unserer Zeit geworden ist, daß man einen künstlerischen Frevel begeht, wenn man ihn nicht erhält. Die bedeutsame Rolle, die er im Zusammenhang mit seiner Umgebung spielt und die vor allem darauf beruht, daß er nicht seine Front, sondern seine Seitenansicht der Straße zukehrt und dadurch die denkbar lebendigste Gegenwirkung zu den anderen Bauten bildet, ist zur Genüge des öfteren hervorgehoben worden. Wohl aber ist es nötig, der Ansicht entgegenzutreten, daß ein neuer Bau die Augustinerkirche künstlerisch ersetzen könne.

Die Monotonie unserer modernen Straßen liegt hauptsächlich in der Monotonie der Bedürfnisse, denen genügt werden muß, um rentabel zu bauen, das heißt, viele Etagen von gleicher Höhe und sehr viel Fensteröffnungen sind nötig. Diese zwei nicht zu umgehenden Faktoren machen eine elementare Verschiedenheit in den Gebäudeformen unmöglich. Jede Freiheit in den Höhenverhältnissen und alle ruhigen Mauerflächen sind ausgeschlossen. Deshalb beruht auch zum größten Teil heutzutage die architektonische Tätigkeit darin, die durch die inneren Bedürfnisse bedingte Monotonie der Fassaden zu kaschieren. Will man rentabel bauen, so muß die Grundfläche nach der Höhe möglichst ausgenützt werden, und ein Zurückspringen der Höhenentwicklung, wie sie beim Mittelschiff einer Kirche stattfindet, ist von vornherein unmöglich. Was soll es nun heißen, man könne die Wirkung der Augustinerkirche durch einen Neubau irgendwie erset-

---

[51] Über die Erhaltung der 1621 barock gestalteten Augustinerkirche des 13. und 14. Jahrhunderts, seit ihrer Säkularisierung als »Mauthalle« zu Stapelzwecken im Gebrauch, hatte sich seit der Neugestaltung des Münchner Stadtzentrums in der zweiten Hälfte des 19. Jahrhunderts eine heftige Diskussion entzündet. Das ehemalige Kirchengebäude in der Flucht der Neuhauserstraße blieb erhalten, während der Augustinerstock, ein 1699 von den Augustinern errichteter Mietblock, 1910–1913 einem Neubau des Architekten Theodor Fischer weichen mußte. Der Kirchenbau ist heute das Deutsche Jagd- und Fischereimuseum.

zen? Beruht doch gerade ihre Wirkung darauf, daß sie kein Fassadenbau ist und die Häuserflucht energisch unterbricht.

Wenn man nun die Kostenfrage in den Vordergrund stellt und von den drei Millionen spricht, welche der Bauplatz der Augustinerkirche repräsentiert, und wenn man aus diesem Grund die Kirche niederlegen will, so hat das nur dann einen Sinn, wenn der hohe Wert auch realisiert wird. Das heißt aber, es muß den heutigen Geschäftsbedürfnissen Rechnung getragen werden, um die hohen Zinsen einzubringen, welche dem Anlagekapital entsprechen. Nur ein Geschäftshaus kann diese drei Millionen realisieren. Dabei ist aber nicht zu übersehen, daß dieser eingeschätzte Wert wohl kaum bezahlt würde, sobald man weiß, daß die Regierung den Bau verkaufen will.

Baut man aber kein Geschäftshaus an dieser Stelle, dann darf man überhaupt ein für allemal das Argument des wertvollen Platzes als Grund für die Niederlegung der Kirche nicht mehr geltend machen. Jeder Bau, sei er nun für praktische staatliche Zwecke (Polizei usw.) oder für ideelle, wie z. B. den einer Sammlung, ist vom reinen Geschäftsstandpunkt aus ein Luxus an dieser Stelle und macht den abgeschätzten Wert des Bauplatzes rein illusorisch.

Nun muß man aber doch zugestehen, daß, wenn der Bau der Augustinerkirche als Kirche fortgedient hätte und deshalb auch instand gehalten worden wäre, niemals die Frage aufgeworfen würde, ob der Bauplatz nicht rentabler zu verwerten sei. Es ist deshalb durchaus berechtigt, sich auch jetzt mit einer ideellen Rentabilität zu begnügen, die der früheren als Kirche entspricht.

Nun liegt aber die Sache sehr anders. Warum soll ein solches Kunstwerk fallen, wenn nur ein Zweck erreicht werden soll, der sich auch anderweitig befriedigen läßt, und ist es nicht näherliegend, den Bau zu erhalten für irgendeine ideelle Verwertung? Klar ist es, daß jeder Neubau bei weitem kostspieliger ist, als wenn die Augustinerkirche restauriert wird und man ihr eine ideelle Verwendung einfügt. Eine solche Verwendung ist jedoch sicher möglich bei den vielfachen Bedürfnissen, die einen großen Raum benötigen und an deren Befriedigung mit der Zeit doch gedacht werden muß. So hatte man z. B. das Alte Nationalmuseum [heute Völkerkundemuseum in der Maximilianstraße] ins Auge gefaßt für die neue Gipssammlung christlicher Kunst und kostspielige Umbauten in Erwägung gezogen. Hier wäre ohne solche Kosten ein viel besserer Raum vorhanden, und so gibt es gar vieles, was unter Dach und Fach gebracht werden muß, wozu die Augustinerkirche sich eignet. Es ist doch viel näherliegend, auf einige Bequemlichkeiten bei ihrer Verwendung zu verzichten als auf die Erhaltung eines so seltenen und unersetzlichen Baues. Die Meinung aber, daß ein Neubau irgendwie die Augustinerkirche als Kunstwerk ersetzen könne, ist völlig haltlos und ohne Sachkenntnis. Will man also einmal die rentable Platzausnützung dem künstlerischen Eindruck opfern, dann keine Halbheiten, dann restauriere man die Augustinerkirche und erhalte sie als Bau.

Über die Erweiterung der Alten Pinakothek in München[52]

Der von Geheimrat von Tschudi[53] angeregte Plan für eine Vergrößerung der Alten Pinakothek[54] zu einer einheitlichen staatlichen Sammlung von alten und neuen Gemälden stellt an die Monumentalbaukommission zwei Fragen: 1. Inwieweit sind die Vergrößerungen und Vereinigungen der Sammlungen künstlerisch wünschenswert? 2. In welcher Weise läßt sich die Alte Pinakothek vergrößern, ohne ihre künstlerische Wirkung zu schädigen? Bezüglich der ersten Frage kann man wohl im allgemeinen sagen, daß sehr große Sammlungen mehr ein Verwaltungsvorteil als ein künstlerischer sind, und daß vor allem ein direkter Zusammenhang der alten und neuen Sammlungen höchst peinlich wirkt, weil dem historischen Interesse dabei eine zu dominierende Wichtigkeit eingeräumt ist gegenüber der Trennung der künstlerischen Welten und ihrer Wirkung auf die Fantasie.

Andererseits ist es aber selbstverständlich, wenn man das unkünstlerische System der vollständigen Zupflasterung der Wände mit Bildern, wie es früher fast durchgängig in den Sammlungen üblich war, ändern will, um den Bildern durch mehr Platz auch mehr Wirkung

---

[52] Adressat vermutlich Monumentalbaukommission, geschrieben 1909/10.
[53] Hugo von Tschudi (1851–1911) gehört zu den bedeutendsten Museumsdirektoren um die Jahrhundertwende, die im Ausstellungswesen eine grundsätzliche Reform anstrebten. Seit 1896 leitete er die Berliner Nationalgalerie, wo er sich mit zahlreichen Ankäufen gegen immer größere Widerstände für den Impressionismus einsetzte. Er trat zurück und wurde 1909 Direktor der Staatlichen Museen in München. Dort begann er sofort eine Neuordnung der Sammlungen. Zu den Erweiterungsplänen seit Klenze bis heute siehe: Gisela Goldberg, *Wohin mit der modernen Kunst? Museen, Projekte, Standorte*, in: Oberbayerisches Archiv, 128. Band, München 2004, S. 213–215, Abb. 12./13.
[54] Die Alte Pinakothek wurde 1826–1836 von Leo von Klenze auf Wunsch Ludwigs I. erbaut. Vgl. auch Kurt Martin, *Die Tschudi-Spende*, München 1962, S. 9ff.

zu sichern, daß mehr Raum gebraucht wird als bisher, und daß ferner durch neue Käufe sich die Sammlungen sowieso vergrößern. Aus diesen Gründen scheint mir eine Vergrößerung für die Alte Pinakothek eine notwendige Forderung, mit der man rechnen muß und deren Lösung ebenso künstlerisch wichtig ist wie die Wirkung des Gebäudes selbst. Ob die Staatliche Sammlung der Neuen Pinakothek[55] mit der Alten Pinakothek in Verbindung gebracht wird, hat keinen künstlerischen Grund, sondern lediglich einen praktischen für die Verwaltung. Daß auch dieses seine Berücksichtigung verdient, ist klar, wenn es auch für unsere Überlegungen nicht so schwer wiegt.

Wenn auch zu überlegen ist, wieviel Platz im Parterre der alten Pinakothek zu gewinnen wäre für die Gemäldesammlung, wenn die Sammlung der Stiche und Vasen etc. anderweitig untergebracht würden, so wäre für diese Zwecke doch wieder ein neuer Platz in der Nähe zu schaffen, also kein Platz gewonnen, wohl aber ein Unterschied der Platzgestaltung zu berücksichtigen.

So kommen wir denn zu der zweiten Frage: In welcher Weise läßt sich mehr Raum schaffen in Verbindung mit der Alten Pinakothek, und in welcher Ausdehnung ist dies künstlerisch durchführbar?

Wenn man ganz allgemein die Frage stellen würde, wo in bezug auf die äußere Erscheinung der beiden Pinakotheken eine künstlerische Verbesserung vor allem nottut, so ist es selbstverständlich, daß der Bau der Neuen Pinakothek das Schmerzenskind ist.

Aber so liegt eben die Frage nicht, sondern es handelt sich gerade um die Alte Pinakothek. Über den hohen künstlerischen Wert des alten Pinakothekbaues ist wohl kein Wort zu verlieren und ebenso über die Pietät, die wir diesem Bau schuldig sind. Wir müssen aber den Bau selbst unterscheiden von seinem künstlerischen Verhältnis zur Umgebung. So wie die Alte Pinakothek jetzt dasteht als Längsbau mit einem Hauptportal, berücksichtigt sie nur die Gabelsbergerstraße, und von dort aus gesehen vermutet man dahinter eine weitere Entwicklung nach der Tiefe und ist enttäuscht, wenn man in der Barerstraße diese nicht antrifft. Der jetzige Bau ist die Fassade einer noch nicht

---

[55] Die Neue Pinakothek, gestiftet von König Ludwig I., für die Sammlungen der damals zeitgenössischen Kunst, wurde 1846–1853 von August von Voit errichtet. Hildebrands Entwürfe siehe Sigrid Esche-Braunfels, *Werkmonographie*, a.a.O., S. 512ff. und Brief an Carlo Sattler, siehe Florian Sattler, *Hildebrand und seine Welt*, a.a.O., S. 114ff.

bestehenden Tiefenausdehnung. Es fehlt am Körper, weil die vorhandene Situation keine räumliche Veranlassung zu einem bloßen Längsbau gibt, wie es z. B. ein dahinter fließender Fluß täte. Dagegen bilden vier gleichwertige Straßen einen quadratischen Platz, auf dem die Alte Pinakothek steht, und ihre einseitige Längsform wirkt unmotiviert und ohne Raumbeziehung zu der Umgebung. Durch die Baumanlage ist der architektonische Widerspruch gemildert, aber nicht beseitigt.

Ob Klenze, als er die Pinakothek in die damalige Leere stellte, mit Bewußtsein damit gerechnet hat, daß eine spätere Zeit nach ihren Bedürfnissen die Situation künstlerisch weiter entwickeln wird, wofür er den nötigen Platz sicherte und er selbst nur das Hauptmotiv geben wollte, oder ob er, wie es auch möglich ist, die Situationsfrage überhaupt wenig berücksichtigte und kannte, ist am Ende gleichgültig. Jedenfalls empfinden wir jetzt diesen Mangel und haben das Bedürfnis, diesen provisorischen, unausgewachsenen künstlerischen Zustand der ganzen Situation aufzuheben. Deshalb begrüße ich die realen Bedürfnisse, welche zu einer Lösung dieser künstlerisch notwendigen Aufgabe zwingen. Aber das Wie – das ist die schwierige Frage.

Die Idee von Geheimrat von Tschudi, mit zwei Seitenflügeln einen zweiten Längsbau der jetzigen Alten Pinakothek anzuschließen, so daß ein Hof in der Mitte bleibt, ist die gründlichste Lösung, hat aber den Nachteil, aus dem Ganzen leicht einen monotonen Riesenbau zu machen, eine Art Kunstkaserne. Wie das zu vermeiden wäre, müßten Modelle klarlegen. Ob die auf solche Weise entstehende Platzfülle nicht über das Bedürfnis hinausgeht, ist auch die Frage. Eine solche Weiterführung des jetzigen Baues könnte ich mir nur in dessen Formsprache fortgesetzt denken.

Eine andere Form der Vergrößerung wäre dadurch möglich, daß mehrere selbständige kleine Bauten durch Säulengänge verbunden den Raum hinter der Alten Pinakothek umgrenzen würden und auf diese Weise eine Art Hofraum umfaßten. Diese Säulengänge könnten immer noch einen darüberliegenden Verbindungsgang tragen, ohne zu hoch zu werden gegenüber den eigentlichen Bauten. Auf solche Weise würde das Kasernenhafte ganz vermieden, andererseits aber der Alten Pinakothek ein körperlicher Hintergrund geschaffen, der sie in den Raum einordnet, ohne ihr zu nahe zu treten. Bei solcher Lösung wäre eine selbständige Formsprache, die sich mit der Alten Pinakothek verträgt, am Platze.

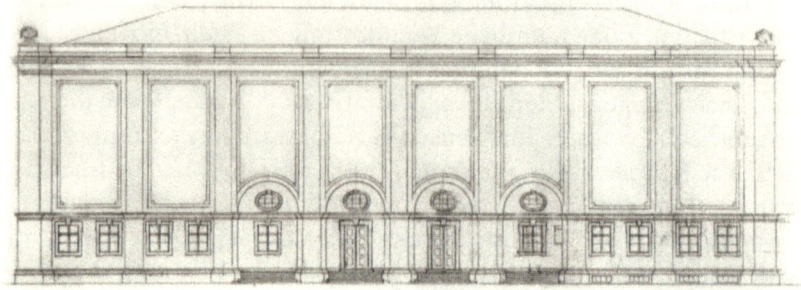

Abb. 19: Vorschlag für die Eingangsfassade der Neubauten von der Alten Pinakothek her

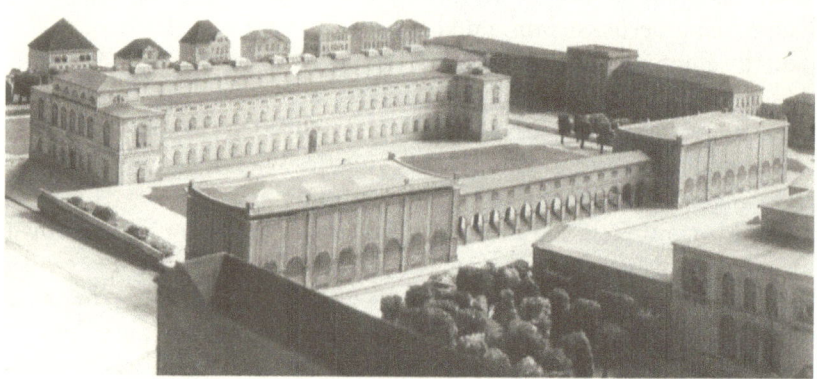

Abb. 20: Modellvorschlag zur Erweiterung der Alten Pinakothek. Das Stockwerk über den Arkaden sollte der Graphischen Sammlung dienen. Auch der Neuen Pinakothek hat Hildebrand noch zwei niedrigere Anbauten zur Theresienstraße hin zugedacht.

Professor Fischer zeigt die Idee, eine Verbindung von der Alten Pinakothek bis zur Neuen Pinakothek über die Straße hinweg zu schaffen. Ob die Distanzen nicht zu groß sind und der gewonnene Raum zu gering? Es sind das alles Möglichkeiten, und es gibt vielleicht noch mehr, und sie müssen eben alle durchgedacht werden.

Um was es sich jetzt wohl handelt, ist auch nicht, eine definitive Lösung hinzustellen oder auszuwählen, sondern die Möglichkeit einer weiteren Bebauung im Prinzip nicht abzuweisen, im Gegenteil gutzuheißen und dazu aufzufordern, Ideenentwürfe zu machen, um der Sache näherrücken zu können.

Über Museen und Ausstellungsanlagen[56]

Bei jeder Bauanlage von vielen Räumen entsteht die Frage, ob und inwieweit diese durch einen neutralen Gang einzeln auch zugänglich gemacht werden sollen, oder ob es genügt, die Räume nur untereinander zu verbinden, so daß sie selbst zugleich den Durchgang bilden.[57] Für diese Frage traten bei der Entwicklung der Ausstellungen im allgemeinen zwei Forderungen in erste Linie: Den Massenbesuch durch die Anlage schon derart zu leiten, daß die Leute unmöglich gegeneinanderfluten und sich den Weg verstellen können, und ferner, daß die Sicherheit dabei besteht, daß jeder bei allem vorbeikommt. Da hat es sich dann als das Praktischste erwiesen, wenn nur ein einziger Weg durch Saal zu Saal führt, so daß man von A bis Z durch alle Räume und überall vorbeikommen muß. So ist jede Konfusion ausgeschlossen, zugleich aber auch die Reihenfolge der Besichtigung bestimmt. Ein selbständiger neutraler Gang wäre dabei nicht nur ein Raumverlust, sondern würde die Vorteile der Zwangsführung wieder fraglich machen. Dieses System hat sich denn nicht nur öfters auf vorübergehende Kunstausstellungen übertragen als bequemste Einrichtung und Raumausnützung, sondern auch auf Sammlungen und Bildergalerien erwiesen.

Da ist aber zu bedenken, daß bei der Beschauung von Kunstwerken ganz andere Rücksichten in Frage kommen als bei der Kenntnisnahme profaner Erzeugnisse. Alle Massenausstellungen sind ja an und für sich schon eine brutale Zumutung an unser Aufnahmeorgan – in erhöhtem Maße aber gegenüber Kunstwerken, wo der Augeneindruck nicht nur gemeiner Handlanger für andere Interessen ist, sondern wo es sich um ein Aufgehen in der Anschauung selbst handelt, und wo jedes Werk eine andere eigene Welt darstellt, in die der Beschauer sich einleben soll. Das verlangt dann ein ganz anderes Verharren, weshalb die einmalige Besichtigung überhaupt nur einen kleinen Teil bewältigen kann und der Vorteil der zwangsweisen Aufeinanderfolge und Führung von A bis Z schon zum Teil verlorengeht und Umständlichkeiten mit sich bringt.

[56] *Süddeutsche Monatshefte*, posthum Oktober 1999, S. 81–84.
[57] Zur Anlage von Museumsbauten vgl. den Sammelband *Museographie, Architecture et aménagement des musées d'art*, Madrid 1934, S. 12ff., besonders S. 23. – Schon Leo von Klenze hatte an der Alten Pinakothek in München ursprünglich die Loggia (über dem heutigen Treppenaufgang) als Verbindungsgang zu den verschiedenen Sälen gedacht, hatte jedoch seinen Plan aus praktischen Gründen nicht ausführen können.

Man hat bei Museen die allgemeinen Nachteile großer Sammlungen in zweierlei Weise zu mildern gesucht. Einmal dadurch, daß man jetzt weit weniger Kunstwerke in einem Raum zusammenhäuft und der Beschauer so wenigstens in jedem Saal eine größere Ruhe genießt. Zweitens aber, indem man den vorgeschriebenen Weg zu einer historischen Aufeinanderfolge macht und die Massenhaftigkeit durch solche Ordnung bekämpft, indem zu schroffe Gegensätze und Übergänge von einem Werk zum anderen vermieden werden. So erleichternd gewiß diese Anordnung für die Orientierung ist und dem Masseneindruck das Labyrinthartige nimmt, so hat sie doch auch ihre Kehrseite, weil das Gemeinschaftliche jeder Zeit dem Zeitlosen des Genius gegenüber in den Vordergrund gerückt wird, als wäre die historische Einbettung nötig, um das Kunstwerk verständlich zu machen. Das Lehrhafte des historischen Interesses mischt sich in das rein künstlerische Erleben.

Wenn wir Shakespeare lesen oder auf der Bühne erleben, so empfangen wir ihn allein als Kunstwerk, ohne alle historische Einbettung – wieviele kennen denn seine Vorgänger und Zeitgenossen –, und ebenso spricht ein Quartett von Beethoven usw. direkt zu unserer Seele ohne alles historische Nebeneinander. Es wäre ja traurig, wenn die künstlerische Wirkung erst auf der historischen Kenntnis basierte. Bei der historischen Einreihung in den Museen kommt also ein Element in Wirkung, von dem die anderen Künste freibleiben. Was für sich ein einzelnes Ganzes ist, tritt hier nur in corpus auf.

Kommt nun noch dazu, daß, um ein späteres Bild anzusehen, man gezwungen wird, beim frühesten Mittelalter anzufangen und durch alle Zeiten durchzugehen, so heißt das, erst eine historische Lektion durchmachen oder aber künstlich die Augen schließen müssen.

Da aber die Museen doch nicht in erster Linie historische Bildungsanstalten für die Masse sind, sondern vor allem als Stätte des Kunstgenusses und für die Kunstsinnigen und Künstler da sind, so muß auch die Möglichkeit gegeben sein, direkt zu dem Bilde zu gelangen, welches man gerade sehen will. Denke man doch an die vielen Fälle, wo jemand gerade das Bedürfnis fühlt, dies oder jenes Bild wieder zu sehen, aber weder Stimmung noch Zeit dazu hat, eine ganze Sammlung zu betrachten.

So sehen wir denn, daß die verschiedenen guten Bemühungen, durch bessere Aufstellung die Nachteile der Massensammlungen zu überwinden, dadurch wieder zunichte gemacht werden, daß ein neutraler Korridor fehlt, der neben den Sälen außen hinläuft und von dem aus jeder Saal einzeln zugänglich ist. Der fortlaufende Weg von Saal zu Saal wird dadurch nicht beeinträchtigt, nur der Zwang aufgehoben, daß man immer bei A anzufangen hat.

Diese Einsicht hat früher sehr wohl bestanden, wir brauchen nur die Alte Pinakothek anzuführen mit ihrem Korridor, der jetzt leider ganz ausgeschaltet ist, aber bei verbreiterter Heizanlage leicht wieder zu seinem so wichtigen Beruf gelangen könnte. Wie angenehm ist der Gang in den Uffizien in Florenz. Bei allen neuen Museumsbauten fehlt dieser wichtige neutrale Korridor, und man hält dies womöglich für eine moderne Errungenschaft; deshalb schien es mir nötig, auf ihre Einseitigkeit aufmerksam zu machen. Solch neutraler Gang wäre ja kein verlorener Raum, im Gegenteil, dort läßt sich allerlei anbringen, was nicht in Reih und Glied der Säle gehört und einen beruhigenden Gegensatz zu den Gemälden bildet, wie z.B. Plastik und sonstige dekorative Kunstwerke.

Da von Neuerungen in den Museen die Rede ist, möchte ich noch auf das Tiefhängen der Bilder hinweisen, welches mehr und mehr sich verbreitet.[58] Es hat ja manch praktischen Vorteil, besonders für sehr kleine oder kurzsichtige Menschen, und manches Bild kommt dadurch erst zur Geltung. Vielfach ist es aber auch eine künstlerische Beleidigung, z.B. bei lebensgroßen Porträtköpfen, die so tief gehängt sind, daß ihre fehlende Figur nicht darunter Platz hätte. Es wirkt oft geradezu peinlich, als wenn man eine Statue auf die Erde stellt, und wirkt als allgemein durchgeführtes Prinzip für die Bilder herabwürdigend, als hingen sie im Laden, ohne Rücksicht auf die dekorative Rolle ihres früheren Daseins. Als wollte man absichtlich mit ihrer Vergangenheit brechen und sie als Museumsobjekt nur noch für spezielle Interessen leben lassen, unbekümmert um das künstlerische Verhältnis der Bilder zum Raum und zu dem Standpunkt des Beschauers, mit dem der Künstler gerechnet hatte.

Ich muß da wieder auf die *Nachtwache von Rembrandt*[59] in Amsterdam

[58] Seit der Wiener Sezession (1897) wurde die dichte Hängung der Bilder in mehreren Reihen übereinander aufgegeben und durch eine relativ tiefgehängte, einfache Reihung ersetzt; vgl. die Berichte über die Neuordnung der Berliner Sammlungen (Wilhelm Bode) oder des Städelschen Kunstinstituts, Frankfurt (Ludwig Justi), in: *Zeitschrift für Museumskunde*, I, 1905.

[59] Rembrandts *Nachtwache* von 1642, heute im Rijksmuseum in Amsterdam, wurde 1715 vom Schützenhaus in das Rathaus von Amsterdam überführt. Bei dieser Gelegenheit wurde das Bild vom ursprünglichen Format 387 x 502 cm auf allen vier Seiten auf 365 x 438 cm beschnitten. Der frühere Zustand ist durch eine zeitgenössische Kopie von Gerrit Lundens in der National

aufmerksam machen als dem monströsesten Beispiel eines mißverstandenen Tiefhängens. Es steht auf der Erde und soll wahrscheinlich dadurch noch lebendiger werden – als Panoramawirkung – da sich der Boden des Bildes in dem wirklichen Fußboden des Saales fortsetzt. Dem Bild wurde seinerzeit ein großes Stück unten und oben abgeschnitten, wahrscheinlich, um es an einer bestimmten Stelle unterzubringen. Diese fehlenden Stücke haben dem Bild den notwendigen Raum weggenommen, in dem die Figuren und der hervorgestreckte Arm seine Existenz hatte. Jetzt streckt der Arm sich allerdings in den wirklichen Raum hinaus, und so hat man da wohl darin eine beabsichtigte Wirkung des Bildes gesehen, welche durch das Auf-den-Boden-Stellen noch stärker zur Geltung käme. Solche künstlerische Roheit traut man einem Rembrandt zu!

Was die großen Kunstausstellungen betrifft, die in ihren Interessen zwischen den Museen und den großen Warenausstellungen stehen, so vereinigen sie meist nur die Nachteile der Anlagen beider. Ein neutraler Gang, von dem man nach Belieben in die Einzelräume gehen könnte, fehlt natürlich, andererseits fehlt auch die zwangsweise fortlaufende Führung von A bis Z, so daß nichts bleibt als lauter Säle, die nach allen Richtungen hin verbunden sind. Damit kommt das Chaos der Massenwirkung zur höchsten Blüte. Man denke nur an den Glaspalast hier[60], wo man sich meist verirrt. Die doppelte Möglichkeit des Zugangs wäre auch hier eine Notwendigkeit, und ich lege hier einen Grundriß von solchem Typus bei.

  Gallery, London, bekannt. 1841 gelangte das Bild in das sogenannte Trippenhuis und stand dort in einem kleinen Saal unmittelbar auf dem Fußboden. Diese Aufstellung gab der *Nachtwache* den im ganzen 19. Jahrhundert gefeierten Anschein der naturalistischen Wirklichkeit, weil der Schützenzug aus dem Dunkel auf den Betrachter zuzuschreiten schien. Die Kritik einiger Kunsthistoriker an einer so einseitigen Umdeutung des Bildes zur panoramaähnlichen Illusionsmalerei konnte jedoch nicht verhindern, daß noch 1885 die *Nachtwache* im neuen Rijksmuseum am Ende eines langen Saales auf eine kaum sichtbare Stufe gestellt wurde. Seit der Restaurierung 1948 hängt das Bild in mittlerer Höhe in einem kleinen Saal. – Hildebrand hatte die *Nachtwache* 1911 auf der Rückkehr von einer Englandreise gesehen und danach die unveröffentlichte Kritik sowohl an der Beschneidung des Bildes wie an seiner niedrigen Aufstellung notiert. Bock, a.a.O., S. 450.

[60] Der Glaspalast in München wurde 1854 unter der Leitung von August von Voit (1801–1870) errichtet und seit 1888 für die Jahreskunstausstellung benutzt. Er brannte 1931 ab. Der Grundriß ist in allen Ausstellungskatalogen der »Sezession« abgebildet.

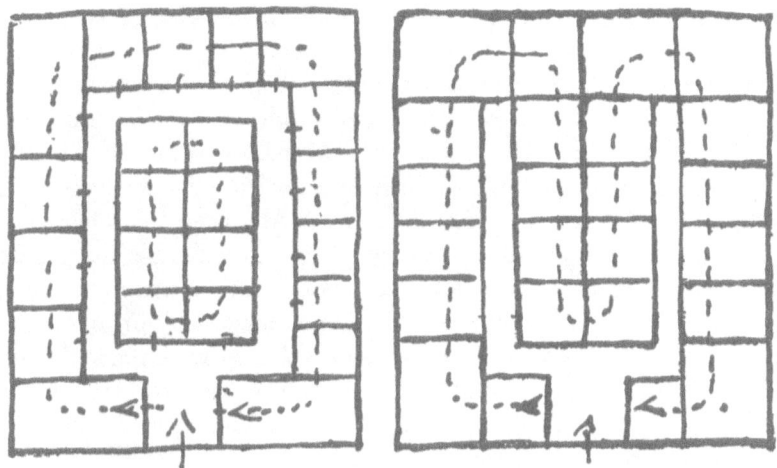

Abb. 21 und Abb. 22: Hildebrand, Schemata für Museumsrundgänge

Es sind zwei Systeme: Beim linken bilden die Säle eine fortlaufende äußere Reihe und einen davon getrennten fortlaufenden inneren Komplex. Zwischen beiden zieht sich der neutrale Gang ebenfalls fortlaufend durch. Beim rechten reihen sich die Säle alle von A bis Z aneinander, der neutrale Gang streckt sich nur in sogenannte Sackgassen dazwischen. Beide Systeme lassen sich natürlich beliebig fortsetzen. Abb. 21 ist geeignet für selbständig getrennte Ausstellungen, Abb. 22 für große Gesamtausstellungen oder Museen. Zudem läßt sich mit größter Leichtigkeit das eine in das andere je nach Belieben umwandeln.

Die Wittelsbacher und ihre Beziehung zur Kunst[61]

Kunst und Politik sind Antipoden. Man erwarte deshalb keine politische Auseinandersetzung, wenn ein Künstler das Wort ergreift, um eine jetzt sehr naheliegende Empfindung auszusprechen.

Wenn selbst auch kein geborener Münchner, so halte ich es doch als Münchner Künstler für eine Pflicht, daran zu erinnern, wem München als Kunststadt alles zu danken hat. Was ist München ohne das Fürstenhaus der Wittelsbacher? Wir wollen gar nicht an die alten Zeiten denken

---

[61] Unveröffentlicht, geschrieben wahrscheinlich Ende 1918, nachdem König Ludwig III. von Bayern im November auf seinen Thron verzichtet hatte.

von Kurfürst Maximilian I.[62], wo es das allgemeine Gut der deutschen Fürsten gewesen ist, die Kunst als ihr spezielles Pflegekind anzusehen, sondern nur das vergangene Jahrhundert an uns vorüberziehen lassen, wo nach der französischen Herrschaft König Ludwig I.[63] ein neues künstlerisches Leben erstehen ließ und München so umschuf, daß es seitdem seine Sonderstellung als Kunststadt behauptet hat. Ebenso war König Max (II.)[64] bemüht, den Dichtern in München eine Heimat zu schenken, und sein Nachfolger Ludwig II.[65] wurde der begeisterte Beschützer der wagnerischen neuen Musikepoche. Immer war es die Kunst, die als der Wittelsbacher Wahrzeichen galt. Denken wir nun an die Zeit des Prinzregenten[66] – so waren es wieder die Künstler, die gegenüber der in Deutschland obligaten obersten Rangordnung des Offiziers stets besonders hochgehalten wurden. Ist das alles von den Künstlern vergessen worden, weil König Ludwig III. die wirtschaftliche Fürsorge in heutiger Zeit für die wichtigere hielt und betonte, wobei die ehrliche Einsicht mitsprach, daß sein Nachfolger Kronprinz Rupprecht mit seiner speziell künstlerischen Veranlagung das künstlerische Element doch bald wieder obenan stellen würde?[67] Wenn man diese besondere Stellung des Hauses Wittelsbach zur Kunst betrachtet, so scheint es doch höchste Zeit, daß von Seite der Münchner Künstlerschaft ein rückblickendes Wort des Dankes und der Verehrung an das Haus Wittelsbach zur Aussprache kommt, nicht als politische Parteidemonstration, sondern lediglich als Ausdruck eines rein menschlichen Gefühls zur rechten Zeit und unbeengt davon, wie diese sich weiterhin politisch gestalten wird.

[62] Kurfürst Maximilian I. (1587–1651) zog zum Ausbau der Münchner Residenz und der Stadt berühmte Künstler wie Hans Krumpper, Peter Candid und Hubert Gerhard nach München.
[63] König Ludwig I. (1825–1848) prägte wie keiner seiner Vorgänger das Gesicht Münchens, vor allem durch seine großen Bauten (Glyptothek, Alte und Neue Pinakothek, Ludwigstraße mit zahlreichen Prachtbauten, Residenzbauten).
[64] König Maximilian II. (1848–1864) ließ nach dem Vorbild der Ludwigstraße die Maximilianstraße anlegen.
[65] König Ludwig II. (1864–1884), Freund und Verehrer Richard Wagners. Über Ludwig II. und die Kunst vgl.: Hans Gerhard Evers, *Tod, Macht und Raum als Bereiche der Architektur*, München 1939, S. 199f.
[66] Luitpold von Bayern (1821–1912), Prinzregent von Bayern (1886–1912).
[67] Gemeint ist damit Kronprinz Rupprecht, über den Hildebrand eine beeindruckende Persönlichkeitscharakteristik hinterließ. Siehe Bernhard Sattler, *Adolf von Hildebrand*, a.a.O., S. 687.

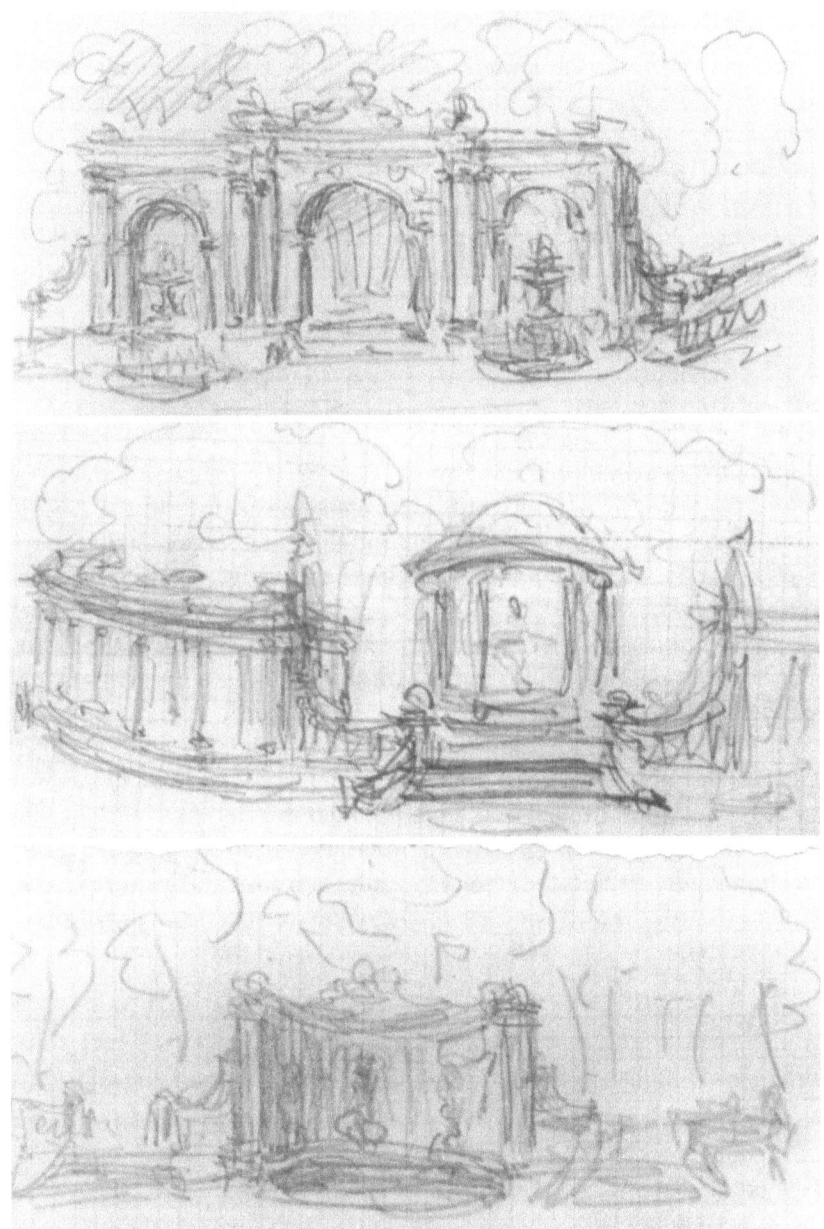

Abb. 23 bis 25: Entwürfe für den südlichen Zugang zu dem vor dem Armeemuseum gelegenen Hofgartenparterre, vom Marstallplatz aus gesehen (siehe S. 26)

Zur Marktplatzfrage in Basel[68]

Die Umgestaltung des Baseler Marktplatzes zog sich von 1888 bis 1910 und länger hin, seit durch den Abbruch eines Häuserblocks vor dem Rathaus der Platz wesentlich erweitert worden war. Im Dezember 1890 fand ein Konkurrenzausschreiben zur Platzgestaltung statt, bei dem zwölf Entwürfe eingereicht wurden. Es wurden Preise verteilt, doch kam kein Projekt schließlich zur Ausführung. Vorher hatte dem Großen Rat eine Petition zur Verbreiterung der durchlaufenden Straßen vorgelegen, auf die sich Hildebrand in dem folgenden Aufsatz bezieht. Entgegen allen Plänen blieb der Platz dann frei von allen Denkmälern oder Monumentalbrunnen, da ein Volksentscheid in diesem Sinn vorlag.

Auf den ersten Blick hat das Projekt der Herren Petenten gewiß viel Überzeugendes; man hört den praktischen Ingenieur, der die Anforderungen des Verkehrs obenanstellt und diesem in erster Linie genügt wissen will; erst nachdem dies geschehen ist, soll die künstlerische Ausschmückung des Platzes in Frage gezogen werden. Was die Ingenieure als notwendige Anforderungen des Verkehrs aufstellen, wird vom Publikum meistens ohne Widerspruch angenommen, weil auf dem Urteil von Fachleuten beruhend. Wenn in diesem Fall die Petition sagt: »Es ist daher nichts als konsequent, wenn man verlangt, daß von der jetzigen freigelegten Fläche vor allen Dingen so viel Platz für das Straßengebiet in Anspruch genommen werde, als für den mit der Ausdehnung der Stadt stets wachsenden Verkehr erforderlich ist«, so ist das gewiß richtig; wenn aber in Berücksichtigung einer Tramwayanlage es für nötig erachtet wird, die von der Regierung schon auf 12 Meter projektierte Straßenbreite auf das Maß von annähernd 14 Meter zu erweitern, so ist wohl der Gedanke berechtigt, daß eine so bedeutende Straßenerweiterung nur bei bedeutender Straßenlänge ein praktisches Erfordernis sein kann; denn was nützt es, die Sporengasse und Marktgasse um die Hälfte breiter zu machen als die sich anschließende Freistraße und Gerbergasse? Muß sich nicht in diesen der Tramwayverkehr mit den vorhandenen Straßenbreiten abfinden? Sollten wirklich die von der Regierung vorgeschlagenen Straßenbreiten nicht schon reichlich jeder Verkehrsstauung auf den kurzen Strecken vorbeugen?

[68] *Baseler Nachrichten* vom 10. Juli 1890.

Die Idee einer breiten Straße, wie sie den Herren Petenten vorschwebt, ist schön und gut, wenn diese Straßen sich nach allen Richtungen in ihrer Breite fortsetzen; ihre Durchführung wird aber ganz überflüssig, wenn die breiten Straßen ringsum von bedeutend engeren eingeschlossen werden wie in vorliegendem Fall. Eine wirkliche Erleichterung des Verkehrs wird also durch diese maßlose Erweiterung keineswegs erreicht. Wenn die Petition die Ansicht ausspricht, »daß vor allen anderen Dingen eine Abgrenzung des Perrons im Sinne ihres Vorschlages beschlossen werden sollte, und es sich dann erst in zweiter Linie fragen werde, ob und welche Konstruktionen allenfalls auf dem so gestalteten Platze zu errichten wären«, so heißt das nichts anderes als: »Wir dekretieren, daß für den Verkehr soundso viel Platz nötig ist, was übrig bleibt, mag dann ›allenfalls‹ der künstlerischen Ausschmückung des Platzes dienen.« Die Ingenieure bestimmen also den Platz unter der Firma der Verkehrsverbesserung und greifen damit ahnungslos der künstlerischen Ausbildung so gründlich vor, daß diese schon im Keime erstickt wird.

Nein! Eine derartige Arbeitsteilung, wo jeder nur seine Fachstandpunkte berücksichtigt, kann nimmermehr zu einer einheitlichen Lösung eines nach jeder Hinsicht wichtigen Problems führen, wie es der Basler Marktplatz bietet. Es müssen hier von vornherein die künstlerischen Erwägungen mit den Interessen des Verkehrs Hand in Hand gehen, statt von ihnen abzuhängen. Eine wirkliche Lösung findet nur dann statt, wenn Verkehr *und* Kunst zu ihrem Recht kommen, nicht aber, wenn der eine das Fleisch allein verzehrt und dem andern dann den Knochen zuwirft.

Wie geht es aber mit der künstlerischen Anlage nach dem Vorschlag der Petition? Sie sagt sehr richtig, daß es sich nur um ein Gebäude handeln könne, das dem Marktverkehr diene. Wenn man aber glaubt, daß es künstlerisch wohlgetan sei, ein derartiges infolge der Platzbeschneidung klein gewordenes Gebäude hinzustellen, damit der Platz bis zur Stadthausgasse übersehen werde, anstatt daß die zu erbauende Markthalle den Platz *abschließt* und das Rathaus flankiert, so ist dies ein gewaltiger Irrtum; denn nichts würde lächerlicher aussehen als ein solches haltlos umherirrendes Marktkästchen, bei dem man immer das Gefühl hätte, daß es heute hier, morgen dort stehen könnte als transportabler Marktwagen.

Nein! Wenn ein Gebäude auf den Marktplatz kommen soll, dann

muß es derart darauf stehen, daß es als würdiger Abschluß des Platzes eine Bedeutung hat. Es muß sich so breit lagern, wie es der Verkehr mit seinen Ansprüchen an Straßenbreite irgendwie gestattet; denn von einer Höhenentwicklung ist abzusehen mit Rücksicht auf die ästhetische Wirkung des Rathauses und auf die Bedürfnisse der Anwohner nach Luft und Licht. Nehmen wir also an, daß die Breite von 12 Metern, wie sie die Regierung vorschlägt, unbedingt genügt, so bliebe für die Markthalle eine Breite von 21 Metern übrig, gerade noch genug, um dem Gebäude eine den Platz abschließende Wirkung zu sichern. Ein solches Markthallengebäude, welches durch seine offenen Hallen an und für sich einen luftigen und nicht drückenden Eindruck macht, was soviel heißt, als daß der unbedeckte Raum des Platzes sich in der Halle bedeckt gewissermaßen fortsetzt, würde durch ein geschlossenes Obergeschoß eine zusammenfassende Wirkung behalten, ohne doch den Anwohnern des Platzes Luft und Licht irgend zu schmälern.

Was nun die Brunnenanlage betrifft, so ist es durchaus nicht weise, dieselbe von der Markthalle weit getrennt aufzustellen und damit die künstlerische Ausschmückung auf möglichst getrennte Punkte zu zerstreuen, sondern es ist ratsam, alle Dinge, die den Platz schmücken sollen, so zu konzentrieren, daß sie mit einem Blick überschaut werden können und sich gegenseitig steigern, wodurch der Platz eine einheitliche Physiognomie erhält. Da das Rathaus als schönster und bedeutendster Bau des Platzes immer den Blick hauptsächlich auf sich ziehen soll, so folgt daraus, daß die neue Ausschmückung des Platzes sich nach diesem Gebäude hindrängen muß.

So ergibt sich denn ganz von selbst der Schluß, daß der Brunnen als verbindendes Glied zwischen der neuen Markthalle und dem Rathaus zu verwenden ist. Nur auf diese Weise wird er so zu stehen kommen, daß er nicht den Eindruck einer bloßen Zutat, sondern eines selbstverständlichen Teiles des Platzes macht.

Nach dem Gesagten ist daran festzuhalten, daß solche Anlagen von vornherein mit Berücksichtigung aller in Betracht kommenden Gesichtspunkte wohlüberlegt sein wollen und es sich nicht darum handeln kann, die Verkehrsinteressen willkürlich und getrennt von den andern vorauszubestimmen.

Und nun noch eins: Sollte wirklich, wie von anderer Seite bemerkt wurde, in der Freilegung des Platzes und dem darauffolgenden Vorschlag einer neuen Überbauung eine Inkonsequenz gesehen werden, so möge man bedenken, daß es sich hier gar nicht um diese Konsequenz handelt, wohl aber darum, daß Basel seinen Marktplatz nicht zu einer bloßen Verkehrsader, sondern zum würdigen Mittelpunkt der Stadt gestalte.[69]

Über Stil. Gutachten zur Wormser Dombaufrage[70]

Nach Abschluß der Restaurierung des Westchores des Wormser Domes trat 1907 das Problem einer Neuordnung der Platzanlage auf der Südseite des Domes in den Brennpunkt der öffentlichen Diskussion. Ein neues Pfarrhaus sollte an die noch bestehende Taufkapelle und die Reste des Kreuzganges angebaut werden. Gabriel von Seidl hatte sich für einen ersten, historisierenden Entwurf von Hofmann, dem Wormser Stadtarchitekten, ausgesprochen. Ein zweiter Entwurf beschränkte sich nur noch auf eine allgemeine Raumordnung der Südseite des Domes, die sich den Grundrissen der spätgotischen Bauten anschloß, ohne eine bestimmte historische Stilform festzulegen. Abgesehen von diesen Projekten gab es eine von vielen vertretene Forderung, wie in Köln den Dom gänzlich freizulegen und auf jede Bebauung zu verzichten. Bei diesem Stand der Diskussion forderte W. Schäfer als Herausgeber der Rheinlande die Kunsthistoriker Paul Clemen (Bonn), Georg Dehio (Straßburg), Cornelius Gurlitt (Dresden), Adolf von Oechelhaeuser (Karlsruhe), Henry Thode (Heidelberg) und Adolf von Hildebrand zu einer grundsätzlichen Stellungnahme zu den beiden Fragen auf: »1. Darf überhaupt an ein Baudenkmal von der Bedeutung des Wormser Domes angebaut werden, wenn eine Notwendigkeit nicht vorliegt? 2. Wenn die Notwendigkeit eines solchen Anbaues vorliegt: darf dieser als Rekonstruktion eines verschwundenen Baues und dann in historischen Stilformen gehalten werden – oder hat er neuzeitliche Stilformen anzunehmen?«

---

[69] Am 9. August erschien noch einmal in den *Basler Nachrichten* eine Entgegnung Hildebrands auf einen offenbar polemischen, aber nicht sehr fundierten Artikel eines Einsenders, abgedruckt bei Bock, a.a.O., S. 400f.

[70] *Die Rheinlande*, Bd. XIV, 1907, S. 19f.; *Münchner Neueste Nachrichten* vom 12. September 1907 sowie *Berliner Neuste Nachrichten* vom 16. September 1907. H. Bock hat die Antworten auf die Aufforderung Schäfers in der Anmerkung 250 (S. 589) abgedruckt. Zur Stilfrage vgl. hier auch S. 52.

Hildebrand: »Ich bin ganz der Ansicht, daß es sehr verfehlt wäre, die Umgebung des Wormser Domes sogenannt stilgerecht zu bebauen, im Glauben, dadurch einen einheitlichen, altertümlichen Charakter zu erreichen. Andererseits ist die Umgebung an der Südseite des Domes so charakterlos und provisorisch, daß sie notwendig eine Gestaltung fordert. Auf welche Weise diese am besten zustande kommt, ist mir jetzt nicht klar, es ist aber sehr möglich, daß niedrige Anbauten notwendig sein werden und daß die ursprüngliche Bebauung wertvolle Fingerzeige dabei geben kann. Man hat ja lange Zeit die Einheit der künstlerischen Wirkung in der Stileinheit gesucht. Dieser kunsthistorische Zopf hatte zur Folge, daß massenhaft niedergerissen wurde, was die Zeiten allmählich zusammengeschweißt hatten. Die künstlerische Barbarei war die Folge der wissenschaftlichen Einteilung der Kunstschöpfungen vom Stilstandpunkt aus. Die traurigen Resultate beginnen allmählich, die Augen zu öffnen. Man sieht ein, daß der frühere Zustand solcher Baukomplexe, wo die verschiedenen Zeiten in ihrer Sprache allmählich immer dazugebaut hatten, unbekümmert um die Stileinheit, viel künstlerischer gewirkt hatten. Diese Einsicht hat aber zunächst weniger einen künstlerischen Einfluß als einen moralischen. Man sagt: Wenn die Alten keine Rücksicht auf Stileinheit genommen haben, warum sollen wir es tun? Wir wollen selbständig sein. Damit ist aber die Sache natürlich nicht abgetan. Man muß vielmehr einsehen, daß die künstlerische Einheit überhaupt nicht in der Stileinheit beruht, und daß die künstlerische Selbständigkeit eben darin besteht, die künstlerische Aufgabe von der Stilfrage ganz trennen zu können (vgl. S. 51–55). Die echte künstlerische Fantasie lebt auch gar nicht von vornherein in einer Zwangsjacke von Stilformen, seien sie welche sie wollen, alte oder neue. Fängt man von vornherein damit an, so ist es schon gefehlt. Denn man erfindet alsdann für die Stilformen, nicht aus einer architektonischen Idee heraus, nicht für eine gegebene Situation mit ihren allgemeinen künstlerischen Anforderungen, und verliert somit den eigentlichen Zweck ganz aus dem Auge. Stil ist ein Ergebnis einer inneren Einheit, kein Ausgangspunkt. Stil wird, ist nicht gewollt. Und wo dieser Werdeprozeß stattfindet, berühren die Formen nur berechtigt und natürlich, mögen sie neue oder alte sein. Faßt man nun den künstlerischen Zweck in diesem Falle ins Auge, d. h. also die künstlerische Formierung des Platzes südlich vom Dom mit allen Rücksichten auf dessen Erscheinung, so fallen ganz andere

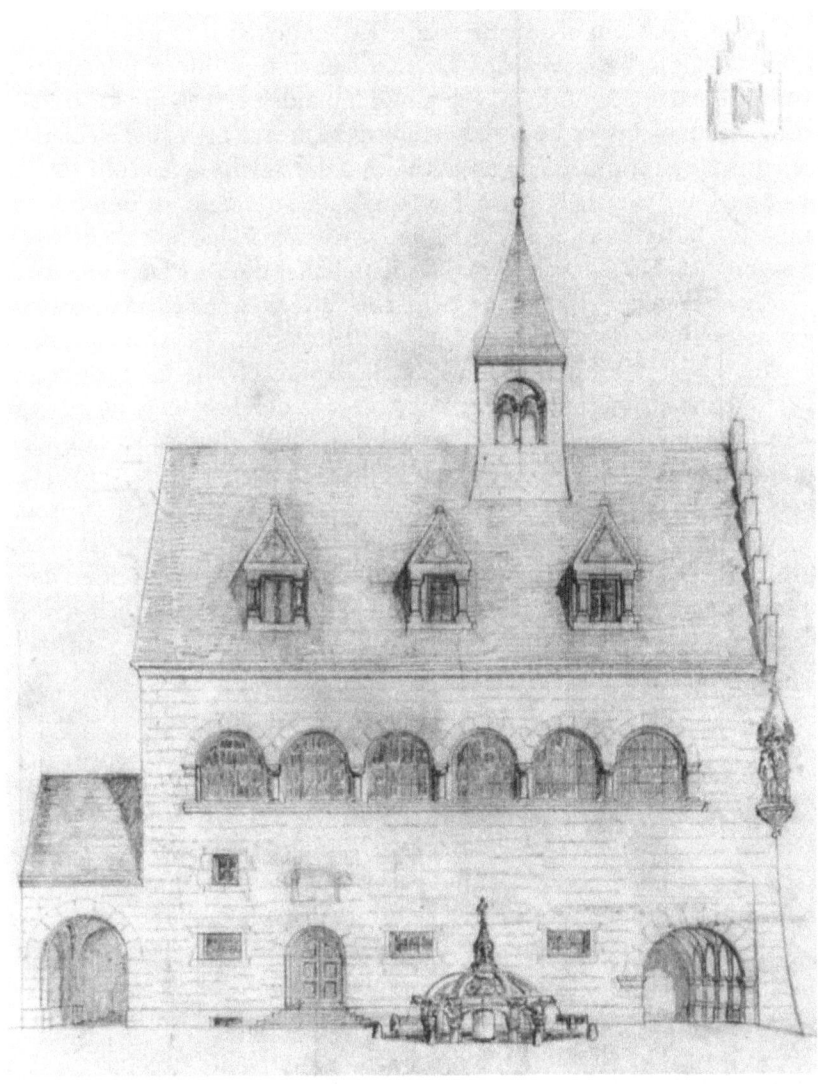

Abb. 26: Entwurf eines Stadt- und Bibliothekshauses hinter dem von Hildebrand ausgeführten *Siegfriedbrunnen* in Worms (siehe S. 24). Ansicht für den vom Dom Kommenden.

Dinge ins Gewicht als die Stilfrage. Es handelt sich um eine Gestaltung der Umgebung, um den Dom zu heben und ihm auf dem Platz einen klaren Standpunkt zu geben. Hier handelt es sich um Disponierung, um Höhen- und Größenverhältnisse, kurzum um die elementare, wirksame Anordnung von Verhältnissen, welche dem Dom zugute kommen und den richtigen Übergang und Gegensatz zu ihm bilden. Eine Gestaltung der Umgebung aus solchem Gesichtspunkt ist vom Stil ganz unabhängig, und von ihr allein hängt die gute oder schlechte Wirkung nachher ab, die künstlerische Einheit. Die Stilfrage kommt gar nicht zu Worte. Denn sie scheidet alles das aus, was sich von selbst ergibt, was am nächsten liegt und deshalb natürlich berührt. Es hängt bei solchen Fragen alles davon ab, worauf der Schwerpunkt gelegt wird. Ob auf die allgemeinen künstlerischen Wirkungsbedingungen oder aber auf Altertumsliebhaberei und auf willkürliches Anbringen von Stilformen an sich. Letzteres scheint mir aber der Fall zu sein, wenn man jetzt schon von gotischen Anbauten spricht. Wer die Sache künstlerisch anpackt, wird an die Stilfrage überhaupt jetzt nicht denken, sondern sie werden lassen.[71]

Über Zeitstil und Künstlerindividualität
Adolf Hildebrand an seinen Stiefsohn[72]
[Florenz] 21. Oktober 1886

Mein lieber Dedi, wenn Du einen Strauch nimmst und unter einer Glasglocke wachsen läßt, so wird er nothgedrungen die Form der Glasglocke annehmen müssen, und hast Du deren verschieden geformte, so wirst Du auch verschieden geformte Sträucher erhalten. Setzt Du nun an Stelle solchen Strauches eine menschliche Thätigkeit – Production – wie Musik, Dichtkunst etc., so würden die Glasglocken die Zeitumstände darstellen. Sie dämmen die productive Kraft in bestimmter Weise ein und drücken ihr einen Stempel auf. Der historische Standpunct nun betrachtet die Productionen nach diesem Zeitstempel, nach der Einwirkung der Umstände oder der Glasglocken und sondert oder einigt die Productionen nach den Formen, die ihnen die Glasglocken abgezwungen haben. Es ist dies eine sehr interessante Beschäftigung,

---

[71] Vgl. zweites und drittes Fragment zur Architektur, S. 54 und S. 55.
[72] Bernhard Sattler, *Adolf von Hildebrand*, a.a.O., S. 294

nur muß man sich dabei bewußt sein, daß man die Glasglocken untersucht und betrachtet, nicht aber die Sträucher, insofern sie selbst gestaltende Kräfte sind. Will man die gestaltende Kraft der Sträucher erkennen, so nützen einem die Glasglocken nichts, sie sind gänzlich gleichgültig dazu. So sind nicht die Zeitumstände und ihr Einfluß, sondern die Thätigkeit und ihre innere Gesetzmäßigkeit Object der Erkenntniß. Diese Gesetze oder Principien aber liegen hinter den Coulissen des Zeiteinflusses, sie haben zu allen Zeiten dieselbe Quelle, bergen denselben Trieb und streben demselben Ziele zu. Sie sind nur dann zu erkennen und zu verfolgen, wenn wir psychologisch vorgehen und aus dem ganzen historischen Mantel heraus den nackten Körper suchen, der das innere Wachsthum birgt und ausdrückt. Gar verschiedene Sträucher kannst Du unter dieselbe Glasglocke bringen und ihre allgemeine Form ist zum verwechseln – und doch sind sie innerlich total andere Pflanzen. – Wahre – falsche – schwächliche, kräftige, feine und rohe! Dies zu fühlen und zu erkennen braucht es die Gabe oder den Sinn für die Natur und wie sie schafft – alle Kenntnisse der äußeren Umstände sind ohne Förderung. – Dies schreibe ich Dir, damit Du Dich frei hältst von dem Irrthum, in dem die Zeit zum größten Theil steckt, indem sie glaubt durch den historischen Standpunct innere menschliche Producte als Producte verstehen zu lernen und beurtheilen zu können. – Denke bei solcher Gelegenheit immer an die Glasglocke und ihren äußeren Einfluß – und an die Sträucher und ihre verschiedenensachlichen Principien.

Noch eins als Beispiel. Nehme zwei Marmorfiguren, das eine Original, das andere Copie aus derselben Zeit. Kein wesentlicher Unterschied ist zu sehn und als Form, als realer Gegenstand sind sie dasselbe. Dennoch ist das Original das Ergebniß eines gestaltenden Processes, einer schaffenden Fantasie. – Die Copie das Resultat einer Nachahmungsfähigkeit. Vom historischen Standpunct sind die Figuren gleichwerthig, weil er nur auf das Resultat gerichtet ist. Derjenige, der aber in den Entstehungsprocess hineinsieht, wird allmählig Spuren, gewisse Meißelstiche finden, denen er ansieht, daß sie aus einem andern Hirn entspringen mußten als aus dem, der das Ganze erfunden und erschaffen hat. Für ihn sind die Resultate, die Formen nur Guckfenster für einen lebendigen Process. Wie schwer oder leicht dieses zu erkennen, ist hier nicht die Frage, sondern der Unterschied, der den Betrachtungsweisen zu Grunde liegt und daß sie etwas Verschiedenes suchen. Was hier am Original und der Copie sich abspielt ist aber auch anzuwenden auf jegliches Machwerk. Es handelt sich nicht nur um Original und Copie sondern um die verschiedenen Nuancen innerhalb eines schaffenden Processes, z. B. um das Verhältniß gestaltender Kraft zur Empfindung des Künstlers als Mensch. Etc. etc. ... u.s.w.

Addio und alles Liebe von Deinem Papa.

Über moderne Städte und die künstlerische Frage[73]

Es ist eine Tatsache, daß das Gepräge der Städte heutzutage im wesentlichen vom Geschmack der Spekulanten abhängt. Die ökonomische und wirtschaftliche Entwicklung unserer Zeit spielt unwillkürlich der Spekulation das Heft in die Hand. Es wäre dies von keinem Schaden für die künstlerische Gestaltung, wenn das künstlerische Bedürfnis im Publikum ein so ausgesprochenes und klares wäre, daß es zu einer Lebensforderung würde und vom Spekulanten ebenso empfunden und berücksichtigt werden müßte wie die sogenannten praktischen Forderungen. Es sind auch wohl Geldfragen, welche da immer bestimmend wirken. Es ist nicht wahr, daß häßliche Bauten weniger kosten als schöne, im Gegenteil: Bei mehr künstlerischem Sinn würden unzählige architektonische Phrasen, welche der Spekulant dem Publikum schuldig zu sein glaubt und die ihr gutes Geld kosten, weggelassen und erspart werden können. Es sind also lediglich das niedrige künstlerische Niveau und die allgemeine Apathie allen künstlerischen Fragen gegenüber, welche dem Spekulanten gestatten, dem Publikum gegenüber den Ton anzugeben und ihm seinen Geschmack aufzuoktroyieren.

Alle, welchen die Kunst am Herzen liegt, sind sich darüber einig, daß es eine brennende Frage der Zeit ist, dem künstlerischen Bedürfnis zu seinem Recht zu verhelfen. Nur im Zusammenwirken der wirtschaftlichen und künstlerischen Interessen können die Städte wieder ein menschenwürdiges Ansehen erhalten und nur, wenn von vornherein diese künstlerischen Interessen mitreden, können die Städte wieder ein Bild glücklichen Daseins werden. Von der ge-

---

[73] Handschriftlich, unbekannt an wen, vermutlich 1912.

setzgeberischen Seite ist nichts zu machen, um das künstlerische Bedürfnis zu einem Lebensfaktor zu entwickeln; wohl aber ist die Frage berechtigt, ob es nicht Pflicht der Künstler wäre, gegenüber der einseitigen wirtschaftlichen Entwicklung die künstlerischen Gesichtspunkte im Bewußtsein des Publikums wieder aufleben zu lassen. Bis jetzt stehen die Künstler fast ganz außerhalb der Mächte, die das Leben gestalten. Daran tragen weniger Publikum, Behörden und Spekulanten die Schuld als die Künstler selber, die sich so zur Seite schieben lassen. Sie selbst leben für sich, denken sich das ihre, aber ihre Ansicht wird zu keiner Stimme im Publikum, geschweige denn zu einer autoritativen.

Wenn nun aber sich die Künstler, insbesondere die Architekten, wie die maßgebenden Behörden einigten gegenüber der brutalen Macht, welche eine einseitige ökonomische Entwicklung bedeutet? Wenn sie Gelegenheit hätten, sich gegenseitig auszusprechen, Fühlung miteinander zu gewinnen, die Fragen klärten? Denn nur im gemeinsamen Austausch über diese sich immer von neuem stellenden Fragen kann das Mittel gesucht und gefunden werden, das die Hilfe bringen kann. Um diesen Austausch der künstlerischen Gedanken, die gemeinsame Arbeit zu ermöglichen, soll ein Verein von Künstlern gegründet werden, an dem die Spitze der Behörden, die Freunde der künstlerischen Sache teilnehmen und wo alle einschlägigen Fragen zur Sprache kommen und eine offene Verständigung stattfinden kann.

Über das Konkurrenzwesen[74]
(»Der Fall Hildebrand«)

Nachdem in letzter Zeit so vieles über das Konkurrenzwesen gesagt worden ist, um Empfindungen aller Art Luft zu machen, scheint es geboten, einmal ein sachliches Wort zu dieser Frage zu äußern.

Nur allmählich bricht sich die künstlerische Einsicht Bahn, daß die Wirkung eines Kunstwerks ebenso von der Umgebung wie von den in ihm ruhenden Faktoren abhängig ist. Was dem Auge als Totalität

---

[74] Als der »Fall Hildebrand« in den *Süddeutschen Monatsheften* erschienen, Maiheft 1907.

sichtbar ist, soll als künstlerische Einheit wirken. Alle künstlerische Wirkung aber ist Wirkung eines Zusammenhangs. Jede Einzelform muß deshalb als ein Teil einer größeren Form empfunden sein. Handelt es sich z. B. darum, einen Brunnen für einen Platz zu erfinden, so ist diese größere Form die gegebene Situation, und der zu schaffende Brunnen muß als Teil dieser gegebenen Situation gedacht sein. Auf diese Weise erklärt sich die Schönheit der alten Städte, man hat immer für das real Vorhandene weiter erfunden. Dagegen ist alles, was als Einzelding auf dem Reißbrett oder im Atelier erfunden ist, ohne solche Rücksicht auf die Umgebung unreal gedacht und folglich unkünstlerisch. Es fristet nur solange sein Leben, als es an und für sich isoliert betrachtet wird, bei der wirklichen Ausführung jedoch an Ort und Stelle, wo es mit der bestehenden Umgebung gesehen wird und wirken soll, wird es zu einem ganz anderen.

Der Mangel dieser Einsicht hatte den größten Einfluß auf das Konkurrenzwesen, wie es bisher im allgemeinen betrieben wurde. Der übliche Gang war der: Kommissionen von Nichtsachverständigen bestimmten den Ort und Gegenstand und schrieben den Wettbewerb aus. Künstler machten Entwürfe, ohne sich viel um die Situation zu kümmern, und die Juroren traten nachher zusammen, um über die Entwürfe zu urteilen, ohne den Platz zu kennen und ohne die Frage aufzuwerfen, ob überhaupt die Aufgabe künstlerisch möglich gestellt ist. Was wurde aus dem Konkurrenzwesen? Ein Schulexamen mit Preisverteilung. Damit war die Sache abgetan. Die Stadt bekam ihren Brunnen oder ihr Denkmal schlecht und recht, wie es eben gerade in die Situation paßte oder nicht. Die Ehrung, die damit beabsichtigt war, war aber erfüllt und damit die Hauptsache erreicht. So ging es ein fürs andere Mal, und eine Rückwirkung des schließlichen Resultates auf die nächste Konkurrenzbehandlung blieb ausgeschlossen. Es kam also so, daß der Wettbewerb selbst das eigentlich Wichtige war, das eigentlich künstlerische Ereignis, was interessierte – das Reale. Die ausgeführte Sache kam post festum als unbedeutender Nachtakt, insoweit es sich nicht um die Enthüllungsfeierlichkeiten handelte.

Die natürliche Folge dieser Auffassung war aber die, daß der Künstler immer mehr und mehr für die Scheinwelt dieses Wettbewerbes seine Arbeit wirksam darzustellen suchte. Es handelte sich ja nicht darum, für einen Platz in Wirklichkeit etwas Gutes zu erfinden, sondern vor allem beim Wettbewerb den Apfel abzuschießen. Der Architekt machte die schönsten Bilder, die effektvollsten Hintergründe, um den Juror und das Publikum zu bestechen, es bildeten sich allerlei perspektivische und zeichnerische Tricks aus, um den Entwurf möglichst genial und interessant erscheinen zu lassen. Es gab Künstler, die es überhaupt gar nicht beabsichtigten, durch ihren Entwurf die Ausführung zu erhalten, sondern den Wettbewerb als Selbstzweck ansahen und eine Scheinkunst für Preiserlangung ausbildeten. Ja, auch fürs Publikum war der Wettbewerb so sehr Selbstzweck geworden, daß der erste Preisträger als genialer Künstler weithin berühmt wurde, ohne überhaupt etwas auszuführen, weit angesehener als der Künstler, der ohne Konkurrenz die beste Arbeit in die Wirklichkeit setzte. Kurzum – die Bühne, auf der die Künstler um die Palme stritten, war nicht die Wirklichkeit mit ihren realen Anforderungen, sondern die fiktive Welt des Wettbewerbs. Dem Künstler aber, der zum Juror gewählt wurde, machte man die höchst seltsame Zumutung, das eigentlich künstlerische Problem zu ignorieren, seine Fantasie zu Hause zu lassen und plötzlich ein guter Beamter zu werden, der nur von Paragraph 5 bis 7 die einschlägigen Fragen und Antworten zu begutachten hat.

Das war und ist noch jetzt zum großen Teil die Art und Weise, wie Wettbewerbe angesehen und betrieben werden. Daß dem so ist, liegt nicht im Mangel an gutem Willen, sondern im Mangel an künstlerischer Einsicht. Solche Wettbewerbe sind eben nicht als Selbstzwecke zu behandeln mit allerlei Nebeninteressen, wie Unterstützung der Künstler oder wie Gelegenheiten, sich irgendwie hervorzutun, sondern sie sind nur ein Mittel zu einem real künstlerischen Zweck, der von vornherein im Auge zu behalten ist und nie vergessen werden darf.

Erst hier in München lagen die Verhältnisse so, daß es möglich wurde, im ganzen Prinzip einen Wandel durchzuführen und Dank dem Entgegenkommen der Regierung eine gründliche Neubehandlung der Wettbewerbe festzulegen.[75]

Eine Stadt will z. B. einen Brunnen stiften und dazu einen Wettbewerb eröffnen. Wo soll der Brunnen hinkommen, und wie soll er angebracht werden? Aus dem Vorhergehenden ist es klar, daß der Juror

[75] 1901–1912 bestand in München eine vom Prinzregenten Luitpold gegründete Kommission, die die Beratung aller größeren Bauvorhaben, vor allem in München, zur Aufgabe hatte.

nur dann imstande ist, sachlich und zweckentsprechend zu urteilen, wenn er mit der Fragestellung einverstanden ist, d. h. sie gründlich überlegt hat. Es ergibt sich deshalb von selbst, daß nicht eine beliebige Kommission, sondern die gewählten Sachverständigen, d. h. die Preisrichter, diese Fragen vor dem Preisausschreiben studieren und sich darüber schlüssig werden. Sie reisen in die betreffende Stadt, sehen sich alle Situationen an, um den passendsten Platz ausfindig zu machen und um die Art, wie der Brunnen anzubringen sei, im allgemeinen festzustellen. Da diese Fragen die meiste künstlerische Erfahrung und Einsicht in die gegenseitigen Wirkungsbedingungen erheischen, so ist es ja nur natürlich, daß die Lösung dieser Aufgabe den reiferen Künstlern und nicht den jungen zufällt. Andererseits wird dadurch die jugendliche Fantasie von vornherein auf ein Reales hingewiesen und dazu in Fühlung gesetzt. Zudem ist ein großer Teil der Konkurrierenden gar nicht in der Lage, den Platz selber anzusehen und bedarf schon aus diesem Grunde klarer Direktiven. Es wird somit die Aufgabe als eine für Konkurrenten und Preisrichter gemeinschaftliche angesehen, für die jeder nach Kräften sein Bestes zu tun hat. Doch soll andererseits der Konkurrent niemals behindert sein, seinerseits eine Idee zu bringen, die von der der Preisrichter abweicht, was ihn bisher von dem Wettbewerb ausschloß.

Eine weitere Folge ist dann die, daß es sich um eine Erfindung von Entwürfen handelt, die nicht nur an sich und in ihrem kleinen Maßstab gut aussehen sollen, sondern die, wenn groß ausgeführt, für den Platz passen und in richtigem Verhältnis dazu sind. Solche Modelle sollen nur eine relative Bedeutung haben, und der Künstler hat sich stets jede Form in ihrer geplanten wirklichen Größe zu vergegenwärtigen. Damit hören aber alle Kunstgriffe auf, und das Modell, welches für die Wirklichkeit gedacht ist, sieht meist höchst unscheinbar an sich aus. Ebenso wird die Beurteilung der Entwürfe eine weit schwierigere als bei dem früheren System, auch vom Preisrichter wird ein ganz besonderer Aufwand von gewissenhafter Vorstellungskraft verlangt, ein sehr starkes Abstraktionsvermögen, um sich stets den Entwurf im wirklichen Maßstab vor der inneren Vorstellung aufzubauen, damit er urteilen kann. Es ist hier nicht der Platz, um näher auseinanderzusetzen, wie es zusammenhängt, daß Zeichnungen oder kleine Modelle ein so unzuverlässiges Surrogat sind für die reale Wirkung der lebensgroßen Ausführung. Jeder Erfahrene weiß aber, wie schwer es ist, sich nicht von dem bestechenden Eindruck im kleinen Maßstabe beirren zu lassen und ihn nicht mit dem der realen Wirkung des ausgeführten Werkes zu verwechseln. Von den Irrtümern, die dabei so leicht entstehen, sprechen die vielen mißlungenen Kunstwerke und Bauten, die nach scheinbar sehr gelungenen Entwürfen ausgeführt wurden. Deshalb zeugt es von einem künstlerisch sehr naiven Standpunkt, wenn sich Unerfahrene und das große Publikum berufen fühlen, gerade bei der Beurteilung von Entwürfen, mitzuurteilen. Die Kritik mag und soll stattfinden vor dem fertigen Werk, denn da steht die reale Wirkung vor Augen, nicht aber über eine Vorarbeit, die sozusagen wie eine Partitur nur vom Fachmann richtig aufgefaßt werden kann.

Diese sachliche Reform der Konkurrenzbehandlung bringt es mit sich, daß die Anforderungen an die Wettbewerber bedeutend ernsthafter sind als früher und daß eine neue ungewohnte Seite der künstlerischen Tätigkeit in den Vordergrund tritt. Es ist die Seite, die man nicht auf der Schule lernt und die auch abseits aller aktueller Streitfragen und zeitlichen Bestrebungen liegt, denn es handelt sich dabei um keine Stilfrage oder Stilrichtung. Die Gegensätze der sogenannten alten und modernen Richtung beruhen zum großen Teil doch nur auf Stilhuberei. Denn es ist ziemlich dasselbe, ob jemand alte Formen anwendet, weil sie früher angewandt worden sind, oder alte Formen grundsätzlich vermeidet, weil sie früher angewandt worden sind. Handelt es sich doch immer nur darum, das anzuwenden, was notwendig aus dem Zusammenhang entspringt und entspringen muß. Das Wesen des Erborgten liegt nicht darin, daß das Erborgte schon einmal da war, sondern daß es keinen neuen natürlichen Entstehungsgrund hat.

Als sich nun kürzlich eine solche Mißstimmung über den Ausfall der Konkurrenzen Luft machte[76], zeigte sich deutlich die vollständige

---

[76] Dieser letzte Absatz gab der Veröffentlichung den Titel »Der Fall Hildebrand«: Hildebrands Schwiegersohn Carlo Sattler hatte in zwei Wettbewerben in München (zum *Schmied-von-Kochel-Denkmal* in Sendling, und zur Ausgestaltung der Südseite des Maximiliansplatzes) den ersten Preis gewonnen. Da Hildebrand selbst Mitglied der Jury gewesen war, hatte die *Münchner Post* ihm Begünstigung vorgeworfen. Diese allgemeineren Gedanken waren von Hildebrand zu seiner Rechtfertigung geschrieben; vgl. dazu den gleichzeitigen Brief an G.H. von Vollmar, in: Bernhard Sattler, *Adolf von Hildebrand*, a.a.O., S. 533.

Unkenntnis und die vollständige Mißdeutung der wirklich entscheidenden Gründe. Es erklärt sich so, daß man für das Unverständliche im Urteil der Preisrichter nach Motiven suchte, die gar nichts mit der Sache zu tun hatten, und daß man dabei gründlich danebengehauen hat. Nicht die Subjektivität noch die Kunstrichtung ist an diesen Urteilen schuld, sondern gerade die Objektivität, mit der der künstlerische Zweck der Wettbewerbe im Auge behalten wird. Diese ruft so manche Unzufriedenheit hervor, weil das bisher üblich gewesene Verfahren aufgehört hat und weil ein noch so talentvoller Entwurf nicht durchkommt, wenn er nicht für die Situation paßt. Gerade hier in München werden jetzt die Wettbewerbe so ernsthaft behandelt, wie wohl nirgends sonst, und mit der Zeit wird man einsehen, daß auf diese Weise der Kunst und ihrer Entwicklung mehr gedient ist als dadurch, daß man persönliche Rücksichten obenan stellt, indem man jeden zu Worte kommen lassen will, nur damit alle vertreten sind und der Vorwurf der sogenannten Parteilichkeit vermieden wird.

Alte Baudenkmäler in Gefahr[77]

Zwei der vornehmsten alten Bauten Berns: das alte Museum und die Hauptwache, beides hervorragende Werke des ausgezeichneten Sprüngli, sind in größter Gefahr, abgerissen zu werden. Noch in diesem Monat soll nach Schweizer Art eine Abstimmung der Bürgerschaft darüber entscheiden. Bevor das definitive Todesurteil gesprochen wird, ist noch ein Wort der Warnung am Platze.

Bewegliche Kunstwerke sind viel weniger gefährdet als Bauten, die an der Scholle kleben. Das praktische Leben und der Geldgewinn retten sie vor ihrem Untergang. Ist irgendwo ein Schrank oder Bild usw.

---

[77] *Münchner Neueste Nachrichten* vom 14. Oktober 1908. Geschrieben anläßlich der Berner Volksabstimmung vom 15. Oktober 1908, in der über das Schicksal der Berner Bibliotheksgalerie (1772–1775) und der Hauptwache (1766–1768) des spätbarocken Architekten Niklaus Sprüngli (1725–1802) entschieden werden sollte. Die Bibliotheksgalerie wurde abgerissen, nur die Fassade an andere Stelle versetzt, während die Hauptwache erhalten blieb. Siehe auch Hildebrand an Kronprinz Rupprecht über den drohenden Abriß des Palais Porzia von Enrico Zucalli in München, im Besitz der Museumsgesellschaft. März 1918, siehe Bernhard Sattler, *Adolf von Hildebrand*, a.a.O., S. 680.

im Familienbesitz und ist der Besitzer noch so unkundig, so stöbert wenigstens der Kunsthändler das Kleinod auf, bringt es für ein Spottgeld an sich und rettet es für die Kundigen, die über die ganze Welt zerstreut das eigentliche Publikum für solche Sachen bilden.

Es ist nicht zu verlangen, daß jeder etwas von Kunst verstehe, und es ist keine Schande, wenn der Mann des praktischen Lebens es nicht ahnt, daß das geschwärzte Bild an seiner Wand von einem wertvollen Meister stammt. Mehr und mehr lernt er jedoch aus praktischer Erfahrung, diesen Dingen gegenüber sich mißtrauisch zu verhalten und nach einem Sachverständigen zu suchen, der ihm sagt, ob da vielleicht ein verborgener Schatz ruhe, denn er möchte sich doch nicht so übers Ohr hauen lassen, wenn er auch nichts von diesen Dingen versteht.

So schützt die praktische Klugheit die ideellen Werte auf ganz natürliche Weise und rettet sie für die Einsichtigen.

Ganz anders aber steht es mit der Architektur. Als unbewegliches Gut hat sie keinen ideellen Marktpreis als Kunstwerk. Es gibt keine Mehrbietenden, und so fehlt der praktische Regulator für ihre Wertbestimmung, und darin liegt das Verhängnisvolle.

Man macht sich nicht klar, daß es nur ein äußerliches Moment ist, weshalb diese Wertbestimmung bei der Architektur nicht ebenso wie bei einer Statue zustande kommt und kommen kann, und daß dieser Mangel mit dem wirklichen Kunstwert des Baues gar nichts zu tun hat und dafür auch gar nicht als symptomatisch angefaßt werden kann. Man bildet sich vielmehr ein, daß architektonische Werke, weil sie keinen Marktpreis haben, auch keine rechten Kunstwerke seien, daß ihr ideeller Wert eine fragliche Sache sei und es sich dabei nur um einen Affektionswert des momentanen Besitzers handeln könne. Nur aus diesem Standpunkt heraus läßt sich die Sitte einer Volksabstimmung über den Wert von Bauten erklären.

Hier soll der einfache Mann, der viel zu klug ist, in eigenem Interesse über ein Bild an der Wand selber urteilen zu wollen, im Interesse des Staates sein Urteil abgeben über Kunstwerke, die sich ebenso seinem Verständnis entziehen. Muß nicht ein ehrlicher Bürger diese Aufforderung für ganz unsinnig empfinden und sich nicht sagen, das kann ich gar nicht; wenn ich für meinen eigenen Beutel sorgen will, hole ich mir einen Sachverständigen und höre auf sein Urteil, und jetzt, wo es den Beutel des Staates gilt, soll ich mich klüger stellen, als ich bin und unklüger handeln, als ich es für mich tue?

Besteht der Reichtum einer Stadt nicht auch in ihrem Besitz an Kunstwerken, auch unveräußerlichen? Ist eine Stadtverwaltung nicht ebenso verantwortlich für solchen Besitz wie ein Familienvater, und nenne ich einen Familienvater nicht kurzsichtig, wenn er Familienstücke von großem Wert verschleudert, nur weil er gerade nichts mit ihnen anzufangen weiß und sie ihm momentan wertlos erscheinen? Bei solchen Fragen, wo es sich um allgemeine Kulturwerte handelt, gibt es nur eine Instanz, nämlich die der künstlerisch gebildeten Menschen ohne Ansehen der Nationalität und des zufälligen Mitbesitzes.

Die Schweiz besitzt in ihren alten Städten und Bauten so hohe ideelle Werte, daß man immer schwankt, ob diese nicht die Werte der Schweizer Naturschönheiten übertreffen. Wenn man aber fortfährt, diese Besitztümer eines nach dem anderen zu zerstören, so bedeutet das für das Land eine Verminderung des Kunstwertes, über dessen materielle Bedeutung für spätere Zeiten noch lange nicht das letzte Wort gesprochen ist.

Der Kunstschutz in Italien (Zum Verkauf und Abriß von Kunstwerken)[78]

Der Schutz, den der italienische Staat Kunstwerken angedeihen läßt, bezieht sich vor allem auf Bildwerke und äußert sich im Verbot der Ausfuhr derselben, ferner auch in der Erhaltung sogenannter wertvoller Bauten. Bei dem Verbot der Ausfuhr aus dem Lande handelt es sich mehr um ein Besitzinteresse als um ein Kunstinteresse. Denn einerseits werden durch den Ortswechsel die Bilder ja nicht zerstört, andererseits ist es vielfach gleichgültig, ob ein Bild in dem Museum dieses oder jenes Landes zu sehen ist. Bilder und Skulpturen sind durch die ganze Welt zerstreut ohne Ansehen ihrer Herkunft. Künstlerisch von Bedeutung wird das Ausfuhrverbot nur, wo es sich um Herausreißen eines Bildwerkes aus seiner künstlerischen Umgebung, für die es geschaffen wurde und aus der es entstanden ist, handelt.

Diese Sünde, ein Bild aus seiner Kirche oder eine Statue von ihrem Platz zu entfernen und in einem Museum unterzubringen, diese Sünde geschieht auch, ohne das Ausfuhrverbot zu verletzen, indem Bilder

[78] Unveröffentlicht, wahrscheinlich 1912.

und Statuen in Museen in Italien selber wandern. Daß dies geschieht, und ich brauche nur auf die Entfernung des *David* von Michelangelo und des *S. Giorgio* von Donatello[79] von ihrem ursprünglichen Platz in Florenz hinzuweisen, zeigt, daß das künstlerische Interesse und die künstlerische Freude nicht über Besitz- und Konservierungsinteressen hinausgeht und daß die Frage, was Italien vor allen Ländern künstlerisch voraushat und weshalb es der Wallfahrtsort ist für alle Menschen, die für Kunst ein Auge haben, von den Italienern von heutzutage wenig oder gar nicht aufgeworfen wird.

Das, was Italien vor allem künstlerisch auszeichnet und was das bedeutungsvollste Erbteil ausmacht, welches dem heutigen Italien von der Vergangenheit überkommen ist, beruht in den Städtebildern, in der künstlerischen Gestaltung der Situation, in dem lebendigen architektonischen Gefühl, das sich überall, wo Menschenhand das Leben gestaltend wirkte, kundgibt. Es handelt sich da gar nicht in erster Linie um besonders hervorragende Kunstleistungen und Einzelbauten, sogenannte Kabinettstücke, sondern um das Zusammenwirken oft ganz einfacher und an sich scheinbar unbedeutender Bauwerke, die als Ganzes ein so stark künstlerisches Gepräge den Städten und dem Lande geben. Wie die Plätze formiert sind, wie die Straßen laufen, wo die Brücken angebracht sind, wie eine geschlossene Mauer gegen einen Torbogen steht, alles das zeugt von einem überall lebendigen künstlerischen Empfinden und zeigt, wie aus jedem neuen praktischen Bedürfnis ein künstlerisches Weitergestalten des Vorhandenen wurde. Diese Kunst, die sozusagen zwischen den Zeilen liegt, ist es vor allem, welche aus früherer Zeit überall uns heutzutage in Erstaunen setzt und anmutet, und das, was Italien besonders zum künstlerischen Wallfahrtsort macht, ist, daß nirgends die künstlerische Sprache der früheren Zeit sich so mächtig und allgemein verbreitet hatte und daß sie noch am meisten erhalten geblieben ist. Gerade diese Art der Schönheit in Italien ist diejenige, der die größte Gefahr droht bei den heutigen Neuerungen. Einmal ist sie nicht geschützt durch die staatliche Fürsorge für Einzelkunstwerke, andererseits sind es die

---

[79] Donatellos *Georg*, entstanden um 1417; die Marmorstatue stand ursprünglich in einer Tabernakelnische in Or San Michele in Florenz, wurde aber 1891 in den Bargello überführt, nachdem bereits 1860 ein entsprechender Vorschlag gemacht worden war, um die schädlichen Witterungseinflüsse fernzuhalten. 1893 kam eine Bronzekopie nach Or San Michele.

neuen sogenannten praktischen Erfordernisse, welche überall Änderungen als notwendig hinstellen (siehe Kapitel »Der Domplatz in Florenz«). Endlich aber ist es die Unkenntnis und Empfindungslosigkeit der heutigen Städtebehörden, die nicht ahnen, daß da überhaupt ein Kunstwerk ist, was sie zerstören, weil es nicht unter den sogenannten Kunstbauten rubriziert ist. Mit den sogenannten praktischen Erfordernissen ist es eine seltsame Sache: Man tut immer, als wären das ganz einfache feststehende Größen, die von den gegebenen Verhältnissen notwendig diktiert würden; wenn man aber näher hinsieht, so bestehen sie zum Teil aus einfachen Privatinteressen und Privatspekulationen von Leuten, die sich im Gemeinderat Geltung zu verschaffen wissen, und zum Teil aus einfacher Neuerungs- und Arbeitslust, die einen Teil des Publikums beherrscht. Dazu kommt, daß was immer auch praktisch notwendig ist, immer eine Form erhalten muß und daß diese Form von dem künstlerischen Standpunkt abhängen wird.

Man hat sich also nicht nur zu fragen: Ist die Änderung wirklich eine praktische Notwendigkeit? sondern auch: Hätte sie nicht eine künstlerisch andere Form gewinnen können? Da kommen wir auf einen wichtigen Punkt: Es gibt eine Reihe von sehr bedauernswerten künstlerischen Grundsätzen, welche ihren Weg durch die ganze Welt gemacht haben und die, in Schulen gelehrt, sich in den Köpfen aller Beamten, Ingenieure usw. festgesetzt haben und welche mehr in der Welt zerstört haben als alle praktischen Notwendigkeiten. Das sind Grundsätze wie die der geraden Straßen, der rechten Winkel, der Achsenrichtung etc. So sollen z. B. in Florenz zwei alte famose Paläste weggerissen werden, nur deshalb, weil sie über die Straßenflucht einer neu projektierten Straße um ein Kleines hervorragen und weil eine angefangene, neue Arkadenanlage nicht weiter fortgesetzt werden kann. Nun kommt noch dazu, daß diese an und für sich kurze Straße überhaupt gar keine weitere Fortsetzung hat, sondern nur einen Durchbruch vom Zentrum zum Lungarno bedeutet. Es liegt also überhaupt gar keine zwingende Notwendigkeit für die Straße vor, die Paläste könnten also ganz ruhig erhalten bleiben.

Architektur und Denkmale

Zur Frage der *Kaiser-Wilhelm-Denkmale*[80]

Anlaß: Schon unmittelbar nach dem Tode Kaiser Wilhelms I. (1888) wurde eine Ehrung des Reichsgründers durch ein Denkmal gefordert, das sowohl ein persönliches Monument des Kaisers als auch ein Nationaldenkmal der Deutschen sein sollte. Am 30. Januar 1889 wurde in Berlin der offizielle Wettbewerb für ein Denkmal ausgeschrieben. Aus der großen Zahl von Einsendungen wurden am 4. September 1889 147 Pläne und Modelle ausgewählt und in Berlin ausgestellt. Ehe aber die endgültige Auswertung der Entwürfe vorgenommen werden konnte, griff Kaiser Wilhelm II. persönlich ein. Er sprach sich gegen die Verwendung von Architektur aus, lehnte besonders Hildebrands Entwurf verächtlich ab und verlangte ein Reiterdenkmal nach dem Vorbild des Großen Kurfürsten von Andreas Schlüter oder Friedrichs des Großen von Christian Rauch. Der Reichstag stellte daraufhin die Entscheidung über Form und Standort dem Kaiser anheim. Dieser bestimmte nun den Platz vor seinem Schloß für das Reiterdenkmal von Begas. Hildebrand hatte sich an dem ersten Wettbewerb unter dem Stichwort »vivos voco« beteiligt. Sein Entwurf, eine klassizistisch gestimmte Ruhmeshalle über quadratischem Grundriß, erhielt einen ehrenvollen zweiten Preis.[81]

---

[80] *Allgemeine Zeitung* vom 24. Juli 1889, Beilage, Nr. 203. Zum Anlaß siehe auch S. 19/20.

[81] Siehe auch Bock, Anm. 290 und Sigrid Esche-Braunfels, *Werkmonographie*, a.a.O., S. 467–71; Hildebrands Schilderung der Vorgänge in einem Brief an H. und E. von Herzogenberg vom 28. November 1889, in: Bernhard Sattler, *Adolf von Hildebrand*, a.a.O., S. 332ff. Das Reiterdenkmal wurde im Zweiten Weltkrieg zerstört. Nach dem Tod des Kaisers 1888 liefen auch in Lübeck Pläne und Verhandlungen für ein Kaiserdenkmal, wobei eine Reihe von Bildhauern beauftragt und wieder fallen gelassen wurden, darunter Hildebrand, der einen Triumphbogen mit dem Relief des reitenden Kaisers vorschlug. Der 1912 an Tuaillon gegebene Auftrag für ein Reiterstandbild wurde erst 1919 nach des Bildhauers Tod ausgeführt, dann der Stadt von ei-

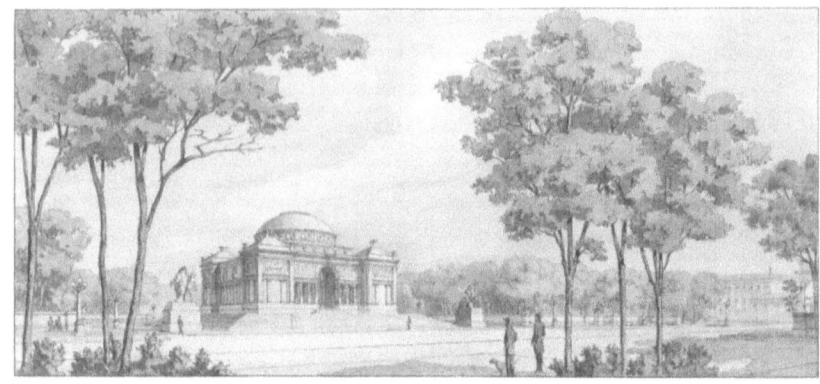

Abb. 27: Aus Hildebrands Eingabeblättern zum Konkurrenzmodell für das *Kaiser-Wilhelm-Denkmal* in Berlin; Gesamtansicht und Lage. Darin machte Hildebrand im Absatz 6 und 7 schon 1889 sehr genaue Angaben zu Maßstab und zur städtebaulichen Platzierung des Denkmalbaus an der vorhergesehenen Stelle (siehe Meier-Graefes Urteil S. 14).

Die zahlreichen Kaiser-Denkmale, welche man gegenwärtig zu Ehren des Wiederherstellers des Deutschen Reiches zu errichten im Begriffe ist, haben zu Erörterungen Anlaß gegeben, welche eine große Bedeutung sowohl in praktisch-künstlerischer als ästhetisch-theoretischer Hinsicht haben.

Es ist als von oberster, ausschlaggebender Wichtigkeit betont worden, daß ein Kaiser-Denkmal schlechterdings in einem Reiterstandbild bestehen müsse, welches den verewigten Kriegsherrn in seinem Waffenrock, so wie ihn die Mitlebenden an der Spitze seines Heeres erblickt haben, darstelle.

Dieser Auffassung liegt vor allem das Bedürfnis nach einem getreuen Porträt zugrunde – ein sicherlich durchaus berechtigtes Bedürfnis, wenn anders man sich dadurch nicht zu der sehr unberechtigten Annahme verführen läßt, es sei die volle Wahrheit und Porträtähnlichkeit nur mittels oder doch zugleich mit einer durchaus genauen Kopie aller jener Einzelheiten zu erreichen, welche das äußere Kostüm ausmachten, worin der Verewigte seinen Zeitgenossen entgegentrat. Dieser Annahme liegt die naive Voraussetzung zugrunde, daß die Kunst

nem Privatmann abgekauft und 1935 aufgestellt. Näheres bei Esche-Braunfels, *Werkmonographie*, a. a. O., S. 345 f.

nur eben ein anderes Material als die Natur sei, in welches man bloß direkt alles zu übertragen brauche und zu übertragen vermöge, um denselben Eindruck wie in der Natur hervorzurufen.

Wenn es nun auch sehr verständlich ist, daß die Mitlebenden, die einen großen Mann leibhaftig gekannt und gesehen haben, ihn in seinem Abbild bis auf die kleinsten Äußerlichkeiten treu wiederzufinden wünschen, so fragt es sich doch, ob ein Porträt, wie ein Monument es darbietet, vor allem für die verhältnismäßig wenigen bestimmt ist, die den Betreffenden gekannt haben, oder nicht vielmehr für die lange Reihe der kommenden Geschlechter, und ferner ob das genaue Festhalten aller Einzelheiten des Kostüms für spätere Generationen dasselbe Interesse haben dürfte, und ob es sich für diese nicht eher darum handeln wird, das Wesen der Individualität, das, was über alle Zufälligkeiten des Zeitkostüms erhaben, ihr wirklich eigentümlich war, in der künstlerischen Darstellung überliefert zu bekommen. Hiermit aber steht die weitere Frage in engem Zusammenhang: Ob die zu gebieterische Forderung, welche auf der Festhaltung aller Einzelheiten des Kostüms besteht, den Künstler nicht bei der Lösung der wichtigeren Aufgabe behindern könne, seiner Porträtdarstellung diejenige Wirkung zu verleihen, welche nicht nur dem Genauigkeitsbedürfnis der Mitlebenden Befriedigung verschafft, sondern auch den späteren Geschlechtern die eigentliche Bedeutung des großen Toten überzeugend vor Augen stellt?

Muß es nun nicht der Kunst überlassen bleiben, ihre Aufgaben auf ihre Weise zu lösen?

Zumal aber der Plastik wird man diese Freiheit nicht ohne schweren Schaden vorenthalten. In der plastischen Darstellung wirken Zufälligkeiten, wie sie das Kostüm bedingt, ungleich stärker als im Leben; denn die Plastik, indem sie alles in reine Form übersetzt, verleiht dadurch der geringsten Einzelheit einen Wert, der weit hinausgeht über den Wert, welchen sie in Wirklichkeit besitzt. Der Unterschied, welcher in der Wirklichkeit waltet zwischen dem lebenden Individuum, dem Menschen von Fleisch und Bein, und seiner Bekleidung, wird in der Plastik dadurch, daß die stoffliche Verschiedenheit aufhört, gar sehr vermindert, das Kleid, die bloße Hülle wird durch die Gleichartigkeit des Materials im Rang erhöht, ja, es entsteht geradezu eine Art Gleichwertigkeit mit dem lebenden Körper, mit der menschlichen Person. Dieser durch die Natur der Sache gegebene Mißstand muß vom Künstler bekämpft werden, und man darf ihm den Kampf nicht noch erschweren, indem man ihm durch die Förderung des peinlich getreuen Festhaltens am Kostüm die Hände bindet. Ihm muß die Bekleidung gerade die Mittel liefern, die Wirkung des Menschen als lebendigen Individuums noch zu steigern, nicht aber sie abzuschwächen. Diese Mittel müssen ihm verstattet sein, auch wenn sie im Kostüm nicht gegeben sind. Die Plastik ist ja nicht wie die Malerei imstande, sowohl durch die Farbe als durch die Umgebung das lebendige Fleisch unter allen Umständen zur Wirkung bringen zu können, bei ihr ist eben das Kostüm die Umgebung, und es fragt sich, ob dieses Kostüm derart ist, daß es die Mittel an die Hand gibt, die Wirkung des Kopfes und der Gestalt als lebendiges Ganzes zu heben.

Die Kostüme verschiedener Zeiten qualifizieren sich sehr verschieden zu dieser Benutzung. Das heutige besonders wenig, es stellt dem Künstler die größten Hindernisse entgegen. Aus solchen Gründen hat z. B. Schlüter seinen großen Kurfürsten[82] in freiem Kostüm gestaltet, und wohl keiner würde wünschen, denselben im getreuen Zeitkostüm zu sehen. So erkennen wir denn, daß die endliche, starke, lebendige Wirkung, wie sie von der Erscheinung des Individuums ausgeht – und auf diese kommt es doch an – in der Natur und in der Kunst nicht immer durch dieselben Mittel zustandekommt, und daß der Rahmen, in dem das Leben gefaßt ist – als solchen müssen wir das Kostüm ansehen – je nachdem in der Kunst Veränderungen und Abweichungen erleiden muß. Gerade dem wahren Eindruck zuliebe muß die Kunst auf viele Zufälligkeiten der äußerlichen Zutaten des Lebens Verzicht leisten. Es enthält der Anspruch auf absolut gewissenhafte Treue eines Kostüms, worin uns der Mensch im Leben entgegentrat, also nicht nur das gerechtfertigte Streben nach einem überzeugenden lebendigen Porträt, sondern es ist oft ein Eingriff in die künstlerische Gestaltung, eine Vorschrift der anzuwendenden Mittel, bei der das Kunstwerk als solches überhaupt unmöglich werden kann. Darum muß es dem Künstler überlassen bleiben, über die Mittel selbst zu entscheiden. Über die erreichte Wirkung mag alsdann der Beschauer richten. Gerade im vorliegenden Falle erscheint es uns übrigens recht naheliegend, dem künstlerisch so dankbaren Kaiserornat den Vorzug vor der Uniform zu geben.

[82] Andreas Schlüter (um 1660–1717) schuf 1696–1703 das *Reiterdenkmal des Großen Kurfürsten*. Nach zahlreichen Schwierigkeiten wurde es 1708/09 auf der Langen Brücke in Potsdam aufgestellt. Seit 1952 steht es im Hof des Charlottenburger Schlosses in Berlin.

Zu der strengen Genauigkeit des Kostüms, welche eine vielerhobene Forderung ist, scheint es nun auch zu gehören, daß ein Kaiserdenkmal schlechterdings ein Reiterstandbild soll sein müssen. Nun ist ja zuzugeben, daß ein Reiterstandbild wohl geeignet ist, einen Wilhelm I. in seiner Eigenschaft als Kriegsherrn und Kriegshelden, als ersten Soldaten des deutschen Heeres und siegreichen Generalissimus zu verherrlichen. Aber auf der anderen Seite ist doch der Wiederhersteller des deutschen nationalen Staates nicht bloß Reorganisator der Armee und militärischer Triumphator gewesen. Wir alle erkennen vielmehr dankbar und bewundernd an, daß er, so groß als Krieger und Sieger, doch nicht minder groß als friedliebender, den Frieden pflegender Herrscher gewesen ist, und daß wir seinen Entschließungen im Rate ebensoviel schuldig sind als seinen Heldentaten auf dem Schlachtfelde. Dieser doppelten historischen Bedeutung Wilhelms I. wird ein bloßes Reiterstandbild nimmermehr gerecht.

Nun werden manche sagen, daß, um der Bedeutung des erhabenen Kriegs- und Friedensfürsten vollen Ausdruck zu geben, man ja zu der Reiterstatue, die den Krieg verherrlicht, auf das die Statue tragende Postament weitere Darstellungen fügen könne, welche auch seine friedliche Regententätigkeit zur Anschauung brächten.

Die Variationen, welche die Künstler behufs der plastischen Ausstattung der Postamente gefunden haben, sind bekannt. Einmal sind Figuren an den vier Ecken, einmal an den Seitenwänden angebracht, einmal stehend, einmal sitzend. Bei größerer Bedeutung des Vorwurfs bekommt das Postament mehrere Etagen, immer mit Reliefs oder Figuren geschmückt, so daß sich aus der Zahl der Etagen die Bedeutung des Verewigten ermessen läßt. Ob solche stark belebte Postamente ein Vorteil für die obenstehende Statue sind, ist freilich eine andere Frage, die meistens bei der Wichtigkeit des Sinnes, den die Darstellungen an den Postamenten auszudrücken haben, nicht in Rechnung gebracht wird.

Wir müssen hier zweierlei unterscheiden: Das Postament, welches durch figürlichen Schmuck reicher und kostbarer wirken soll, wobei das Figürliche eine dekorative oder ornamentale Rolle spielt, oder aber das Postament, welches Gelegenheit geben soll, Figuren anzubringen, die an sich und ihrer selbst wegen zur Darstellung kommen sollen. Beim ersten bildet das Figürliche einen untergeordneten Teil des Postaments, macht also auf eine Bedeutung, die eine detaillierte Betrachtung verlangt, keinen Anspruch; dadurch wirkt das Reiterbild als das einzig Wichtige, worauf die Aufmerksamkeit gezogen wird. Wie weit der Reichtum des Postamentes gehen darf, hängt ganz davon ab, wieweit es der Künstler versteht, der Hauptfigur die unbedingte Herrschaft in der Wirkung zu wahren und den Blick nicht von ihr abzuziehen. Wo sich das Postament rein architektonisch dem Standbild unterordnet, ist die Wirkung stets die klarste, wie es uns die antiken Reiterbilder und die der Renaissance zeigen.

Das reichste und doch künstlerische Postament dieser Gattung ist das des schon erwähnten Denkmals des großen Kurfürsten in Berlin; denn die dort angebrachten Sklaven spielen eine rein dekorative Rolle.[83]

Die zweite Gattung, wo für sich gedachte Figuren, vor allem Porträtdarstellungen, um das Postament versammelt sind, ist eine moderne Erfindung, welche nicht aus einer künstlerischen Anschauung, sondern aus einem gedanklichen Bedürfnis entstanden ist. Hier ist die künstlerische Beziehung der Figuren zum Postament eine ganz äußerliche, weil sozusagen kein anderer Platz vorhanden ist. Ihre dekorative Anordnung am Postament wirkt ihrer eigenen Bedeutung zuwider; nicht als eins mit dem Postament, sondern als ein Drittes, das sich als Anhalt das Postament ausgesucht hat, stehen sie da. Es verträgt sich eben nicht, Figuren, die an sich Standbilder sind, in dekorativer ornamentaler Rolle zu verwenden, sie sträuben sich dagegen und wollen als Persönlichkeiten wirken. Damit sind sie aber von einer künstlerischen Teilnahme am Postament ausgeschlossen. Auch bei einem nach so vielen Seiten vortrefflichen Monument wie das Friedrichs des Großen in Berlin[84] läßt sich nicht leugnen, daß die Wirkung der Statue des Königs durch die Sockelanlage beeinträchtigt wird. Es ist ein Mißgriff, das Postament als Versammlungsort von weiteren Standbildern zu betrachten, und wenn Reliefdarstellungen und dekorativ-figürlicher Schmuck am Postament nicht genügen, so ist das ein Zeichen, daß der

[83] Hildebrand hat anlässlich der Erörterungen über sein Reiterdenkmal des Prinzregenten Luitpold auf der Terrasse vor dem Bayerischen Nationalmuseum in München in einem Brief an den Bürgermeister von Borscht ausführlich die Qualität des Schlüterschen Reiterstandbildes dargelegt. Siehe Florian Sattler, *Hildebrand und seine Welt*, a.a.O., S. 81ff.

[84] Christian Rauch (1777–1857) konnte 1840–1857 endlich das seit dem Tode Friedrich des Großen geplante Denkmal für Friedrich den Großen verwirklichen. Es galt bereits wenig später als ein den antiken Meisterwerken ebenbürtiges Kunstwerk. Vgl. zur Problematik des Sockels H. Schrade, *Das Deutsche Nationaldenkmal*, München 1934, S. 40ff. und S. 56.

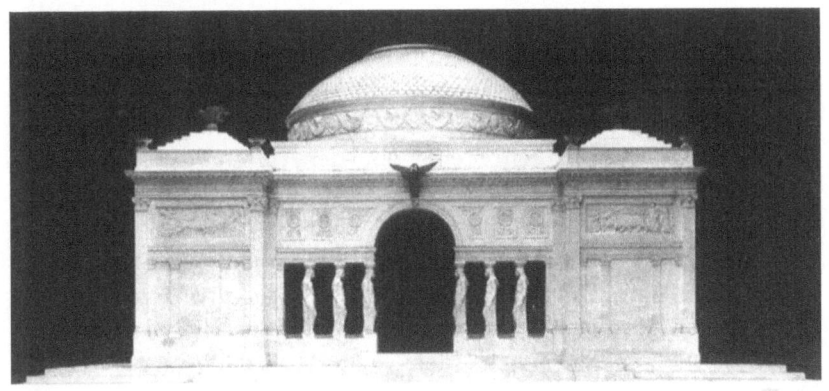

Abb. 28: Hildebrands Gipsmodell, Eingangsfassade

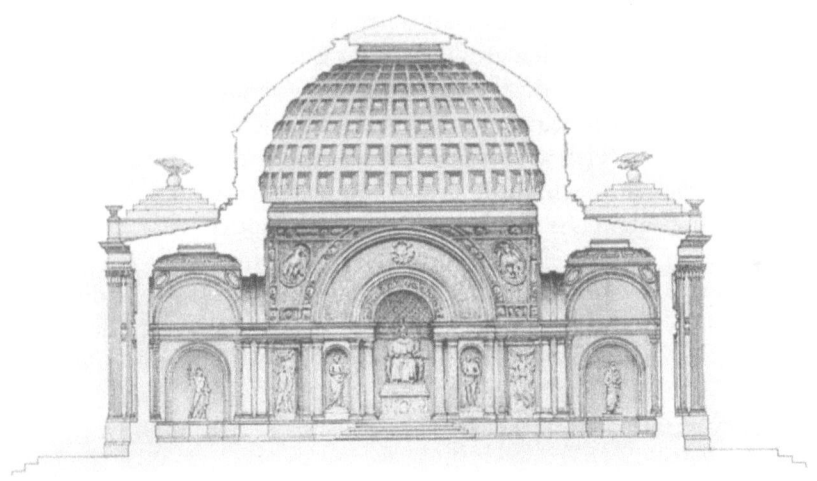

Abb. 29: Vertikalschnitt in die Innenansicht mit der Sitzstatue des Kaisers

geforderten weitergehenden Bedeutung des Denkmals durch ein Reiterstandbild nicht genügt werden kann, und daß es einer allgemeinen Monumentalanlage bedarf.

An der Steigerung der Bedeutung der Statue durch den Sockel mühen sich seit Jahrzehnten die Künstler ab, einmal so, einmal anders, aber im Grunde ist das Endergebnis immer derselbe Fehlgriff. Es liegt dies einfach an der falschen Fragestellung. Richtigerweise muß man entweder die Statue wählen – stehend oder zu Pferd – in ihrer Schlichtheit und Konzentration, oder aber man muß zu einer größeren Anlage des Ganzen schreiten, wobei der Architektur eine größere Rolle zufallen wird, als die, ein bloß stützendes Postament aufzurichten.

Was nun noch speziell unsern Fall angeht, so wird die ganze historische Bedeutung Kaiser Wilhelms als eines großen Mannes, in welchem der bürgerliche Regent ebenso trefflich und bewundernswert erscheint wie der militärische Held, schwerlich dadurch zu richtiger Darstellung gebracht, daß man die beiden Seiten seines Wesens trennt und die eine in der Statue oben verkörpert, die andere nur nebensächlich am Postament anbringt.

Es scheint deshalb gerechtfertigt, zwei Möglichkeiten der Verherrlichung des Neugründers des Deutschen Reiches festzuhalten. An Orten, wo es gilt, zumal den großen Militär und Feldherrn zu feiern, tue man dies durch eine einfache Reiterstatue. Wo man aber die allgemeine historische Bedeutung des Mannes, in welchem die soldatischen Qualitäten zwar viel, aber nicht alles waren, zum Ausdruck bringen will, da empfiehlt sich ein über das bloße Reiterstandbild hinausgehendes Monument. Es wird eine Frage der Opportunität und natürlich auch der Mittel sein, ob man sich im einzelnen Falle für die eine oder die andere Auffassung und Darstellungsweise entscheiden will. Durch die Natur der Aufgabe sind beide Lösungen gerechtfertigt.

Die Villa Borghese und das Denkmal des Königs Umberto[85]

Über die römische Villa als ein einheitliches Kunstwerk von landschaftlichen und architektonischen Anlagen ließe sich eine längere Abhandlung schreiben. Dazu ist hier nicht der Ort. Wollen wir die römische Villa kurz charakterisieren, so müssen wir sie als lyrische Dichtung bezeichnen. Ihre Kunst beruht in der Gestaltung der Situationen. Aus reicher Naturerfahrung gesammelt, mit den knappsten

---

[85] *Frankfurter Zeitung*, Mai 1901. Umberto I., König von Italien (1844–1900), Nachfolger Emanuels II., wurde am 29. Juli 1900 von einem Anarchisten in Monza erschossen. Ihm sollte ein Denkmal errichtet werden.

Mitteln gegeben, mit weiser Kunst für die Kontrastwirkung angeordnet, vereinigt sie in gedrängter Fülle alle Stimmungen der Natureindrücke. Es wechseln heilige Haine, sanfte Wiesenabhänge, ernste Pinienhallen, Terrassen mit plätschernden Brunnen, Marmorbildern usw., kurz, eine geträumte Welt des Naturfriedens, ein Aufgehen in den poetischen Elementen der Natur. Der Typus der römischen Villa entspringt nicht aus dem gärtnerischen oder gar botanischen Interesse, dem es auf die Üppigkeit, Schönheit und Seltenheit der Pflanze als solcher ankommt. Die römische Villa will etwas ganz anderes, sie gibt ein rein künstlerisches Bild der Natur im allgemeinen, wie eine Landschaft von Tizian, voll heiliger Schönheit und dauernder Wahrheit. In diesem Bestreben hat sich eine spezielle Architektur herausgebildet, eine rein dekorative, welche die Fäden der Natur aufnimmt und weiterspinnt, indem sie die gegebenen Naturfaktoren wie das Terrain, die Vegetation, das Wasser architektonisch formt und gliedert und spielend in Kunst verwandelt. Natur und künstlerische Kultur werden eins und umfangen den Beschauer in allen Wonnen einer verklärten Natur, ihn befreiend von der Trivialität des wirklichen Daseins.[86]

In keiner Stadt der Welt hat sich diese Kunstgattung so weit ausgebildet wie in *Rom*. In antiken Zeiten, wie später zur Zeit der Päpste, war es immer das Ziel, eine Stadt zu schaffen, wo die Erde zum Paradies umgewandelt wäre. Es war die Schönheit der Situation, nicht die des einzelnen, die obenan stand. Freude am Dasein, an den ewigen Schönheiten der Natur, sollte überall leuchten. Nun, die schönste die-

---

[86] Hildebrands Begeisterung für die »poetische« Einheit, in welcher Natur und menschliches Planen in der Villa Borghese in Rom zu einem höheren Kunstwerk verschmolzen waren, kann auf eine lange Tradition zurückblicken. Schon Monti, Carducci, Goethe und Keats hatten die Schönheit von Villa und Casino gepriesen. 1613–1616 ließ sich Kardinal Scipione Borghese von Giovanni Vasanzio (um 1550–1621) ein Casino in einem Park errichten. Neben Umbauten des Casinos (1782 neue klassizistische Innenausstattung, 1820 äußere Freitreppe) wurde auch der Park mehrfach vergrößert und verändert. 1902 gelangte der Besitz und die berühmte Kunstsammlung in die Hand des italienischen Staates, der sie der Stadt Rom übergab. Die seit dem Tod König Umbertos I. geführten Planungen für ein Denkmal des Königs konzentrierten sich nun auf den Vorschlag, in dem Park eine Reiterstatue aufzustellen. Trotz starker Kritik wurde das Reiterdenkmal schließlich für den Park von Davide Calandra (1856–1915) begonnen und 1926 von Eduardo Rubino vollendet.

ser Villen ist die *Villa Borghese*, ein Kunstwerk ersten Ranges in seiner Schlichtheit und innigen Kraft der Anregung für die künstlerische Fantasie. So müssen wir die Villa Borghese fassen, nicht als bloßen hygienischen Stadtpark, wie es deren viele gibt. Dieses Kunstwerk ist jetzt Eigentum der Stadt geworden. Ein herrliches neues Besitztum des modernen Roms. Mit der Besitzergreifung der Villa ist aber auch zugleich der Gedanke aufgetaucht, das neue, zu errichtende *Reiterstandbild* des verstorbenen Königs *Umberto* dort aufzustellen. Dieser Gedanke veranlaßt, mich, das Wort zu ergreifen. Derselbe ist, es sei gleich gesagt, ein künstlerischer *Mißgriff,* und mein Zweck ist, womöglich mit dazu beizutragen, daß dieses Projekt *fallengelassen* wird.

Ein jedes Kunstwerk hat seine Region der Vorstellung, regt die Fantasie in einer bestimmten Richtung an. Ein modernes Standbild, ein Porträt in moderner Kleidung, gibt den Menschen nicht als Naturgebilde, sondern als stark ausgeprägtes Zeitprodukt. Barttracht und Kleidung spielen meistens eine solche Rolle, daß unser Interesse ganz eng umgrenzt und lokalisiert wird. Die Ideen, die durch das Standbild wachgerufen werden, sind meist speziell patriotische, modern-politische, und nirgends führt die Erscheinung zu einem allgemein Menschlichen oder gar Poetischen.

Wenn in anderen Zeiten es dem Künstler möglich war, den Vorstellungshorizont eines Standbildes zu erweitern, sei es wie im Altertum, wo die Tracht eine ganz ursprüngliche war, bei der die nackte Gestalt des Menschen die Oberhand behielt, oder wie noch in späteren Jahrhunderten, wo der Künstler ganz frei mit der Tracht schalten und walten konnte, wenn das Kostüm hinderlich wurde, etwas Typisches zu schaffen, so ist es heute gerade umgekehrt der Wille der Zeit, die statistische Treue der Lebenserscheinung festzuhalten und vor allem diese zu geben, ohne Rücksicht auf ihre künstlerische Tragweite. Es ist hier nicht der Ort, das Für und Wider dieser Auffassung zu erörtern, ich stelle sie lediglich als Tatsache hin, und wir müssen mit ihr rechnen, wenn es sich um den Aufstellungsort eines modernen Standbildes handelt.

Es wird bei der Aufstellung, bei der Einreihung eines Standbildes in eine Umgebung immer die Frage entstehen, wie sich diese Welt vereinigt mit der, welche die Umgebung ausdrückt. Klar ist es, daß, wenn der *gleiche* Geist in beiden lebt, die Einigung am natürlichsten zustande kommt. Es liegt deshalb am nächsten, ein *modernes* Standbild zwischen *moderne* Architektur zu setzen. Es bleibt dann nur noch zu überlegen, ob man es aus speziellen künstlerischen Gründen besser da oder dort, so oder so einreiht, nicht aber besteht die Sorge, im allgemeinen einen Mißgriff zu tun. Überhaupt ist das Geisteselement, mit dem die Plastik innig zusammenhängt, die Architektur. Diese als Menschen- und Kulturprodukt ist die Atmosphäre, in der die Plastik natürlich entsteht. Die Plastik erscheint als die natürliche Fortsetzung der architektonischen Gestaltung, sobald die architektonische Situation überhaupt die Elemente zu einer künstlerischen Weiterbildung enthält. Solche Situationen sind nun freilich in unseren modernen Städten und in dem heutigen Verkehrsgetriebe schon sehr selten, und oft ist es dieser gänzliche Mangel, der dazu veranlaßt, sogenannte Anlagen für die Aufstellung der Plastik zu benützen. Hier tritt nun die Frage ein, welchen Charakter diese Anlagen tragen. Es können da sehr verschiedene Tonarten angeschlagen sein, und die jeweilige Tonart wird auch die Art der Plastik bestimmen, die sich mit ihr vereinigen läßt.

Je allgemeiner, rein dekorativer die Plastik gehalten ist, desto leichter vereinigt sie sich mit dem Natur-Element. Je spezieller der geistige Rahmen, den sie um sich zieht, desto mehr entfernt sie sich vom Allgemeinen und deshalb auch vom Landschaftlichen. Am meisten ist dies beim *Porträt* der Fall. Alles Porträthafte spezialisiert die Vorstellungswelt und engt sie ein, wenn es nicht auf andere Weise vermittelt wird, wie z. B. bei der *Porträt-Herme*, die durch den Schaft eine so starke architektonische Gestaltung erhält, daß das Porträt dem architektonischen dekorativen Charakter des Ganzen gegenüber in den Hintergrund tritt. Die Herme wirkt als architektonisches Gebilde in erster Linie, als solches reiht es sich natürlich ins Landschaftliche ein.[87]

Bedenken wir nun nach diesen Betrachtungen, daß in ein Kunstwerk von so ausgesprochen *idyllischem* Charakter wie die *Villa Borghese* ein *modernes Standbild* gesetzt werden soll, so ist es einleuchtend, daß sich die zwei Vorstellungswelten, die dadurch angeregt werden, absolut *feindlich* gegenüberstehen. Jede will zu etwas ganz anderem hinführen. Ein solcher Widerstreit kann weder dem Monument zugute kommen, noch der Villa. Das Monument wird wie ein fremder Gast

[87] Hildebrand hat selbst für manche Denkmale die Porträtherme entworfen oder vorgeschlagen, so auch für das Haydn-Mozart-Beethoven-Denkmal (siehe S. 20) und das *Johann-Strauß-Denkmal* in Wien.

inmitten der Pastorale vereinsamt und nüchtern aussehen. Der poetische Hauch, der durch die Bäume der Villa streift, wird erschreckt erstarren vor der Stimme der Realität, die aus dem Monument spricht. Wozu diese Vermengung? Warum ganz ohne Grund die poetische Stille der Villa stören? Warum das Ehrenbild des Königs, der in der schweren ernsten Wirklichkeit gestanden hat, aus seiner natürlichen Umgebung reißen und in eine Idylle setzen, die dem Leben und Wirken des Gefeierten so ferne gelegen? Warum nicht auf einen neuentstandenen römischen Standplatz, den Ort seiner Zeit? Oder wenn es absolut im Grünen sein soll, warum nicht auf den *Pincio*[88], auf die Höhe, wo er sein neues Rom überschaut und wo die modernen Anlagen viel natürlicher ihn umgeben würden. Warum soll, nachdem ein Juwel wie die *Villa Ludovisi*[89] mißlungenen Bauspekulationen zum Opfer gefallen ist, ohne allen praktischen Grund an das Kleinod der *Villa Borghese* gerührt werden? Diese Kunstschöpfungen sind geschlossene Ganze, wie Bilder und Statuen, und wer möchte in einen Tizian heute eine moderne Figur hineinmalen? Die heutige Zeit sei stark genug, ihre eigenen, neuen Situationen zu schaffen, ohne die Geister der alten Zeiten und ihre Schöpfungen nutzlos zu zerstören.[90]

---

[88] Der Monte Pincio, einer der sieben Hügel Roms, wurde im 19. Jahrhundert zu einer großen Promenade ausgebaut und seit 1849 mit Büsten berühmter Italiener ausgestattet.
[89] Die Villa Ludovisi wurde ab 1622 von Kardinal Ludovico Ludovisi in den alten Gärten des Sallust errichtet; die Gartenanlagen plante Lenôtre. 1840 wurde die Villa zerstört, erhalten blieb nur das Casino dell' Aurora mit Deckenfresken von Guercino.
[90] Auch für den Ort und die Größe seines Prinzregenten-Reiterdenkmals vor dem Bayerischen Nationalmuseum hat Hildebrand genaue Begründung gegeben in einem Brief an den Münchner Bürgermeister Borscht, siehe Florian Sattler, *Adolf Hildebrand und seine Welt*, a.a.O., S. 81f.

Allgemein kulturelle Fragen

Zur Museumsfrage[91]

B ei den verschiedenen Artikeln, die im Frühjahr 1906 in den
M.N.N.[92] über die Museums-Zustände erschienen sind, war es
für den unbefangenen Leser auffällig, daß den entscheidenden Fragen
immer ausgewichen wurde.

Man tadelte mehreres bei der Aufstellung im hiesigen Nationalmuseum[93], um die Aufstellung durch Künstler an und für sich in schlechtes Licht zu setzen, und warf dabei gar nicht die Frage auf, ob bei Aufstellungen durch Kunstgelehrte sich nicht ebenfalls Mißstände herausstellen, wenn auch anderer Art; und ferner, ob die gesamte Aufstellung im Nationalmuseum besser ausgefallen wäre unter der Leitung eines Kunstgelehrten. Man ventilierte gar nicht die Frage, ob nicht jedes Museum von Natur einen Kompromiß bedeute, bei dem dies oder jenes Interesse immer zu kurz kommen müsse, und ferner, was wohl die Hauptfrage wäre – welchem Interesse in erster Linie ein Museum überhaupt zu dienen habe. Man tat stillschweigend so, als verstünde es sich von selbst, daß das kunsthistorische Interesse das maßgebende für Museen sei. Kunstwerke werden aber doch weder geschaffen noch aufbewahrt, um einen Wissenszweig in der Kultur zu bilden, sondern um die Seele durch die Sinne zu ernähren. Und Museen werden errichtet, um möglichst vielen diese Nahrung zu

[91] *Münchner Jahrbuch der bildenden Kunst*, Bd. I, 1906, S. 79–81.
[92] *Münchner Neueste Nachrichten*.
[93] Das neue Bayerische Nationalmuseum wurde 1894–1900 von Gabriel Seidl (1848–1913) an der Prinzregentenstraße in München errichtet. Die Gesamtkonzeption löste sich bewußt vom Schema der älteren Galeriebauten und versuchte, »den Spaziergang durch die Jahrhunderte« durch eine möglichst vielfältige Raumordnung zu beleben. Die Innenausstattung wurde dem Künstler Rudolf Seitz (1842–1910) übertragen, der die Räume dekorativ in historisierenden Formen ausgestaltete. Gegen diese Ausstattung erhoben sich sehr bald kritische Stimmen, so daß seit 1907 schrittweise eine Neuordnung der Sammlungen durchgeführt wurde. Die Neuordnung hält an.

bieten. – Man eiferte gegen den zu großen Einfluß eines bestimmten Künstlers, anstatt gegen die Kunstgelehrten, die sich neben ihm zu wenig Geltung zu verschaffen wissen. Man unterschied nicht zwischen der Fähigkeit des Kunstgelehrten, Werke nach Zeit und Schule zu bestimmen, über ihren Marktwert und ihre Käuflichkeit au fait zu sein – und der ganz anders gearteten Fähigkeit, Kunstwerke richtig und mit Kunstsinn aufzustellen. Man fragte sich dabei nicht, ob diese sehr verschiedenen Ansprüche, die ein Museum an seinen Leiter stellt, durch die fachmännische Ausbildung der Kunstgelehrten naturgemäß erfüllt werden, sozusagen von Berufs wegen, oder ob dies, wenn es tatsächlich da oder dort geleistet worden sein sollte, nicht immer nur die Folge einer individuellen und gewiß seltenen Veranlagung sein kann.

Man erledigte die offene Frage, ob es tunlich sei, in einem Saal bedeutende Werke zusammenzuhängen ohne Rücksicht auf Zeit und Schule, damit, daß man eine Anzahl Bilder, die sich gegenwärtig wehtun, als Stichprobe aufführte, als wenn damit der Beweis erbracht wäre, daß sich überhaupt keine Bilder vertragen, die nicht aus einer Schule und Zeit stammen. Man bedachte nicht, daß zwischen den großen Geistern der verschiedenen Zeiten und Länder immer noch ein größerer, lebendigerer Zusammenhang besteht als zwischen jedem einzelnen von ihnen und den Mittelmäßigen seiner Zeit, wenn man vom künstlerischen und nicht vom kunsthistorischen Standpunkt ihre Werke ansieht. Man bedachte nicht, daß es künstlerisch wichtiger ist, gerade diesen Zusammenhang vor Augen zu führen, als die Gegensätze des zeitlichen und nationalen Gewandes in den Vordergrund zu stellen.

Warum sollen wir nicht z. B. Porträts in ihren größten Vertretern aus verschiedenen Zeiten nebeneinander sehen? Würden wir so über die Spannweite dieser Großen und über ihre gemeinschaftlichen Züge nicht weit mehr Aufschluß erhalten, als wenn jeder nur neben mittelmäßigen Zeitgenossen zu sehen ist? Und ebenso könnten ja auch Bilder zweiten und dritten Grades ausgesucht und zusammengestellt werden, um ihren Wert auf diese Weise viel mehr zur Geltung kommen zu lassen als im Wust der Masse. Wäre es deshalb nicht sehr wünschenswert, wenn jede Galerie einen Raum sich reservieren würde, um abwechselnd Bilder zusammenzustellen, die ein gemeinschaftliches Interesse in Anspruch nehmen und deren Vergleich höchst lehrreich und künstlerisch interessant wäre. Man hätte dann die Annehmlichkeit, in einem Saale beisammen eine kleine Galerie zu finden, die in ihrer Auswahl sowohl künstlerisch als auch kunsthistorisch etwas Besonderes zu sagen hätte und wo man der Massenvertilgung ganz enthoben wäre. Bei dem Wechsel der Gesichtspunkte, die dabei möglich wären, ließen sich solche Ausstellungen mit geistigen Exkursionen vergleichen, welche interessante Fragen aller Art beleuchten. Welche anregende Aufgabe wäre damit gestellt? Ja, ich gehe noch einen Schritt weiter und komme damit auf den eigentlichen Zweck meiner Zeilen.

Ich halte es für einen großen Schaden für die heutige Kunstentwicklung und ihre Beurteilung, daß alles, was heutzutage hervorgebracht wird, niemals neben alten Sachen zu sehen ist und damit alle gesunde und allgemeine Kritik wegfällt.

Dem Künstler ist es unmöglich gemacht, von solchen Vergleichen zu lernen und die Stichhaltigkeit seiner Arbeit neben den Alten zu prüfen, und ebenso kann das Publikum niemals seinen Maßstab festigen. Im Gegenteil, das Neue wird ängstlich zusammengehalten, kleine, winzige Unterschiede und Unterschiedchen erscheinen wie gewaltige individuelle Züge und Gegensätze, oder alles wird gemessen an den jüngsten Bestrebungen der Majorität, und was da nicht dazugehörig, wird schon als abseits der Gegenwart angesehen. Kurzum, Maßstäbe und Urteile bilden sich bei dem nahen Horizont so falsch aus, daß sie schon nach wenigen Jahren unverständlich sind. Das kommt alles von dem Mangel einer breiteren, allgemeineren Kritik, die nicht mit Jahren rechnet, sondern mit Jahrhunderten.

Auch nimmt die bildende Kunst darin eine ganz isolierte Stellung ein. Der Musiker muß es sich wohl gefallen lassen, daß sein Werk neben Bach oder Beethoven gehört wird, und der heutige Dichter kann es auch nicht ändern, daß man gleich neben seinem Gedicht eines von Goethe etc. aufschlagen kann. Auch der Architekt muß neben einem alten Bau etwas hinstellen und sich die Kritik gefallen lassen.

Warum wird denn die bildende Kunst so ängstlich gehütet? Will man sich in Illusionen wiegen, oder fürchtet man, daß zu viel unter den Tisch fallen würde? Schafft man sich ja in den Kunstausstellungen so schon eine separate moderne Welt, in der vor den früheren Zeiten Verstecken gespielt wird.

Wäre es nicht höchst verdienstlich und segensreich, wenn in einem solchen reservierten Saale der Galerie die Möglichkeit gegeben wäre, moderne Werke neben alten zeitweise aufzustellen, so z. B. auch die für den staatlichen Ankauf bestimmten Werke etc. etc.

Wäre das eine so unmögliche Einrichtung für ein Museum und würden dadurch die Sammlungen und ihre Gefangenen nicht viel lebendiger in die Gegenwart und in das Bewußtsein hineinragen, ein lebendiger Austausch zwischen früher und jetzt?

Über die Einzelinteressen in der Kultur[94]

Wenn man die Kulturentwicklung der neueren Zeit gegen frühere Jahrhunderte vergleicht, so scheint der innere Gegensatz vor allem darin zu liegen, daß der Geist mehr und mehr sich daran gewöhnt hat, analog der Einstellung bei der Ausbildung einer Maschine ein beschränktes Einzelziel verfolgen und auf das zweckmäßigste erreichen zu wollen, ohne Rücksicht auf alle anderen Interessen. Es liegt im Wesen der Maschine, die einseitige Ablösung eines bestimmten Zweckes oder Zieles so weit zu treiben, bis sie auf eine Art mechanisch faßbar ist; und so zerfällt die Lebensgestaltung in lauter einzelne Fragestellungen, bei denen sich keine um die andere kümmert. Der rasche Bedarf wird z. B. durch die Tram gelöst ohne Rücksicht auf den Fußgänger und das sonstige Straßenleben, oder die Museen und Ausstellungen werden ohne selbständigen Korridor für ein einmaliges Durchgehen angelegt, wobei durch die Wegführung alles gesehen werden muß, als gäbe es keine Besucher mit speziellen Interessen. Die Armen müssen durch alles durchlaufen, um eines sehen zu können etc.

Diese Einstellung der Sache gegenüber hat sich auf die ganze Geistesart übertragen. Alles wird eingeteilt in Einzelprobleme und davon ein wichtiges ausgewählt und rücksichtslos gelöst. Hierin liegt das Charakteristische der modernen Zeit. Man sucht nicht durch eine Diagonale die verschiedenen und sich oft widersprechenden Interessen zu lösen, sondern löst eins davon und zwar in ganz einseitigem Sinn. Die Folge ist eine einseitige Betonung von sogenannten Hauptinteressen, deren Inhalt aber ein ganz beschränkter ist und der Vielseitigkeit und dem inneren Reichtum des Lebensinhaltes widerspricht und entgegenwirkt. Man gewinnt auf einzelnen Punkten und

[94] Unveröffentlicht.

verliert das Ganze. Diese Geistesentwicklung steht im größten Gegensatz zu allem Künstlerischen, dessen Wesen gerade in der vielseitigen Rücksichtnahme auf die vorhandenen Möglichkeiten beruht.[95] Man mag sehen, wohin man will: Überall wird heute nur auf einen Punkt hingesteuert. Alle staatlichen Verordnungen kranken daran. Will der Staat Geld, so denkt man nie an eine Form, bei der dem einzelnen noch ganz andere Scherereien erspart bleiben als die des Hergebens von Geld. Es geht das bei allen Besteuerungen durch, etc. Ich bin überzeugt, daß man überall zeigen könnte, daß derselbe Zweck erreichbar ist ohne Störung auf anderer Seite, wenn von vornherein die nötige Rücksichtnahme stattfände. Es liegt nicht in der Natur des Zweckes, sondern lediglich in der Formfassung, in dem »Wie«. Und hierin scheint mir England weit voraus zu sein, d. h. altmodisch mit psychologischer Rücksicht vorzugehen, während das preußisch-deutsche Maschinensystem, welches als das höher entwickelte angesehen wird, jetzt seine Folgen bitter zeigt.

Gemeinsame Kulturinteressen[96]

Man mag die nationalen Gefühle und Leidenschaften sowie die politischen Zweckmäßigkeiten noch so hoch stellen, so läßt sich doch die Tatsache nicht aus der Welt stellen, daß im Wesen aller Kultur ein Band liegt, welches die Menschen trotz aller sonstigen Interessen sachlich verbindet und die nationalen Grenzen weit überschreitet. Wenn das kultivierte Individuum ehrlich gegen sich ist, so muß es sich eingestehen, daß es eine innere Welt gibt, wo die geistige Gemeinschaft mit Individuen anderer Nation unzerstörbar bleibt und darin gerade der wesentliche Wert der geistigen Kultur liegt.

An diese innerste Gemeinschaft der kultivierten Menschheit wenden wir uns, wenn wir Künstler hier gegen Begierden sprechen, die das Wesen aller Kultur mit Füßen treten wollen.

In französischen Blättern wurden Stimmen laut, die von seiten der

---

[95] Siehe hierzu die Rede, die Hildebrand anläßlich der Neugründung der Vereinigung für künstlerische Fragen 1917 in München hielt. Teilweise abgedruckt in: Dieter Sattler, *Adolf von Hildebrand und die Architektur*, a. a. O., S. 12.
[96] Unveröffentlicht, entstanden 1918.

Regierung den Raub von Kunstwerken deutschen Staatsbesitzes befürworten. Allerlei spitzfindige Begründungen sollen entschuldigen und verschleiern, was für das innere Gewissen jedes Kulturvolkes ein Schandfleck bliebe. Wir Künstler, die wir das Ausland kennen, wenden uns an alle Kulturmenschen in Feindesland, weil diese im Grunde ihres Herzens und Geistes dasselbe fühlen und denken wie wir, damit auch sie ihre Stimmen ebenso erheben gegen solche Verirrung, die kein Haß entschuldigen kann.

Was während des Sturms und der Verwilderung eines vieljährigen Krieges von Soldatenhand geschieht, kann nie maßgebend sein für das Verhalten nach dem Kampf. Die Waffen ruhen; jetzt ist es Pflicht des Siegers, die Kultur Europas hochzuhalten, nicht aber durch Rache weiterhin zu schänden.

Venedig und Luftkrieg[97]

Neben den Telegrammen von Luftangriffen aus militärischen Gründen, liest man jetzt oft auch von solchen aus Vergeltungsgründen.

Da fragt man sich, ob dabei von der Überzeugung ausgegangen wird, daß mit solcher Vergeltung der Feind von ähnlichen Angriffen abgeschreckt wird, oder ob man rein dem Gefühle der Rache oder sogenannten Gerechtigkeit folgt. Ob der Feind durch solche Vergeltung von neuen Angriffen abgehalten wird, scheint mehr als fraglich. Denn es liegt in jedem Vergelt auch ein neuer Anreiz zur Rache, und das führt zum Satz: Haust Du meine Tante, hau ich Deine Tante. Dieser Grundsatz scheint auch der sogenannten Vergeltungsmaßregel zu Grunde zu liegen. Sie steht in engem Gefühlskonnex mit der Heimatliebe und der Freude am eigenen Besitz. Mein und Dein sondert da die Welt.

Soweit hängt alles gefühlsmäßig logisch zusammen, und weiter wird nicht gedacht – treibt doch der Krieg wieder zurück auf lauter ganz primitive Triebe, gute und schlechte.

Man glaubt nur, den Feind zu schädigen und übersieht, daß man sich ebenso schädigt, denn neben der Heimatliebe gibt es noch eine Liebe: Zum Menschenwerk an sich, zur Kunst, die zum Menschen spricht. Hier spielt Mein und Dein keine Rolle, die Liebe und Freude

---

[97] Unveröffentlicht, geschrieben um 1917.

am Kunstwerk ist unpersönlich, frei von allem Egoismus. In welchem Land es steht, wem es gehört, spielt keine Rolle, es ist geistiges Allgemeingut all derer, die ein offenes Auge und Herz für das Künstlerische haben. Geldwert und Besitz hängen nur äußerlich mit dem inneren Wert zusammen, der allgemeines Menschengut ist. Wenn ich also ein Kunstwerk zerstöre, um seinen Besitzer zu schädigen, vergesse ich, daß ich mich gerade so schädige und die Meinen ärmer mache. Wie bedauerlich solch zweckloses Zerstören war, wird nach dem Sturmwind des Krieges erst klar bewußt werden. Wieviel ärmer an geistigen Werten wird die Welt dastehen.

Ist es nicht genug, wenn das zugrunde geht, was aus militärischen Gründen geopfert werden muß, so notwendig wie der Tod der Gefallenen. Hat es aber einen Sinn, und ist es nicht kurzsichtig, die Welt ihrer höchsten Schätze zu berauben, nur aus Bravour oder sogenannten Vergeltungsgründen?

Kunstperlen wie Venedig gehören nur äußerlich den Italienern, innerlich allen Kunstsinnigen und uns Deutschen mit obenan. Denken wir doch an uns und nicht nur an die Feinde! Ja, wir schädigen das moderne Italien weniger als uns durch die Luftbomben gegen unbefestigte Städte wie Padua, Vicenza, etc. Habe ich doch selbst erlebt, daß italienische Offiziere ihre Wut darüber äußerten, daß die Fremden immer der alten Sachen wegen nach Italien kämen. Das Zeug wäre besser alles zerstört, damit man des neuen Italien wegen nach Rom reise. In diesem Sinn hat ja auch der frühere Bürgermeister Nathan[98] in Rom gehaust.

Spielen sich doch die verschiedensten Interessen und Weltanschauungen jetzt ab – die bloßen Geld- und Industrielleninteressen mit all ihrer modernen Unempfindlichkeit für alle geistigen Werte drängen sich oben an; um so notwendiger wird es, daß auch rein geistige Interessen ihre Stimme erheben, um nicht nutzlos durch den Krieg zu verlieren, was nicht notwendig durch das Wesen des Krieges bedingt ist und was vermieden werden kann.

---

[98] Ernesto Nathan (1845–1921), Politiker, 1907–1913 Bürgermeister von Rom, dem Kreis um Giuseppe Mazzini (1805–1872) nahestehend.

Arbeiter und Arbeit[99]

Charakteristisch für unsere »Maschinenzeit« ist es, daß mehr und mehr nur zwei Seelenmotoren die Menschen beherrschen und auch als die einzig ausschlaggebenden angesehen werden. Es sind die Motoren der »Pflicht« und des »Gewinns«. Die Pflicht im Dienste des Staats oder Gemeinwesens, der Gewinn im Interesse des einzelnen. Beide balancieren sozusagen die Welt.

Einerseits ist das Pflichtgefühl aufs äußerste entwickelt worden – denken wir nur an den Vater des großen Fritz, der mit diesem Hebel Preußen geschaffen hat, das preußische Heer, den preußischen Beamten, als Muster des Pflichtgefühls und der Kraftentwicklung aus diesem Motor.

Anderseits ist es der Gewinn, den mehr und mehr die Welt als den selbstverständlichen und natürlichsten Trieb für alles ansieht, der mit der Entwicklung von USA und dem ganzen wirtschaftlichen Fortschritt die Gemüter so allgemein beherrscht, daß man ihn bei allen Handlungen stillschweigend voraussetzt und sich damit die moralische Auffassung mehr und mehr umgewandelt hat.

Der Motor, der in früheren Zeiten lebhaft mitgesprochen hat – nämlich der Motor der Freude an der Arbeit, an der Sache an sich, tritt mehr und mehr in den Hintergrund, ja, man glaubt im allgemeinen gar nicht an seine Existenz. Das ist es, was die heutige Zeit so traurig und ernst macht. Denn Pflicht und Gewinn allein machen den Menschen nicht glücklich und alles wirkliche Lebensglück entspringt aus der direkten Freude am Schaffen und Werden. Das ist es, was uns noch wie ein goldener Schimmer aus früheren Zeiten herüberleuchtet und was im Gegensatz zu unserer Geschäftszeit als etwas Künstlerisches empfunden wird. Wo sich noch dies Element im Volk vorfindet als Erbstück einer früheren Kultur, wehrt man sich gegen die amerikanische Weltauffassung und bleibt zurück im modernen wirtschaftlichen Kampf. Ich möchte den Unterschied, der zwischen Süd- und Norddeutschland herrscht, zum Teil auch darauf zurückführen. Der bayerische Bauer und Handwerker sagt noch »das tu i nit, das freut mi nit«, wenn er auch weiß, daß er an Gewinn einbüßt.

Daß dieser Faktor mitredet, ist, von rein wirtschaftlichem Stand-

---

[99] *Freistatt*, Nr. 1, 1904.

punkt aus betrachtet, eine Erschwernis, menschlich genommen ist er aber nicht nur sympathisch, sondern wir empfinden auch seine Berechtigung im Kampf der Kräfte. Es ist das Bedenkliche, daß man diesen Motor der Freude am eigenen Tun aus dem Auge verloren hat, und daß dieser Motor fast gar keine Berücksichtigung und Würdigung mehr findet.

Der Beamte lebt fast nur von der Pflicht. Der Spielraum der individuellen Begabung und Kraftentfaltung ist überall so eingeengt, daß die Tätigkeit an sich ein Minimum der natürlichen Freude am eigenen Urteilen und Können bedeutet. Es ist dies im Gegensatz zu England sehr bemerkenswert. Dort wird der Freude der freien Bewegung weit mehr Rechnung getragen. Denken wir nur an die Richter, an die Verwaltungsbeamten in Indien und Ägypten etc., was ist da nicht dem einzelnen alles überlassen, welch gewaltiger Kredit wird dem Individuum geschenkt und welche enorme Ausnützung der individuellen Begabung geht damit Hand in Hand, während wir in Deutschland mit der Begabung so gleichgültig umgehen, daß eine Unmasse von wertvoller Kraft verschwendet wird. Es liegt darin eine Einseitigkeit des Pflichtstandpunktes, und wir dürfen uns darüber nicht täuschen, daß die übrige Welt, bei aller Achtung vor der deutschen Leistung, dieser einseitigen moralischen Basis wegen sie nicht nur nicht liebt, sondern sie als allgemeines Prinzip ihrer Freudlosigkeit wegen für ein falsches Ideal ansieht.

Dasselbe gilt im allgemeinen von der Schule. Man will den Schüler nicht mehr begeistern für sein Studium, in ihm nicht die Freude wecken an all dem, was er lernen soll – man nimmt es ihm fast übel, wenn er von Natur solches Interesse mitbringt, denn er soll vielmehr nur aus Pflichtgefühl arbeiten – nur die Aufgabe erfüllen, alles andere ist Nebensache – die Freude an dem geistigen Produzieren an sich wird nicht angestrebt.

Vom Militär wollen wir nicht reden. Ich sage dies alles auch nicht, um etwa den Motor der Pflicht herabzusetzen, sondern ich möchte nur darauf hinweisen, daß gar keinerlei Berücksichtigung und Ausnutzung des viel natürlicheren Motors der Freude heutzutage in Betracht kommt und daß darin ein Übel liegt. Kunst und Wissenschaft haben noch das prae, wenigstens in der allgemeinen Auffassung, wenn auch da die beiden großen Mühlsteine der Zeit, Pflicht und Gewinn, ihr Möglichstes tun, so viel als geht abzuschleifen. Im Grunde sind es vor allem die höheren technischen Berufe, die heutzutage nach jeder Seite hin auf natürlichem Boden stehen, bei denen alle drei Motoren gleichmäßig zusammenwirken und nicht in Widerspruch mit der Zeit geraten.

Wie steht aber der Fabrikarbeiter da? Hier schließt die maschinenhafte Tätigkeit an sich fast alle Möglichkeit der Freude aus – und das scheint mir der schwerwiegendste Faktor zu sein in unserem Maschinenzeitalter. Liegt hier nicht die eigentliche Quelle der Unzufriedenheit? Wohl hat es zu allen Zeiten niedere Arbeit gegeben, die getan werden muß – doch lag das Leiden früherer Zeiten nicht da, sondern in der persönlichen Abhängigkeit. Dies Übel hat sich bedeutend gebessert, aber die Qualität der Arbeit, als Quelle menschlichen Interesses – hat sich dagegen verschlechtert und dieser Tatsache gegenüber darf man die Augen nicht schließen. Wenn man von diesem Standpunkt aus dem Fabrikarbeiter Mitgefühl entgegenbringt, so erscheint es einem doppelt verhängnisvoll und unberechtigt, wenn die Unzufriedenheit auf andere Arbeiterklassen übertragen wird, wo die Art der Arbeit an sich Freude geben kann und gibt. Wie eine ansteckende Krankheit ergreift diese Einseitigkeit des Standpunktes des Fabrikarbeiters auch den Maurer, den Zimmermann etc. Hier wird die Unzufriedenheit Prinzip, politisches Stichwort und entbehrt des tieferen ethischen Motivs. Ich mußte einmal in München einen großen Stein heben lassen und wie ich den Arbeitern klar machte, daß es einen viel kürzeren Weg dazu gäbe als den, den sie einschlagen wollten, wurde mir geantwortet: das ist uns ja ganz gleich, ob es so rascher geht! Dieser Mangel an Interesse am Problem, an der Aufgabe, ist künstlich vom Fabrikarbeiter anerzogen, ist durchaus das Symptom eines ungesunden, unwahren Zustandes. In Italien, wo der Arbeiter noch nicht angekränkelt von Theorien ist, geht das Interesse am Problem stets mit ihm durch und die Leute fassen alles an d e r Seite. Deshalb sträuben sie sich aber vielfach gegen das fabrikmäßige Arbeiten und mehr und mehr übernehmen sie in der Welt die Arbeit, in der noch ein Stück menschlichen Schaffens lebt, gegenüber der geisttötenden Einzelarbeit des Fabrikarbeiters. Alle Erdarbeiten machen sie – die gewaltigen englischen Wasserbauten in Ägypten sind von Italienern gebaut. Hier in Deutschland blickt der Fabrikarbeiter auf sie herunter, weil die Erdarbeit härter ist – er übersieht aber das primitiv gesunde seelische Element, was in solcher Arbeit liegt, wo ein Gewaltiges geschaffen wird, an dem der einzelne mitarbeitet und das Ganze wachsen sieht – gegenüber der langweiligen Herstellung irgend eines überflüssigen Luxusartikels. In dieser Natürlichkeit der Arbeit liegt ein Ersatz für einen geringeren Lohn und deshalb ist es eine moderne Lüge, die Arbeit nur nach der Lohnhöhe zu schätzen und ebenso die Qualität des Arbeiters als Mensch darnach zu beurteilen. Beim Fabrikarbeiter hingegen ist es nur zu natürlich, daß er das Verlangen nach kurzer Arbeitszeit und hohem Lohn hat, er möchte das Unangenehme möglichst beschränken. Nehmen wir aber an, es gelänge, und der Arbeiter brauche dank der technischen Fortschritte immer weniger zu arbeiten, um sich zu ernähren, was tut er dann? Womit füllt er sein Leben aus? Für die freie Zeit schwebt jetzt der Mehrheit der Fabrikarbeiter noch das Leben des Privatiers als das Ideal vor. Eine Privatierexistenz mit Kulturinteressen, Bücherlesen, allgemeiner Bildung etc. Ist das ein gesundes Ideal für den Arbeitsmann, kann das befriedigen, würde solche Existenz das Leere, das in der Art der Arbeit liegt, ausfüllen? – Gewiß nicht. Materielle Verbesserung und Zunehmen des Nichstuns kann der Masse niemals gut tun und hat an sich eine demoralisierende Tendenz. Je weiter das Ziel realisiert wird, desto schlimmer. Immer kürzere Arbeitszeit und immer mehr Zeit zum Zuschauen. In diesem Ideal liegt keine Kraft, kein Glück. Das zuschauende Bildungsniveau zu heben, liegt weder im Interesse der Kultur noch des einzelnen. – Schaffen, produzieren, entstehen lassen, darum handelt es sich, da liegt die einzige gesunde Entwicklung – nicht im Privatierideal. Es handelt sich um einen Arbeits-Ersatz für das Leblose der Fabrikarbeit, um eine zweite Tätigkeit, die die andere fruchtbar ablöst, um einen produktiven Lebensinhalt.

Man hat dem Arbeiter Wohnung verschafft, einzelne hübsche Häuser, um ihm mit diesem Besitz ein Heim und ein Interesse zu geben. Dieser Versuch hat aber nichts Produktives. Der Arbeiter sitzt dann eben in seinem fertigen Häuschen und kann sich weiter langweilen. – Das ist nur Besitz und darin liegt noch kein Leben. Und so zeigte es sich denn auch, daß die Leute doch die Massenwohnungen vorziehen. Dort haben sie Gesellschaft und Ansprache.

Was ganz anderes wäre es, wenn man dem Arbeiter Land verschaffte. Bei Krupp, ist, so viel ich weiß, der Versuch gemacht worden, ebenso bei den Werftarbeitern in Wilhelmshaven und auch sonst ist die Idee aufgetaucht, aber nicht aus den hier entwickelten Gründen.

Hätte die Arbeiterfamilie z. B. ½ Tagwerk, wo die Frau, während der Mann in der Fabrik arbeitet, zu schaffen hätte, Gemüse bauen, Hühner halten, eine Ziege oder ein Schwein im Stall, kurzum ein bißchen Landwirtschaft, die die Familie nicht zu ernähren braucht, denn, was dazu nötig ist, bringt der Mann aus seinen Fabrikstunden mit, sondern eine kleine Landwirtschaft fürs Haus als produktive Tätigkeit mit all der Freude am Werden und Verbessern – wäre damit nicht die Möglichkeit eines gesunden Glückes gegeben, einer gesunden Gegenkraft gegen die Fabrikarbeit, die den Mann, wenn er nach Hause kommt, mit Projekten und Hoffnungen erfüllt und ihm das gibt, was er eigentlich braucht – lebendige Freude!

Wenn man das Los der Landwirtschaft bedenkt und die natürliche Entwicklung der Dinge nach dieser Seite hin verfolgt, so sieht man es kommen, daß je mehr die eigentliche Landwirtschaft unrentabel wird, eine andere Benutzung des Bodens notwendig sich ergibt. Teils wird der Boden ein reines Luxusland werden – Jagdgründe, Parks etc., und dann solch kleiner Landbesitz für die Familie allein, ohne kaufmännischen Gewinnanspruch, ohne Kampfrolle auf dem Weltmarkt – rein als Quelle natürlich gesunden Daseins und schaffender Tätigkeit und eines Zuwachses am Verdienst

Ich habe mir sagen lassen, daß man auf großen Gütern in Schlesien den Morgen auf 6 Mark jährlich Nettogewinn schätzt; der halbe Morgen also auf 3 Mark geschätzt, repräsentiert ein Kapital von 100 Mark. Das kann sich der Arbeiter leicht abverdienen, abgesehen von dem kleinen Landhäuschen, das er braucht. Der Fabrikherr könnte das Land zu diesem Zwecke im voraus erwerben. Wäre das so unmöglich und läge darin nicht eine Zukunft?

Wenn man diesen Gedanken als realisiert annimmt, so würde eine weitere, sehr gesunde Entwicklung damit zusammenhängen. Die Fabriken wären gezwungen, mit diesem Faktor zu rechnen und würden sich nicht in die Städte, sondern umgekehrt ins Land verziehen, wo der Boden noch wohlfeil ist. Die Städte würden das Fabrikübel los und der Arbeiter würde nicht mehr zur Stadtbevölkerung, sondern zur Landbevölkerung gehören. Eine industrielle Bevölkerung, die zugleich auf dem Land eine wertvolle Kraft sein würde. Ich überlasse es den Berufenen, den Gedanken praktisch weiter zu bilden, mir handelte es sich nur darum, einen Gesichtspunkt zu entwickeln, der fruchtbar sein könnte.

Handarbeit und Maschinenarbeit[100]

Nicht der Grad, nicht das Resultat macht den Künstler aus, sondern die Art des Schaffens, die natürliche Zeugung. Wenn andere Zeiten eine hohe Ausbildung und Vollendung ihrer künstlerischen Produkte erreicht haben, so handelt es sich für uns nicht darum, ein Resultat zustande zu bringen, welches als solches den früheren auf den ersten Blick gleichkommt, gleichviel, auf welche Weise es entstehe. Es ist das der Unterschied von Handarbeit und Maschinenarbeit, und wer weiß, ob die Errungenschaften der Maschinen, die ein ebenso brauchbares Resultat zustande bringen, als es bisher das Werk der Hände war, das Gefühl im allgemeinen dafür abgestumpft haben, den Wert in der Art des Werdeprozesses zu sehen und nicht im Resultat an sich. Da, wo es sich um praktische Verwendung und Produktion handelt, ist es ja ganz natürlich, nicht zu fragen, wie das Holz entstanden, welches wir verbrennen. Bei geistiger Produktion jedoch liegt die Verwendung und der Gebrauch des Produktes in dem Wiederproduzieren, den Fußstapfen nachzugehen, welche die Vorstellung des Künstlers im Kunstwerk eingedrückt. Ein Stückchen solch wahren menschlichen Produzierens ist dann manchmal wertvoller als das größte Werk mechanischen Werdens, sehe es dem echten Menschenwerk auch noch so ähnlich, die Täuschung dauert doch nur kurz.

Die ansteckende Kraft, die von den im Kunstwerk agierenden Organen auf die Organe des Beschauers ausgeht, so daß er mitmachen muß, ist der Kunstgenuß, nicht das tote Anstaunen von einem Gebilde, welches eine Maske anstatt des wahren Antlitzes des Geschaffenen ist. Nicht das macht unsere Zeit zu einer unkünstlerischen, daß ihre Kunstwerke nicht die Höhe von denen anderer Zeit erreichen, sondern, daß sie zum größten Teil gar nicht die Produkte künstlerischer Organe sind.

[100] Unveröffentlichtes Fragment.

Ein Künstler über andere Künstler

Über Michelangelos spätere Plastik[101]

Auf die Bemerkung so vieler, daß die Stellung der vier Figuren in den Municeer-Gräbern[102] von Michelangelo keine ganz natürliche sei, wende ich ein, daß dies, wenn auch an sich richtig, dabei gar nicht in Frage kommt.

Für den Bildhauer ist die Stellung seiner Figur die entscheidende Frage. Einmal muß sie architektonisch eine Seheinheit (Problem der Form) bilden, dann als organischer Zusammenhang lebendig sprechen und drittens als Lebensvorgang natürlich entstehen. Dieses sind

---

[101] *Süddeutsche Monatshefte*, Mai 1916, S. 273–278.
[102] Papst Leo X. (1513–1521) ließ die *Medicikapelle* von San Lorenzo in Florenz von Michelangelo zur Erinnerung an seinen Bruder Giuliano (1488–1516) und seinen Neffen Lorenzo (1496–1519) de Medici errichten. 1520 sandte Michelangelo dem Kardinal Giulio den ersten Plan; 1521–1524 wurden die Bauarbeiten ausgeführt, anschließend die Innenausstattung begonnen. Für die Grabmäler hatte Michelangelo bereits seit 1520 Holzmodelle angefertigt und als erste Skulptur 1521 die *Madonna* begonnen, die jedoch 1531 noch nicht vollendet war. Die Figurengruppen *Tag* und *Nacht*, *Morgen* und *Abend* sind in dieser ersten Bauphase konzipiert, die erstgenannte Gruppe wohl erst in der zweiten Phase nach 1530 ganz ausgeführt worden. 1526 wurden alle Arbeiten wegen politischer Unruhen eingestellt und erst 1530 bis zu Michelangelos Weggang nach Rom 1534 weitergeführt. Von der ursprünglich geplanten Ausstattung waren bis dahin nur Teile vollendet. Herzog Cosimo I. bemühte sich seit 1537 um die Fertigstellung der Kapelle. 1559 war der heutige Zustand erreicht. Die angespannte Haltung der Figuren hatte die verschiedensten Erklärungen durch Kunsthistoriker herausgefordert. So verurteilte Carl Justi das Motiv des Liegens als »eine überaus triviale, fast gemeine Impression«, die von den Griechen nur für »trunkene Halbmenschen« genommen worden wäre. Kriegbaum wies darauf hin, daß der *Tag* und die *Nacht* ursprünglich für eine waagerechte Unterlage gearbeitet worden seien und erst eine spätere Planänderung die schräge Aufstellung bewirkt habe. Dieser These ist jedoch überzeugend im Sinne der Hildebrand'schen Auffassung widersprochen worden, zusammenfassend Herbert von Einem.

die drei künstlerischen Forderungen, die sich in der Stellung treffen oder decken sollen.

Mit der letzteren haben wir es hier speziell zu tun.

Eine Stellung entsteht aus einer Bewegung, also irgendeinem Handeln. Die Figur tut dies oder jenes, und ihre Stellung drückt dieses Tun aus oder ist Geste irgendeines inneren Vorgangs. Bei allen antiken Statuen usw. drückt die Stellung irgendeine einfache Handlung aus, ein Stehen, Liegen oder Gehen, ein Kämpfen, Greifen oder Tragen usw., oder aber wird verursacht durch einen seelischen Vorgang, wie z. B. ein Abschiednehmen oder Trauern wie bei den Grabreliefs in Athen. Das Wesentliche all dieser Stellungen ist, daß sie durch irgendeine Bewegung natürlich entstanden und durch irgendeinen Vorgang bedingt und mehr oder weniger fest bestimmt sind, je nach dem Reichtum der Möglichkeiten, die der Vorgang zuläßt. Die Stellung muß der natürliche Ausdruck und das verständliche Ergebnis des Vorgangs sein.

Es ist klar, daß bei symbolischer Bedeutung, die einer Figur unterlegt werden soll, wie z. B. bei einer Justitia, es sich auch nur um eine solche Bewegung eines Vorgangs handelt, denn für solch gedankliche Assoziation muß erst eine bezeichnende Handlung gefunden und benutzt werden, um sie zu verdeutlichen.

Wie bei der Antike sind auch die früheren Figuren von Michelangelo Stellungen irgendeiner Handlung. So die *Pietà*, *Bacchus*, *David*, *Christus*, die kauernde Figur in Petersburg und die in London, auch der *Moses*.[103]

Nun aber war bei Michelangelo das Interesse am Organismus und dessen direktem Lebensausdruck ein ganz unbändiges, und es galt dies nicht nur der Beobachtung nach dem Leben, sondern das anatomische Studium führte ihn als neue Erkenntnisquelle seiner Zeit zu einer unendlich gesteigerten Formensprache des menschlichen Körpers. Es war jetzt möglich, auch von innen heraus den Körper konstruktiv selbständig entstehen zu lassen und so zu der äußeren

---

[103] *Pietà*, Rom, Peterskirche, 1498/99; *Bacchus*, Florenz, Bargello, 1496/97; *David*, Florenz, Akademie, 1501/04; *Christus*, Rom, S. Maria sopra Minerva, 1519/20; *Hockender Knabe*, Leningrad, um 1524, wahrscheinlich ursprünglich für die Medicigräber geplant; die Londoner Figur *Cupido*, London, Victoria und Albert Museum, fälschlich Michelangelo zugeschrieben, ist wahrscheinlich eine Brunnenfigur von Vincenzo Danti, zweite Hälfte 16. Jahrhundert; *Moses*, Rom, S. Pietro in Vincoli, 1513.

Erscheinung folgerichtig und zwingend zu gelangen. Zu der bisherigen natürlichen, sozusagen naiven künstlerischen Erkenntnis des organischen Baues, wie sie die Beobachtung des Lebens direkt mit sich bringt, tritt nun all der innere notwendige Zusammenhang, der die äußere Erscheinung begründet und bereichern kann.

Freilich trägt solch anatomisches Studium und solcher Erkenntnisbesitz auch eine Gefahr in sich, denn die Unschuld der Natur, insofern bei ihr der anatomische Zusammenhang nur ganz indirekt an die Oberfläche kommt, verschwindet mit der anatomischen Betonung. An Stelle der natürlich verschleierten Formgebung tritt leicht eine nackte Tatsächlichkeit des konstruierenden Wissens.

Nach diesen allgemeinen Betrachtungen läßt sich aber verstehen, welche reiche Welt das anatomische Ergründen zur Zeit von Michelangelo bedeutete und welche Selbständigkeit gegenüber der zufälligen Naturerscheinung ihm daraus entstand. Er war jetzt imstande, überall den Lebensausdruck der organischen Bewegungsfähigkeit aufs äußerste zu steigern und zur Erscheinung zu bringen. Ich sage speziell Bewegungsfähigkeit, nicht Bewegung, unter der man leicht nur den äußeren Stellungswechsel der Glieder verstehen kann und die Formveränderung im einzelnen, sozusagen die innere Bewegung, übersieht. Ein starker Lebensausdruck kann nun sowohl durch die Stellung allein zur Erscheinung kommen und sich deshalb schon in einer Skizze aussprechen, als auch erst durch die innere Formgebung entstehen. Der Lebensausdruck in der Stellung als Ausdruck einer Handlung ist deshalb zu trennen von dem Lebensausdruck des organischen Vorgangs an sich.

Der Bildhauer kann so eine Stellung für den einen oder anderen Lebensausdruck speziell berücksichtigen und wählen, und es ist verständlich, daß das starke anatomische Studium mehr zum zweiten Problem anregt. Und so besteht dann auch bei Michelangelo der ausgesprochene Trieb, das Leben vor allem in der inneren Bewegung aufzusuchen und zum Ausdruck zu bringen. Er braucht deshalb naturgemäß Stellungen, die dazu besondere Gelegenheit haben, d.h. Anspannung der Muskeln und Biegung der Gelenke. Wie weit Michelangelo schon früh in solch innerer Bewegung den Lebensausdruck verfolgt, zeigt sein großer *David*, wo er die nicht stark bewegte und geschlossene Stellung dadurch zu einer hochgesteigerten Lebenspotenz brachte.

Andererseits entwickelte sich mit der Konzeption für das direkte Schaffen aus dem Stein[104] ebenso natürlich die Forderung möglichst zusammengedrängter Stellung und geschlossener Gruppierungen. So erwuchsen aus zwei ganz getrennten künstlerischen Gesichtspunkten ähnliche Forderungen für die Stellungsart der Figuren. Diesem künstlerischen Bedürfnis stand nun die Gebundenheit an die Stellung einer Handlung meist entgegen. Natürliche Stellungen solch gedrängten Charakters gibt es auch nicht unbegrenzt.

Zwei Figuren von Michelangelo: der herrliche *Cupido* in London und der *Kauernde* in Petersburg, sind solche Schöpfungen, wobei er in der natürlichen Stellung einer Handlung die Möglichkeit fand, seine verschiedenen künstlerischen Forderungen zu einigen.

So natürlich sich in diesen zwei Figuren seine Probleme einigen, so gezwungen erscheinen sie beim *Moses*. Hier tritt zum ersten und einzigen Male eine innere Bewegung und Anspannung als eine innerliche Geste auf, weil sie ganz mit einer natürlichen Stellung verbunden, aber nicht aus ihr motiviert ist und als seelischer Appendix theatralisch wirkt. Es ist sein einziger Versuch nach dieser Richtung. Seine früheren Figuren sind sozusagen alle noch unschuldig und bleiben bei dem natürlichen Inhalt eines Vorganges. Beim *David* ist die innere Anspannung für das Bereithalten der Schleuder ganz natürlich, beim *Moses* will er durch solche Anspannung eine besondere geistige Bedeutung hineinlegen, und der Eindruck wird peinlich.[105]

Nun müssen wir aber die innere Bewegung noch näher verfolgen. Es ist selbstverständlich, daß eine starke äußere Bewegung auch starke innere Bewegung der organischen Teile mit sich führt. Aber auch bei geringer äußerer Bewegung ist eine starke innere möglich, wie es der *David* zeigt; dabei ist, wie schon gesagt, sowohl die Stellung wie die innere Bewegung durch denselben Vorgang motiviert, und beide gehören zur Handlung.

[104] Hildebrand hat seinen Ansichten über das unmittelbare Arbeiten aus dem Stein in seinem Buch *Das Problem der Form in der bildenden Kunst* (Straßburg 1901) ein eigenes Kapitel gewidmet.

[105] Haltung und Ausdruck der *Mosesfigur* sind verschieden interpretiert worden. Die Haltung ist nach heutiger Interpretation durch die ursprüngliche Aufstellung im zweiten Projekt des *Grabmales Julius II.* bestimmt, die die Linkswendung der Figur und die unterschiedliche Charakterisierung der rechten und linken Seite erklärt.

Es gibt aber auch Körpervorgänge, die nur in einer An- und Abspannung der Muskeln und im Zusammenziehen oder Erschlaffen der Glieder bestehen, wie sie z. B. von Schmerzen verursacht werden. Vorgänge, die von einem Körperzustand ausgehen und uns mehr aufgezwungen werden als von uns frei entstehen, wobei wir uns leidend und nicht aktiv verhalten. Sozusagen intransitive Bewegungen im Gegensatz zu den transitiven einer Handlung. So sind sie Ausdruck eines inneren Zustandes, der gar nicht zum Handeln kommt, dieses eigentlich aufhebt. So entstehen dabei Stellungen, die nichts wollen, an sich nichts bedeuten, nur durch eine innere Anstrengung, ein inneres Seufzen geeinigt sind. Hier fand Michelangelo einen Anschluß an die Seele, ohne in der Stellung so gebunden zu sein wie durch die Handlung, und jetzt entstehen ganz neue Stellungsmöglichkeiten. Was organisch möglich ist, steht an Drehungen und Biegungen zur freien Verfügung. An Stelle des Zusammenhanges durch eine Handlung tritt nun die Einheit eines Körpergefühls und des architektonischen Augenzusammenhanges, welcher sich selbst freimacht als künstlerisches Band. An Stelle des Dramatischen tritt ein rein Lyrisches. Es war dies eine gewaltige Umwälzung und Errungenschaft, die sich so bei Michelangelo vollzog. Erst jetzt war er ganz zu seiner Welt gelangt, wo sich seine Kräfte künstlerisch natürlich einigten. So entstehen zuerst *Matthäus* und später die vier Figuren der *Mediceer-Gräber*, der *Sklave* in Paris und der unfertige kleine *David* im Bargello[106]. In allen ist das innere Band ein rein lyrisches und ein Ausdruck tiefer Melancholie. Und wo noch ein Zusammenhang mit einer Handlung möglich bleibt, da wird dieser dem Verständnis ferngerückt und soll es sein. Darin liegt das ganz Neue und der Bruch mit der bisherigen Plastik.

Betrachten wir den beschriebenen Vorgang im allgemeinen, so sehen wir, daß ein selbstverständliches Verhältnis zur Natur, welches in aller ernsten Kunst als Grundbedingung sich geltend macht und eine allgemeine Forderung darstellt – die sogenannte Natürlichkeit – scheinbar über Bord geworfen ist, in Wahrheit aber nur eine andere Fassung erlangt. An Stelle des sonstigen Zusammenhangs der Natürlichkeit tritt ein Neues: Der Begriff des Natürlichen wird erweitert und of-

---

[106] *Matthäus*, Florenz, Akademie, beg. 1505 oder 1506; im Louvre befinden sich zwei Sklaven: *Gefesselter Sklave* und *Sterbender Sklave*, beg. 1513, für das zweite Projekt des *Juliusgrabes*; *David*, Florenz, Bargello, unvollendet, begonnen wahrscheinlich 1525/26. Die Benennung der Figur ist umstritten.

fenbart sich nach einer neuen Seite, so daß wiederum ein allgemeiner seelischer Zusammenhang entsteht, der direkt mit der Erscheinung gegeben ist – ein noch geheimnisvollerer Zusammenhang zwischen Natur und Seele. Das Wichtige dieser neuen Fassung liegt darin, daß sie nicht aktiv auftritt, sozusagen aus der realen Welt ausscheidet und dadurch alle Aufdringlichkeit verliert. In der Region der natürlichen Handlung zieht jede Darstellung eines seelischen Vorgangs, der nicht ganz selbstverständlich mit der Erscheinung zusammenhängt und sich mit ihr deckt, vom Augenerlebnis ab in geistige, sozusagen dichterische Regionen und entfernt sich aus der Welt der Plastik durch Assoziationen. Damit, daß das dramatische Element der Stellung in ein architektonisch lyrisches übergeht, ist diese Gefahr ausgeschlossen und doch ein seelischer Untergrund gewonnen. In der lyrischen Sphärenwelt gibt es ja keine Trennung von Realität und Seele. Und so wirken Michelangelos spätere Figuren wie Göttergestalten, die plötzlich zwischen dem Gewölk über uns erscheinen, von denen wir nicht ahnen, was sie tun, was sie wollen, die aber – umgossen von sehnsüchtigem Abendlicht – mit uns doch nahe verbunden sind.

Und wenn wir für diese künstlerische Fortentwicklung nach dem eigentlich entscheidenden Faktor suchen, so liegt er in dem Vorgange des direkten Hauens aus dem Stein im Sinn der ganzen Tragweite dieser Erschaffungsart auf die Vorstellungswelt. Wie bei der Kriegskunst die Strategie mit der Taktik rechnen muß und von ihr abhängig ist, lassen sich Michelangelos letzte Schöpfungen und das direkte Erschaffen aus dem Stein nicht trennen. Überall trägt seine Vorstellung das Gepräge davon.

Schon von Anfang an erkannte Michelangelo, daß für eine Marmorfigur wohl durch Wachs- und Tonmodelle das Thema und der ganze Formeninhalt festgestellt und durchgearbeitet werden kann, daß aber die eigentliche Formengebung und ihre Harmonisierung so sehr mit dem Material zusammenhängt, daß diese erst beim direkten Hauen aus dem Stein entstehen kann, also neu geschaffen werden muß. Das unmittelbare Werden, wie beim Modellieren in Ton, muß auch beim Stein errungen werden als spontanes Wort im Gegensatz zur abgelesenen Rede, so daß die Vorstellung auf jeden Hieb und wiederum jeder Hieb auf die Vorstellung wirkt.

Die hochgesteigerte Konzentration, die solches Improvisieren verlangt, machte wohl Michelangelos höchsten Schaffensgenuß aus. Nur darf man sich nicht etwa einbilden, daß sich dies Improvisieren auf die Konzeption bezieht. Diese kann nicht genug vorbereitet und durchdacht sein durch Zeichnung und Modell als Vorstudium, um dann mit der größten Besonnenheit im neuen Zeugungsakt aus dem Marmor nach und nach auftauchen zu können. Die üblichen mechanischen Kopiermittel mußten Michelangelo unerträglich sein, und es kommen von Anfang an immer wieder Versuche des ganz freien Hauens vor, wenn auch zum Teil mißglückte. So die frühe *Pietà* in Palestrina[107] und später die *Pietà* im russischen Palais in Rom[108], bei denen das direkte Hauen keine Änderung und Besserung der Konzeption mehr gestattete und er beim Ringen um das Ganze Schiffbruch litt und wir noch an den Trümmern die Kämpfe verfolgen können. Mit dem immer konsequenteren Verfolgen seines Zieles wurde er naturgemäß auch immer besonnener, so daß ein solcher Schiffbruch nicht mehr möglich war und für die Improvisierung im Stein alle Vorstellungen bereit und zur Verfügung standen. Allmählich erreicht er sein Ziel mit ganzer Macht, und alles entsteht so. Wie weit ausgeführt, ob nur

[107] *Pietà von Palestrina*, Florenz, Akademie, heute als Schülerarbeit in Anlehnung an die *Pietà Rondanini*, um 1550, angesehen.

[108] Gemeint ist die unvollendete *Pietà Rondanini*, 1550–1564, heute im Castello Sforzesco in Mailand. Dieses letzte Werk Michelangelos stand bis zum Tode des Grafen Sanseverino-Vimercati im Palazzo Rondanini in Rom, ging dann in den Besitz seines Sohnes Ottaviani über und gelangte 1952 nach Mailand. Michelangelo hatte eine erste Fassung der Gruppe (1550) zerstört und dann begonnen, eine andere künstlerische Form des gleichen Gruppengedankens zu finden. Noch am Tage vor seinem Tode (12. Februar 1564) hatte er an der Gruppe gearbeitet. Während Hildebrand die Gruppe nur als Zeugnis einer an der Verwirklichung gescheiterten künstlerischen Vision nimmt – ähnlich urteilt er über die Spätwerke von Marées –, wird heute das Problem des non-finito auch aus geistesgeschichtlichen Gründen erklärt, so Herbert von Einem in: *Das Unvollendete als künstlerische Form*, Bern 1959, S. 69ff. In diesem Torso, so formuliert es von Einem, ist »die plastische Form an der Grenze des noch Gestaltbaren. Die Eigenform der Natur, die für Michelangelo früher unantastbar war, gilt nichts mehr. Die Form ist von einer Transparenz des Geistigen, die sich der Vollendbarkeit zu entziehen scheint. Selbst die von Michelangelo so charakteristische Bindung an den Block spielte keine Rolle mehr. Nimmt man den rechten Arm Christi aus der ersten Fassung fort, der noch die Blockgebundenheit zeigt, so bleibt nicht viel mehr als ein bloßes Bildzeichen übrig.« (Einer solchen Auffassung des 20. Jahrhunderts hätte Hildebrand nicht folgen können. Er sieht hier ein Scheitern. Anm. der Herausgeberin)

ausgehauen oder fertig poliert, alle Stadien der Schöpfung zeigen die fertige Lösung eines Ganzen, Vollendeten, Letzten. Man denke nur an die siegreichen Schöpfungen des *Sklaven*, den er nur noch knapp in den Stein gebracht hat (nebenbei gesagt, ein deutlicher Beweis des direkten Hauens aus dem Stein ohne Punktieren nach dem Modell), der *Mediceer-Gräber* nebst der Madonna und des kleinen *David*. Dann wird man auch die jetzt in der Akademie aufgestellten Fragmente der Boboli-Grotten nicht für Michelangelos Arbeiten halten.[109] Schon daß dieselben von allen Seiten zugleich angefangen sind, hätte eine Weiterführung unmöglich gemacht und spricht von einer gänzlich äußerlichen Absicht, die nicht auf weitere Vollendung ausging, sondern nur einen dekorativen, fragmentarischen Effekt wie für die Wirkung in den Grotten anstrebte und von irgendwelchen Künstlern gemacht wurde nach Michelangelos Angabe.

Der neue künstlerische Inhalt, wie er sich bei Michelangelo entwikkelt hat, war die Folge der speziellen Konstellation seiner Kräfte. Als solche war er ein ganz persönliches Produkt, wenn auch von rein sachlicher, objektiver Natur und Fassung – ein notwendiges Übertreten der natürlichen künstlerischen Norm bei der letzten Entwicklung eines künstlerischen Gleichnisses für sein Innerstes. Analoges ereignet sich bei Goethes Faust in den beiden Walpurgisnächten, wo an Stelle der dramatischen Lebensauffassung durch die Entwicklung eines inneren psychischen Zusammenhangs er durch einen rein anschaulich lyrischen Vorgang eine Welt neu auftauchen läßt. Ebenso durchbricht Beethoven in seinen letzten Quartetten scheinbar die normale not-

[109] Die vier sogenannten *Boboli-Sklaven*, 1908 aus dem Giardino Boboli in die Akademie in Florenz überführt, waren bereits 1516 für das *Grabmal Julius II*. in Rom geplant, aber erst später begonnen worden. Tolnay nimmt an, daß sie erst 1532 ausgeführt wurden. Herbert von Einem bezieht dagegen eine Erwähnung von vier Figuren in Michelangelos Florentiner Atelier 1519 auf diese Figuren. Nach dem Tode Michelangelos wurden die unvollendeten Skulpuren im Auftrage des Herzogs Cosimo I. von Buontalenti als Eckfiguren in einer Grotte des Giardino Boboli eingemauert. Die Eigenhändigkeit der Figuren ist umstritten. Während Tolnay sie für eigenhändige Arbeiten Michelangelos hält, hat von Einem im Anschluß an Friedrich Kriegbaum sich Hildebrands hier vorgetragener Einsicht angeschlossen und hält die Übertragung der Modelle in Marmor für Gehilfenarbeit (erhalten, je eines in Florenz, Casa Buonarroti, und in London, Victoria and Albert Museum).

wendige Einheit eines real hingestellten thematischen Gebäudes und drängt dessen konstruktives Element soweit hinter die Oberfläche, daß die Musik nur noch als ganz spontaner, unmittelbarer Ausdruck des geistigen Inhalts erscheint, aller Fesseln enthoben.[110]

Der innerliche lyrische Zusammenhang, den Michelangelo im passiven Ausdruck der Schwermut fand, ist ganz sein Eigentum und trägt seinen Stempel. Ähnliches Wollen bei anderen wirkt deshalb als Nachahmung. Das, was dabei Allgemeingut wurde und sich weiter entwickelte, ist die Vorherrschaft des architektonischen Elementes als selbständiger künstlerischer Zusammenhang für eine Stellung im Gegensatz ihres Zusammenhangs als Ausdruck eines natürlichen Vorgangs. So sonderte sich diese künstlerische Fassung analog dem bloß sprachlichen Klang und Rhythmus eines Verses von dem sogenannten Inhalt, und es entstand die vorwiegend dekorative Entwicklung des Barock. Wenn heutzutage in Frankreich Michelangelo wieder Einfluß gewonnen hat, so bezieht sich das nur auf eine einzige Seite von ihm – auf seine Mittel des organischen Lebensausdrucks mit Wegfall aller anderen künstlerischen Elemente. Die scheinbare Nachahmung von Michelangelos Steinbehandlung als rein äußerlicher Reiz an Stelle des wirklichen Entstehungsprozesses ist nicht ernst zu nehmen.[111]

Die plastische Erscheinungsgewalt eines *Theseus vom Parthenon* (heute als Dionysos gedeutet), die sich wie ein Augenwunder in unsere Seele senkt, strahlt von einer einfachen natürlichen Stellung aus, die an sich nicht viel erzählen will und zu erzählen braucht, immer-

[110] Hildebrand rührt mit seinem Vergleich an das Problem des Altersstils in den verschiedenen Künsten, wie schon Richard Hamann 1907 versucht hatte, im Altersstil in den verschiedenen Künsten und Epochen ein gemeinsames Prinzip zu erkennen.

[111] Michelangelos Werk hatte für die Skulptur der französischen Romantik und der zweiten Jahrhunderthälfte eine wesentlich tiefere Bedeutung als für die gleichzeitige deutsche Skulptur, weil die künstlerische Form und der seelische Ausdruck seiner Figuren dem romantischen Geist höchstes Vorbild erschienen. Während aber Rodin in Michelangelos Werken »la profondeur de l'ame humaine, la saintete de l'effort et de la souffrance« erlebte, wurden die gleichen künstlerischen Mittel, vor allem das Unvollendete der Figur und der scheinbar unbehauene, rohe Steinblock sogar bei ihm und dann bei seinen Nachfolgern als bestimmender ästhetischer Reiz einer Skulptur gesehen.

hin einer Handlung entnommen und durch sie uns nahegerückt ist. Der künstlerische Bildzauber entsteht scheinbar von selbst, und der Beschauer erlebt ihn ganz rein als Vision, ohne jegliche weitere Assoziation. Wer nicht durchs Auge lebt, bleibt unberührt. Und ist mit der Erscheinung der Ausdruck eines Seelenvorgangs verwoben, wie bei den Grabfiguren in Athen oder einer *Madonna von Verrocchio*[112], so ist der künstlerische Weg dazu noch kein anderer als der der natürlichen Bewegung. Dann spricht die Erscheinung auch zu dem, der kein so starkes Augengeschöpf ist, und er findet einen seelischen Anschluß an die Stimmung der dargestellten Figur.

Wenn aber bei Phidias der rein visionäre Eindruck einer Gestalt gerade durch die plastische Erscheinung einer einfachsten natürlichen Stellung dramatisch entsteht, so kommt auch Michelangelo auf ganz neuem lyrischem Weg zu solcher Isolierung der Erscheinungsgewalt als pure Vision.

Auguste Rodin[113]

Der Text ist die Antwort auf Heinrich Wölfflins Artikel »Adolf von Hildebrand zu seinem siebzigsten Geburtstag« (erschienen in: »Kunst und Künstler«, Bd. XVI, 1918). Wölfflin hatte über Hildebrands Verhältnis zu Rodin geschrieben: »Die Generation Hildebrands ist die Generation des Impressionismus. Gemessen an diesem Zeitmerkmal muß er als die Ausnahme erscheinen und ein Künstler wie Rodin als Norm. Über Rodin hat Hildebrand immer ablehnend sich ausgesprochen. Die hochgesteigerte Feinfühligkeit für die lebendig bewegte Form war ihm kein Ersatz für den Mangel an Gestaltung im Elementaren. Das heißt nicht, daß die Ideale Rodins aufgegeben werden müßten, aber hier scheiden sich die Geister. Wer nur durch Drang und Bewegung zufriedenzustellen ist, dem gibt Hildebrand wenig. Seine Gesinnung ist ganz ruhig und sachlich, und der Wert der Natur liegt für ihn vor allem im Bau der Form. Man hat ihn deswegen kühl genannt. Das beruht auf einem Mißverständnis: es ist nur ein

---

[112] Verrocchio, so z.B. *Maria mit dem Kind*, Florenz, Bargello, um 1480.
[113] Unveröffentlicht: Briefentwurf für Unbekannt. Vgl. dazu Hildebrand an Wölfflin 1917, Bernhard Sattler, *Adolf von Hildebrand und seine Welt*, a.a.O., S. 670.

grundsätzlich anderes Verhältnis zur Natur, als es den Modernen im allgemeinen eigen ist. Er ist linear und tektonisch und von höchster Klarheit der Zeichnung, weil er von Haus aus ›klassisch‹ gesinnt ist. Es ist nicht wahr, daß der Impressionismus je der erschöpfende Ausdruck einer Zeit gewesen sei, sonst wäre eine Erscheinung wie Hildebrand ja überhaupt nicht möglich.« [114]

Ihrer Aufforderung, mich über Rodin auszusprechen, komme ich um so lieber nach, als Prof. Wölfflin in seinem kürzlichen Aufsatz über mich von meiner Ablehnung gegen Rodin in nicht deutlich zutreffender Weise Erwähnung getan hat und ich so Gelegenheit habe, über die künstlerischen allgemeinen Fragen und Gegensätze, die dabei in Betracht kommen, mich näher auszusprechen. Einer Erscheinung gegenüber, die wie bei Rodin mit solcher seltenen Potenz auftritt, hat eine Kritik nur dann einen sachlichen Wert, wenn sie mit dem vollen Verständnis und Bewunderung für seine Kraft vereint ist. Und weil ich diese Bewunderung habe, wie gegenüber einem Naturphänomen, kann ich auch offen meine Kritik dabei aussprechen.

Hätte ich nur einen Torso oder ein Bein aus Rodins Hand, so hätte ich es für den größten Jammer gehalten, daß nur solch herrliche Fragmente von ihm existieren, wie herrlich mußte die ganze Figur gewesen sein. Seit den Griechen oder Michelangelo hatte ich so was nicht mehr gesehen von Intensität des organischen Lebenseindrucks. Natürlich suchte ich dann eine ganze Figur von ihm zu entdecken. Da trat dann eine starke Enttäuschung ein. Entweder blieb es bei einer mehr oder weniger fertigen Aktstudie ohne weitere Gesamteinreihung, oder aber ich sah ein sogenanntes Ganzes als Denkmal wie das von Victor Hugo[115], und da erschrak ich vor der grenzenlosen Ahnungslosigkeit dessen, was ein Ganzes zusammenhält, und vor dem Tiefstand allen architektonischen Gefühls und allgemeiner künstlerischer Kultur. Wie ist es möglich, wie vertragen sich zusam-

[114] Anm. der Herausgeberin: Ebenso wie dem Impressionismus könnte man Rodin der Bewegung des Expressionismus zurechnen.
[115] 1886 erhielt Rodin den Auftrag für ein *Victor-Hugo-Denkmal*, das nie endgültig ausgeführt wurde. Eine vorläufige Fassung zeigte den Dichter mit Iris, der Götterbotin, von Genien umschwebt; sie sollte bedeuten, daß Victor Hugo die Brandungswellen am Strand von Guernesey beruhigte, um die Stimmen der Luftgeister zu hören.

men in einem Hirn solche Gegensätze? Hier liegt ein Problem, das weit über Rodin hinausging als eine allgemeine prinzipielle Frage. Ich hätte an die Möglichkeit einer so einseitigen und doch so starken Entwicklung und Ausbildung nicht geglaubt, und hier stand die Tatsache aus der Praxis vor uns. Bei weiteren Gelegenheiten sah ich, daß neben dem erstaunlichen organischen Lebensgefühl doch Mittel benützt waren, um Eindruck zu machen, die einem Entstehungsprozeß entstammen, der hier nicht stattgefunden hat, und die hier nur als täuschende Reizmittel verstanden und künstlich verwendet wurden. Jeder, der aus Stein direkt gearbeitet hat, sieht sofort, daß Rodin die Arbeitsspuren bei Michelangelos angehauenen unfertigen Marmorarbeiten[116] rein als äußerlichen Reiz aufgefaßt und verstanden hat, den man auch an sich anwenden kann.[117] Wie er das verwertet hat, zeigt dem Sachkundigen sofort, daß er nie selbst direkt etwas in Stein gehauen hat, weil er es so angebracht hat, wie es überhaupt gar nicht entstehen kann bei natürlichem Prozeß.[118] Ich mache auf diesen gewiß ganz unbewußten Schwindel nur deshalb aufmerksam, weil er die Möglichkeit davon zeigt, daß eine Erscheinung ihrem Sinn nach, d. h. als Ausdruck eines Lebens- und Entstehungsvorgangs, oder aber auch als bloßer äußerer Reiz aufs Auge angesehen werden kann, als ein Erscheinungsfaktor an sich, in derselben Weise, wie ein Wort bloß als Klangwert ohne Sinnbedeutung auch einen Existenzwert hat, eine Qualität besitzt. Die poetische Tragweite, die ein Wort durch den Sinneszusammenhang, durch seinen Klang erhalten kann, und die bloße Klangwirkung des Wortes ohne allen Sinnwert stehen da gegenüber als künstlerische Werte, und es ist keine unbekannte moderne Richtung, welche in einer mißverstandenen Auffassung des Grundsatzes l'art pour l'art bis zum extremen Unsinn verfolgt hat, wo das Wort überhaupt nur als Klang ohne Sinn verwendet wird.

[116] Etwa bei den vier unvollendeten *Boboli-Sklaven*, vgl. Anm. 109.
[117] Der »Impressionismus in der Plastik«, wie Julius Meier-Graefe nach einem Buchtitel von Edmond Claris, *De l'Impressionnisme en Sculpture*, Paris 1902, diese Richtung nennt, wurde vor allem von Maurice Charpentier (1858–1924) und Antoine Bourdelle (1861–1929) getragen. Der Reiz des Zufälligen, Materiellen mußte natürlich in den Augen des klassisch geschulten Deutschen als »gefällige Lyrik« erscheinen. Bock, a.a.O.
[118] Zum direkten Herausmeißeln aus dem Stein und zu den Bemerkungen über Michelangelo, vgl. S. 140ff.

Solche poetischen Irrwege waren wohl Nachahmungen von in der bildenden Kunst entstandenen Gegensätzen. (Nach den verhängnisvollen Einflüssen der Poesie auf die bildende Kunst im früheren Jahrhundert, wobei die Erscheinung nur noch den Wert der Illustration einer poetischen Vorstellung hatte, kam es zu der großen Revolution und dem Kampf für den eigenen Wert der Erscheinung als selbständiger Kunst.) Diese gesunde Revolution war eine Tat der Franzosen. Wie aber alle Massenbewegungen das Wahre nur einseitig und als Extrem fassen können, so wurde es sofort wieder ein Falsches, war der Kampf für den eigenen Wert der Erscheinung als selbständiger Kunstquelle der gesunde Protest und die künstlerische Lebensaufgabe. Die Umwandlung der tatsächlichen Erscheinung eines wirklich lebendigen Lebens in eine künstlerische schien mit untrennbar von dem Werdegang aus dem Ganzen zum Einzelnen. Das Problem des Ganzen als Stellung war das erste, nicht insofern es irgend was zu bedeuten hätte, sondern insofern es eine Einheit für eine lebendige Erscheinung einschließt. Vom Ganzen ausgehend, sollte es auch ein Ganzes werden. Dagegen ließe sich nun sagen, daß damit die Gefahr entstand, der Natur Zwang anzutun. Fasse sie, wie sie Dir einen Eindruck macht, überlaß Dich ganz dem Trieb, das Leben festzuhalten, und wenn es dann als Ganzes nicht befriedigt, so schlag das weg, was stört, und Du hast doch ein wirklich Lebendes, ein Stück Leben oder ein Ganzes ist am Ende gleichgültig, es lebt doch. Eine Büste ist ja auch ein Stück. In dieser Beschränkung der Aufgabe liegt die Möglichkeit einer unbehinderten, gewaltigen Kraftentfaltung, die, allerdings einseitig, doch eine wirkliche Befriedigung voll erreicht. Hätte Rodin Frankreich nichts anderes hinterlassen als solche Fragmente, so hätte er als einer der größten Bildhauer dagestanden. Man hätte es stets bedauert, daß von seinen Werken nur solche Fragmente übrig geblieben sind und nicht geahnt, daß diese Kraft eine bedenkliche Rückseite hätte. Man hätte geglaubt, an dem Fragmentarischen hätte ein unglückliches Naturell die Schuld gehabt und hätte sie zerstört in Verzweiflung wie Kleist seinen Robert Guiscard.[119] Dem war aber nicht so. Er hat auch ganze Kunstwerke hinterlassen, und da zeigt sich, daß er eben gar nicht wußte, was ein Ganzes ist. Da tritt denn

[119] Kleist verbrannte das Drama *Robert Guiscard*, entstanden 1801, in einem Anfall von Schwermut.

eine vollständige Roheit und ein banales Erfinden zutage neben einem raffinierten Können im einzelnen, daß man erschrickt über die Möglichkeit solcher Kontraste. Da verändert sich das Bild, da wird es zu einer Naturentartung.

Besonders ist der Kopf ein gefährlicher Punkt des Aktes, weil er gleich seine bestimmte prosaische persönliche Atmosphäre mit sich bringt, welche die Fantasie unangenehm festnagelt, und er muß deshalb meist wegbleiben. Mit dem Fragmentarischen fallen aber auch andere Ansprüche einer Gesamtfigur weg, welche die Aufgabe noch erschweren und von dem bloßen Körpererlebnis abziehen. Man fragt nicht, was tut die Figur, was stellt sie dar etc. Ein Stück Leben, und was will man mehr, wie es Rodin gemacht hat. Das ist der Rodin, der mich hinreißt, den ich bewundere. Gäbe es doch keinen anderen, wie viel größer stände er da.

Denn die Einzelfiguren von Calais[120], welche als solche einzelne gedacht waren und erst dann die unglaubliche Zusammenstellung fanden, und die Bronzefiguren in Berlin[121] sind noch feine, hochstehende Kunstwerke, wenn sie sich auch sehr an anderes anlehnen und kein selbständiges Wollen zeigen. Sobald er aber seine eigenen Wege geht, wird er im bösen Sinn modern französisch. Sei es ein Denkmal wie von Victor Hugo, sei es das Denkmal der Vier, oder sei es sonst eine seiner vielen Gesamtfiguren, sie fallen fast alle auseinander, man findet keine Seite, von der aus es zu fassen wäre als Einheitsbild. Und da, wo er eine seelische Stimmung anstrebt, bleibt diese ein gewollter äußerlicher Appendix, wie bei einem schlechten Schauspieler.

Da nahm das Kunstwerk doch wieder ein ganz anderes Vorgehen in Anspruch, eine ganz andere Einstellung zur Sache. Sowohl da, wo es sich um ein architektonisches, um ein Situationsgefühl handelt als Ausgangspunkt für eine Konzeption, als auch da, wo ein Ganzes als solches aus irgendwelchem Grunde erfunden werden muß, konnte das

---

[120] *Die Bürger von Calais*, entstanden 1884–1886, Abgüsse befinden sich u.a. in der Kunsthalle Basel und in London am Westminster Palace. In diesem Sinne beanstandete auch Kronprinz Rupprecht von Bayern – in einem Brief vom 29. Juli 1917 an Hildebrand – vor allem die Gruppierung der Figuren: »Mich erinnert die Gruppe an zusammengestellte Krippenfiguren.«

[121] In der Nationalgalerie Berlin, befinden sich die Porträtbüsten *Jules Dalou* (1884), *Alexandre Falguière* (1898), *Der Mann und sein Gedanke* (1899), *Das Eherne Zeitalter* (1876–1877) und *Der Denker* (um 1904).

Kunstwerk nicht vom zufällig gegebenen Eindruck abhängen und dadurch entstehen, sondern es mußte nach den verschiedensten Seiten hin als Inhalt und als Anordnung etc. empfunden und erfunden werden. Da handelt es sich um andere Zusammenhänge des Kunstwerks, als um die bloß körperlich organische Einheit. Die gesamte Fantasiekultur und die Art und der Zusammenhang der innerlichen Anregung kam mit in Frage. Da versagte Rodins Kraft, da hatte er nichts zu sagen und wurde trivial. Seine Erfindungen sind innerlich banal, als Gesamtanordnung gänzlich unreif, und das organische Können vermag selbstverständlich die Grundschäden der Konzeption nicht zu ersetzen. Wenn wir seine Kraft und seine Schwäche im allgemeinen so aufgezeigt haben, bleibt er doch ein Kunstphänomen einziger Art, und hätte er nichts anderes gemacht als seine improvisierten Fragmente, stünde er als eine tragische Erscheinung, als Größe ersten Ranges da; seine anderen Arbeiten zeigen, daß er diese tragische Figur nicht war, sondern ein einziges Kunstphänomen, welches es auf eine Art bis zu einer ganz erstaunlichen Höhe brachte.

Es gibt zwei Rodins, die getrennt besprochen werden müssen, der eine ist der geniale Gelegenheitsimprovisator nach einem Akt, der andere ist der überlegende, erfindende Erschaffer eines ganzen Kunstwerks. Mit dieser Unterscheidung ist auf verschiedene Seiten der künstlerischen Begabung überhaupt hingewiesen. Erstere sucht einen zufällig erlebten starken Eindruck festzuhalten. Das Wesentliche dieses Erlebnisses beruht darin, daß der Eindruck auf einer speziellen Formart des Modells und seiner zufälligen Bewegung beruht, die so im gegebenen Fall eine künstlerische Einheit bilden, die bei der nächsten Bewegung schon verschwunden sein kann. Dieses Zusammenstimmen von Einzelformen zum Bewegungsausdruck eines Körpers und der damit verbundenen Gesamtwirkung ist ein zufälliges Geschenk der Natur, zu dem ein besonderes Auge des Künstlers gehört und ebenso eine bereitstehende Energie des raschen Zugreifens. In solchem Falle ist das Kunstwerk von der Natur schon vorgezeichnet, es ist sozusagen nur zu porträtieren, und darin liegt ja das Wertvolle des Erlebnisses.

Mit dieser Art künstlerischer Einheit der Naturerscheinung muß aber auf die Figur als Ganzes verzichtet werden, denn kaum ist es möglich, daß die Natur durchwegs sich künstlerisch ganz zusammen einigt. Es werden also mehr oder minder Bruchstücke sein, die, festgehalten, künstlerisch bestehen können. Das Rodinsche Prinzip ging also vom Porträt aus. Ebenso wie beim Porträtieren die gegebene Form, Stellung und Ausdruck eines sind, so ging Rodin bei der Figur von dieser Einheit aus. Man darf das nicht im kleinlichen Sinn auffassen, wobei Zufälligkeiten mitzählen, sondern im ganzen. Auf diese Weise, indem jeder Konflikt zwischen Stellung und Modell ausgeschlossen war, stellte sich Rodin mit einem Satz auf einen sicheren Boden, die ganze künstlerische Aufgabe war auf das Festhalten eines starken Akteindrucks beschränkt. Mit solcher Vereinfachung des Problems war die Lösung um so lohnender und erschöpfender, dabei waren alle sonstigen fraglichen Einmischungen der Fantasie bei der Arbeit ausgeschlossen. Hier war ein sicherer Weg. Und doch blieb ein Punkt unberücksichtigt. Die Natur selber spielte den Streich, erst bei der weiteren Darstellung zeigte sich, daß der Zauber des Eindrucks nur einem Teil der Natur zukam, der andere den Gesamteindruck störte. Was war da zu machen? Sollte das Prinzip nicht verlassen werden und durch freie Abänderung dem gefährlichen Element Tür und Tor geöffnet werden, so blieb nichts anderes übrig, als auf das Ganze zu verzichten und das wegzuschlagen, was störte. Das Kunstwerk endete mit der Einheit des Eindrucks; ob die Natur als Körper eine andere Einheit bedeutet und ausmacht, war gleichgültig. Auch so kann l'art pour l'art gefaßt werden. Das Fragment war berechtigt, war es doch die Lösung allen Übels. Das was blieb, war wirkliche, satte Kunst, wie die beste. Die war gerettet, und zuletzt war der Beschauer auch in keiner anderen Lage als gegenüber den Fragmenten alter Kunst. Man versetzte sich also in die Lage, und die Sache ist gut.

Wie stand aber die Sache, wenn es sich um ein Ganzes in bestimmter Situation handelt wie bei einem Monument? Da reicht das so segensreiche Prinzip nicht aus, da mußte anders vorgegangen werden, andere Faktoren redeten mit, die primäre Forderungen machten, da war die Kunst plötzlich doch wieder ganz was anderes, und das segensreiche Heilmittel langte gar nicht mehr. Seine Kehrseite kam plötzlich zutage. Da verlor Rodin allen Boden und befand sich in einer ganz fremden Welt. Das waren für ihn böhmische Dörfer, und er behalf sich dabei wie ein gewöhnlicher Mann aus dem Volke, ahnungslos, barbarisch, und das künstlerische Können wurde dabei eine Grimasse. Man denke an das *Victor-Hugo-Denkmal* etc.[122]

---

[122] Zum 18 Jahre später entstandenen *Balzac-Denkmal* äußerte sich Hildebrand

Überall, wo es sich um architektonisches Situationsgefühl handelt, um ein Ganzes nach den verschiedensten Anforderungen hin, welche dabei mitreden, versagte seine Kraft, alles Verständnis, da ist er wie ein Fisch auf dem Trockenen. Wenn das außer seinem Bereich lag, so wäre das an sich gar nicht schlimm, er hätte aber seine Schwäche kennen und nichts Derartiges machen sollen. Dann hätte er einseitig, aber rein dagestanden als ein künstlerisches Phänomen einziger Art. So ist aber das Bild etwas getrübt, und wenn ich noch weiter von seinen Schwächen sprechen soll, so kommt noch ein anderes in Betracht, das ist sein Verhältnis zum Material, Bronze oder Stein. Der Marmor spielt nur eine Rolle als äußerer Stoff mit seinen Reizen und Möglichkeiten. Von dieser Seite wurde er ausgenützt. Blöcke blieben künstlich stehen, wo sie gar keinen Sinn für den Kundigen haben, um den Eindruck zu machen, daß es frei ausgehauen sei. Gegensätze von feinster Durchführung und bloß derb angehauener Masse wurden als Reiz an sich benutzt, ohne allen innerlichen Grund des Entstehungsprozesses. Jeder, der in Stein geschaffen hat, sieht sofort, daß es so nie entstehen konnte und rein als äußerlicher Kitzel fürs Auge benutzt war. Er hat es gewiß auch nie selbst gemacht, sondern ließ zu dem Zweck von Arbeitern nur des Effektes wegen äußerlich so behandeln, was ganz mechanisch entstanden war. Sein Erlebnis war nur in Ton, der Marmor eine gefälschte, unechte Sprache.[123] Er war darin gewiß ganz naiv, die anderen konnten es ja auch nicht anders, nur war er couragierter im Schwindel.

    viel positiver in einem Brief an Kronprinz Rupprecht im April 1917. Aber »groß als Monument auf der Straße doch zu genrehaft in der Art der heutigen Italiener gedacht«. Bernhard Sattler, *Adolf von Hildebrand und seine Welt*, a.a.O., S. 660.

[123] Diese Stelle ist als Bekenntnis Hildebrands wichtig im Hinblick auf den Streit um die Materialgerechtigkeit in der Kunst, d. h. bei der Plastik auf den Gegensatz von *modeller* und *carver* (modellieren mit Ton und direkt in Stein hauen). Die Unterscheidung von Plastik und Skulptur findet sich zum erstenmal in Albertis *De Statua* (nach 1464). Alberti unterscheidet drei Arten der Bildnerei: solche, die Stoffe wegnimmt und zusetzt (Ton und Wachs); solche, die nur wegnimmt (Steinskulptur) und Treibarbeit und Metall. Er gibt damit eine für die ganze Renaissance gültige Definition, an die auch Michelangelo in einem Brief an Benedetto Varchi von 1547 anknüpft: »Ich verstehe unter Skulptur die Kunst, die vermittelst des Wegnehmens geübt wird; die aber auf dem Wege des Zusetzens geübt wird, ist der Malerei ähnlich.«

Zur Hans-von-Marées-Ausstellung in der Sezession[124]

Zwischen Eigenart in der Kunst und »sich selbst gefunden haben« ist ein großer Unterschied. Eigenart unterscheidet von anderen, sagt aber nichts vom Verhältnis des Menschen zu sich. Eigenartig kann auch der Schnitt des Rockes sein, aber zu sitzen braucht der Rock deshalb noch nicht. Affektation, falsche Originalität können als Eigenart auftreten – »sich selbst finden« ist das Werk der Wahrhaftigkeit gegen sich. Diese Wahrhaftigkeit gegen sich ist eine gar seltene Sache, und um so seltener, je empfänglicher die Natur, je größer das Talent, je leichter der Ausdruck.

Das Lebenswerk Hans von Marées', das jetzt sichtbar vor uns steht, ist der Ausdruck solcher Wahrhaftigkeit gegen sich, die unermüdliche Arbeit, zu sich selber durchzudringen. Sie legt Zeugnis ab vom ewigen Ringen weiter und weiter, daß nichts zwischen Natur und dem Ich stehe, zwischen dem Werk und der unmittelbaren Wonne an der Natur.

Wir sehen, was ihm bei Steffeck[125] vom Lehrer beigebracht worden ist, dann weiter, was er vom Zeitgeist, von der ihn umgebenden Mode und Anschauung erhalten hat – seine Münchner Periode.[126] Mit allem ausgerüstet von Natur, hatte er früh eine große Sicherheit, ein

[124] *Münchner Neueste Nachrichten*, 29. Dezember 1908. Geschrieben anläßlich der großen Marées-Ausstellung in München vom 23. Dezember 1908 bis 10. Februar 1909, die von der Münchener Sezession veranstaltet wurde. – Marées Werk ist vor 1900 nur von Fiedler in seinem Mappenwerk (1888) und von Wölfflin in der *Zeitschrift für Bildende Kunst*, N. F. III, 1892, S. 73ff., ausführlicher gewürdigt worden. Erst nach 1906, also der Jahrhundertausstellung in Darmstadt, beschäftigten sich zahlreiche Zeitungsartikel mit Marées. Es überwog die Ansicht, Marées habe zwar viel gewollt, aber nur in Fragmenten sein künstlerisches Ziel verwirklichen können.

[125] Carl Steffeck (1818–1890) war nach Studienjahren bei Franz Krüger und Carl Begas in Berlin, bei Delaroche in Paris und in Italien seit 1859 einflußreicher Lehrer an der Berliner Akademie. U. a. arbeitete 1866 bis 1868 auch Max Liebermann in seinem Atelier.

[126] Marées blieb 1857 bis 1864 in München. Von den Werken dieser Jahre, vor allem tonige Bildnisse, befinden sich vier in der Neuen Pinakothek in München. Der Auftrag des Barons von Schack, Kopien alter Meister für seine Sammlung zu malen, führte ihn und Lenbach nach Italien. Marées' vier Kopien befinden sich heute in der Schackgalerie in München, das Bildnis von sich und Lenbach in der Neuen Pinakothek.

großes Können. Porträts, Landschaften, Figuren, Pferde, alles ist ihm geläufig. Schon geht er stets aufs Ganze, immer spricht eine natürliche Wärme aus seinen Sachen. Aber bei aller Eigenart, die schon seine Bilder zeigen, ist er doch ein Kind der damaligen Zeit und Malweise. Nun sieht er Italien mit seinen Wundern. Er wird aus der Gegenwart herausgerissen, in die Welt von Jahrhunderten, ins Zeitlose gezogen, er sieht alles neu, ewig, getrennt von allen Zeitströmungen und bricht mit allem, was diesen entspringt. Er fängt von vorne an, um den Weg zu finden zu einer Kunst, die, in sich zeitlos, das gibt, was immer zu den Menschen spricht als ursprünglicher Naturlaut; er sucht nach einer Kunst, bei der die Natur in ihrer Unschuld dasteht, direkt, ohne daß der Künstler daneben fühlbar wird und einen dabei anblinzelt, nach einer Kunst ohne Pointe, ohne Absicht, ohne persönliche Liebhaberei – rein in ursprünglicher Majestät der Erscheinung wie bei der Antike. Da war alles Virtuosentum hinfällig, alle Geschicklichkeit, alles was nicht wahres Erlebnis der Vorstellung; da fing der dornenvolle Weg an, seinem bisherigen Können zu entsagen, das für ihn schon von Konvention und künstlerischen Verliebtheiten verunreinigt war, alles zu vergessen und jeden einzelnen Stein sich selbst herbeizutragen zu dem neuen Bau. Er war wieder Anfänger, konnte nichts und stand ganz allein, nur seinen Herrgott vor sich.

So lernte ich damals in Rom den zehn Jahre Älteren kennen. Es war für mich ein Ereignis: Die gesammelte weite Welt in seinen Bildern, der hochgespannte Mensch, sein heilig glühend Herz, die inneren Leiden und Qualen, himmelhoch jauchzend, zu Tode betrübt; so schaute er in weiter Ferne ein Licht, noch unbestimmt, und schwur sich Treue, unverrückt es im Auge zu behalten, mochte kommen, was da wollte. Die moralische Anstrengung war gewaltig und erfüllte sein ganzes Wesen, denn es hieß jetzt entsagen auf viele Jahre hinaus, von der Welt und ihrer Anerkennung sich zurückziehen, nichts gelten und nur vom inneren Glauben an sich zu leben.

Er hat den Kampf gekämpft und ist sich treu geblieben. Die Bilder geben Zeugnis, wie er sich mehr und mehr durchrang zu sich selber. Eine merkwürdige Entwicklung zu selbständiger Größe der Anschauung steht vor uns. Er hatte alles verlernt, was die anderen konnten und er einst konnte, erreichte aber das seltene Ziel, eine große, reine Naturanschauung hinzustellen, frei vom Zeitlichen, Zufälligen, frei vom Persönlichen und voller lebendiger, ewiger Hoheit.

Zum Verständnis der Kunst von Hans von Marées[127]

Die Farbenprobleme der Malerei haben mehr und mehr zu einer einseitigen Entwicklung des Bildes geführt. Die Farbenerscheinung wird, losgelöst vom Gegenständlichen, zum Ausgangspunkt für das Bild, und die so gegebenen Farbenflecken der Gesamterscheinung werden dann erst in gegenständliche Form umgewandelt. Die Natur ist dabei nur als Farbenexistenz aufgefaßt und ihre Formexistenz nur insoweit in Betracht gezogen, als man ihrer überhaupt nicht entraten kann, da nun einmal Raum und Form von Natur gegeben sind. Farbenleben und Tonwerte sind die herrschenden Mächte, alles andere tritt in den Hintergrund, aller bindende Zusammenhang wird in der Farbe allein gesucht, hier allein liegen die künstlerischen Probleme gegenüber der Natur, ihr Studium.

So ausgesprochen Marées' koloristischer Sinn war[128], sah er doch die Einseitigkeit dieser Auffassung der Malerei ein und empfand die große Lücke, die sie der Natur gegenüber läßt. Die Natur stand ihm in ihrem direkten räumlichen und Formendasein so stark vor Augen, daß er hier ein Problem sah, welches sich durch seine bisherigen Malerfahrungen allein nicht lösen ließ. Der unmittelbare eindringliche Eindruck des gegenständlichen Vorhandenseins der Natur mußte noch auf etwas anderem beruhen, als nur auf den subtilen Unterschieden der Tonwerte. Wenn vielfach die Formenwelt eine einseitige Entwicklung erlebt hatte, wobei die Farbe das Stiefkind blieb, so mußte es sich jetzt darum handeln, das Geheimnis des räumlichen und Formenzusammenhanges in der Natur neu zu entdecken, wie er zugleich auch der Farbenwelt zu ihrem vollen Inhalt und Ausdruck verhilft und den direkten Natureindruck in seinem Gesamtwert hervorruft. Es handelte sich also nicht um eine mehr oder minder glückliche Verbindung von Form und Farbe, um eine sogenannte Vollendung des Getrennten nach beiden Seiten hin, sondern um das beiden Gemeinsame, um einen Bildaufbau, der beides als eines gibt, wie in der Natur. Dieses Gemeinsame erkannte Marées in der Bildkonstellation. Die Gegenstände der Natur mußten

---

[127] *Münchner Neueste Nachrichten* vom 9. Januar 1909.
[128] Marées Schüler Pidoll schildert in seinen Erinnerungen (1890, gedruckt 1908) die Schönheit der Farbigkeit von Marées Bildern, bevor er sie übermalte. Einen Vergleich Marées / Kleist zog Hildebrand in einem lesenswerten Brief an Fiedler, Juli 1889. Bernhard Sattler, a.a.O., S. 324.

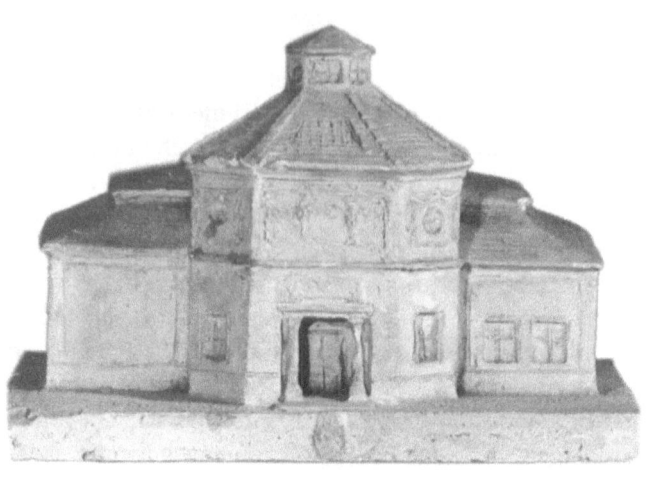
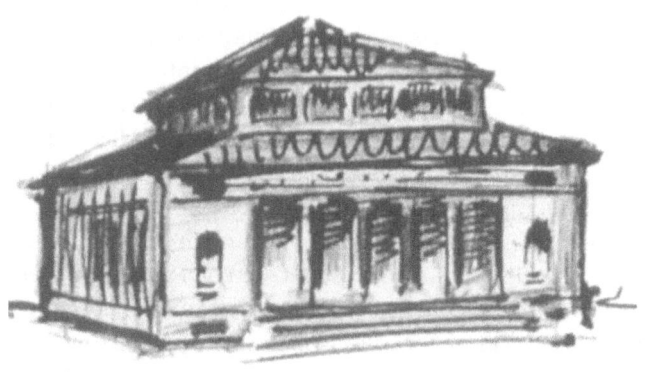
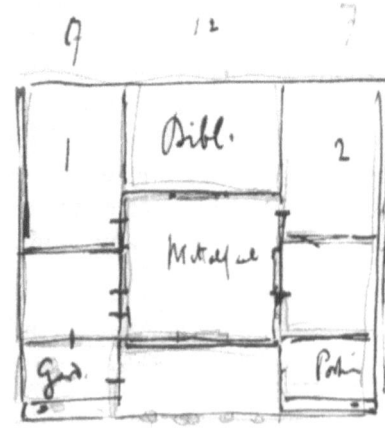

Abb. 30 bis 32: Hidebrands Gipsmodell für das in München geplante Mareés-Museum, Depot der Neuen Pinakothek München und ein Alternativ-Entwurf mit Grundriß (siehe S. 21)

so zusammenstehen, daß in ihrer Anordnung schon alle Bedingungen für die eindringlichste Wirkung als Form- und Farbenexistenz gegeben sind. Die Konstellation der Naturgegenstände ist der Kern, der Ausgangspunkt der letzten Gesamtwirkung. Wir sehen, wie Marées dabei auf die primitivsten Naturgegenstände zurückgreift: Der menschliche Körper, das Pferd, der Baum, der Boden, das Wasser, der Himmel sind fast durchgängig die einzige Gegenstandswelt, mit der er seine Bilder aufbaut, das einzige Was; wie er sie aber gegenüberstellt, anordnet – darin liegt seine große Kunst – das Wie.

Seine Bilder sind immer neue Konstellationen, immer neue Resultate seiner Einsicht in die Geheimnisse der künstlerischen Anordnung. Je größer die Tragweite der Konstellation für die Wirkung, desto entbehrlicher werden alle Details. Die Vollendung des Bildes ist schon in der Anordnung gegeben, die sogenannte Ausführung würde nichts Wesentliches dazu beitragen. Es ist dies derselbe Fall wie bei den angehauenen Figuren Michelangelos. In Marées Bildern stehen die Gegenstände immer plastisch im Raum, das Auge fühlt stets die kubische Tiefe, mehr als bei den meisten anderen Malern – aber es bleibt eine Tiefe der Illusion, des inneren Auges – das Bild macht kein Loch in der Wand, täuscht nicht das wirkliche Auge. Die Überschneidungen, die Größenkontraste, die Zusammenfügungen der Pläne und Richtungen usw. sind mit solcher Weisheit und mit solcher Einsicht für die Tragweite ihrer Illusionskraft benutzt, daß nichts im Bilde gegeben ist, was bedeutungslos bliebe und nicht von schlagender Mitwirkung für das Ganze wäre. Nirgends ist ein bloßes Füllsel, alles ist notwendig. Die Ökonomie der Mittel wächst mehr und mehr mit der Prägnanz ihrer Verwertung. Hier ist eine Fundgrube der künstlerischen Erfahrung, aus der jeder unendlich viel lernen kann und die für die Weiterentwicklung der Malerei von unermeßlichem Wert ist.[129]

Die gewaltige Lebenswärme, die unmittelbare Naturbeobachtung

---

[129] Als 1917 die wertvollsten Bilder der Alten Pinakothek vor Fliegergefahr in Sicherheit gebracht wurden bat Hildebrand den Generaldirektor Dornhöffer die Maréesbilder einmal zwischen alten Meistern sehen zu dürfen. Erregt berichtete er von diesem Experiment: Es ist ganz erstaunlich, wie sich die Maréesbilder gehalten haben, wie frei und kühn sie wirkten, ich hatte mir das nicht so erwartet.« (Vgl. Florian Sattler, *Adolf von Hildebrand und seine Welt*, a.a.O., S. 155f. sowie Bernhard Sattler, *Adolf Hildebrand und seine Welt*, a.a.O., S. 691.)

und Natürlichkeit, die in jedem Strich bei Marées steckt, die traumhafte, satte Naturfülle, die aus seinen Bildern spricht, üben einen Zauber aus, der einem die Welt wieder neu zeigt in ihren elementaren Erscheinungsmächten. Nichts von erborgter Poesie, nichts von Assoziation und Erzählung – nur die vergüldende Fantasie der reinen Anschauung. Nicht eine Malerei als einseitige Ausbildung des Farbensinns oder als Fachkunst des farbenempfindlichen Auges, sondern als ein Bild innerer Gesamtanschauung der Natur strebt er an – hierin liegt der ganz selbständige Schritt vorwärts, das neue Problem.

Stehen wir vor seinem letzten Bild, dem Ganymed, mit seinem wunderbaren Farbenakkord, so empfinden wir doch die Farbe nicht als ihrer selbst wegen, als ein Schwarz neben dem Grün, sondern wir fühlen den lebendigen Vorgang, das Steigen des Adlers mit dem schwebenden Körper und dem immer mehr versinkenden Land unter ihm. Die künstlerische Schönheit empfinden wir als Wonnegefühl, mit dem der Vorgang sich in unsere Vorstellung einsenkt, nicht als ein vom Vorgang Getrenntes. Deshalb wirkt seine Kunst stets bescheiden, nie aufdringlich oder absichtlich.

In unserer Zeit, in der man so geneigt ist, nur die Stimmung, die aus einem Kunstwerk spricht, auf sich wirken zu lassen und man diese sozusagen wie den Rahm von der Milch abschöpfen möchte, liegt die Gefahr nahe, dem Stimmungsgehalt der Maréesschen Bilder direkt nachjagen zu wollen und sich einzubilden, daß man dies erreiche, wenn man auch wieder so einfache Vorwürfe zur Gestaltung bringe wie er. Darin läge eine arge Täuschung. Wer von Marées lernt, in die künstlerische Wirkung der Konstellationsbedingungen einzudringen, der wird Freiheit und selbständige Förderung erfahren.

Edgar Kurz – ein Nachruf[130]

Am 27. April starb in Florenz nach kurzem Leiden Dr. Edgar Kurz[131], Sohn des Dichters Hermann Kurz. Er war geboren in Stuttgart am 16. Januar 1853 und kam vor 27 Jahren als junger Arzt nach Florenz.

[130] Beilage zur *Allgemeinen Zeitung* vom 30. April 1904.
[131] Edgar Kurz (1853–1904) war Arzt der deutschen Kolonie in Florenz; seine Lebensbeschreibung in: Isolde Kurz, *Florentiner Erinnerungen*, München 1911, S. 153f. Anm. der Herausgeberin: Unveröffentlichte Dokumente berich-

Mit einem starken, untrüglichen Naturinstinkt begabt, stand er über dem bloßen Wissen. Dabei entschieden und kühn, war er der geborene Arzt für ernste Fälle. Unermüdlich und geschaffen für den Kampf, ließ er nicht locker, und seine Fantasie und Energie nahmen mit den Schwierigkeiten zu. So scheute man sich, ihm mit kleinen Leiden zu kommen, wenn es aber ernst wurde, dann war er der rechte Mann, man glaubte an seinen genialen Blick. Dabei nach allen Seiten unterrichtet und tätig, war er sowohl innerer Arzt wie auch Chirurg und Gynäkologe. Das gab ihm ein großes Übergewicht in der Diagnose. Aus chirurgischem Interesse hatte er sich durch Errichtung einer Polyambulanz ein besonderes Feld der Tätigkeit geschaffen, welches seine Arbeit als Fremdenarzt ergänzte und womit er neben den Hospitälern eine aufopfernde, unendlich segensreiche Hilfe den Armen brachte. Aus all diesem kann man ermessen, wieviel alle hier in Florenz an ihm verloren haben.

Doch er war nicht bloß Arzt. Als Sohn seines Vaters war er mit einem äußerst feinen Sprachgefühl begabt. Was er alles selbst gedichtet, ist gewiß nicht wenig und wohl meistens voller heiteren Wagemuts und feinem Humor, wie er denn überhaupt eine bejahende Natur war, jugendlich empfindend und ritterlichen Sinnes. Eine zartbesaitete Seele, aber kampflustig, leicht erregbar und von großer Willensstärke. Vielfach sehr präoccupiert und dann plötzlich auf ein Thema leidenschaftlich einspringend, hatte er oft etwas vom Sonderling, wie er denn auch sonst die Dinge auf ganz besondere Art anpackte. Er war links, und seine linke Hand führte alles abrupt und immer anders aus, als man erwartete, dabei war er ein sogenannter Bastler. Weniger mitteilsam als sich an anderen freuend, war er voller Teilnahme, die ihm aber mehr aus den Augen blitzte und sich in seinem Handeln ausdrückte als in Worten. Absolut zuverlässig als Freund, wußte man immer, woran man bei ihm war, wenn man sich auch nicht sah. Freidenkend, fern von aller Konvention, war er durchaus eine aristokratische, reservierte Natur, der alles Triviale fern blieb und die mehr zum Aparten

ten von der Ferienkolonie unterhalb der Apuanischen Alpen am Meer, die der Arzt mit dem italienischen Kollegen Vanzetti gegründet hatte, auch für Patienten, da er Luft-, Sonnen- und Meerbäder für wichtige Heilfaktoren hielt. Dort unternahm er mit Vanzetti unter einem offenen Zeltdach im Freien auch kleinere Operationen an Bauern, die aus dem Hinterland zu ihm kamen und um Hilfe baten. Hildebrand hat ihm dabei öfters assistieren dürfen.

neigte, bis ins Kuriose und Bizarre, als zu dem Durchschnittlichen, üblichen. Das drückte sich auch in seinem Äußeren aus, der mochte anhaben, was er wollte, er blieb immer ein Besonderer. Und was war er von Begabung und Charakter? Ganz und gar ein überzeugter Mensch, aus edlem Stoff scharf geschnitten, der nur so sein konnte und nicht anders, wahr und deutlich von Natur und Gesinnung, fern von allem Gemeinen und immer mutig, bis ins Grab.

Hildebrands Auseinandersetzung mit Richard Wagner[132]

Vorbemerkung von Henning Bock

Schon 1876 hatten Conrad Fiedler und Hildebrand das grundsätzliche Für und Wider von Wagners Kunst erörtert, als Fiedler nach seiner Verlobung mit Mary Meyer, der Tochter des Direktors der Berliner Gemäldegalerien, Julius Meyer, den Bayreuther Kreisen nähertrat. Hildebrand hielt Wagners Musikdrama zunächst für formlos und daher unkünstlerisch, weil aus dem »Chaotischen und Unpositiven seiner Musik [...] keine neue Form entspringen kann. Seine Subjektivität, seine Natur wird originell, und, wie's scheint, dämonischer Art sein, deshalb ist sie noch nicht sehr künstlerisch«. (Hildebrand an Fiedler am 14. Oktober 1876) Sein strenger Formbegriff läßt ihn Wagner verurteilen, denn »ich nenne Form den in künstlerischer Konsequenz gestalteten Inhalt. Das Resultat wird, der Verschiedenheit der zugrunde liegenden Naturquelle gemäß, ein verschiedenes sein«. Fiedler hatte dagegen 1876 bei seinem Besuch der Nibelungenaufführung während der Bayreuther Festspiele gerade die Einheit von Musik und Wort als etwas Positives, Neues empfunden. »Es ringt sich bei Wagner oft etwas zum Ausdruck durch, wofür weder Wort noch Musik allein genügt, sondern was, um wenigstens einigermaßen in Erscheinung zu kommen, den gemeinschaftlichen Ausdruck fordert [...]. Mir hat es gerade bei den Bayreuther Aufführungen an vielen Stellen geschienen, als ob Wagner durch die Musik Tiefen der zur Darstellung gelangenden Empfindungen, Situationen und Vorgänge aufwühlte, die ohne die Musik gar nicht in Erscheinung treten würden. [...] Das Geheimnis seines Schaffens liegt darin, daß ihm das ganze Getriebe des Lebens,

---

[132] Unveröffentlicht. Bock, a.a.O., S. 489f.

was er zum dramatischen Ausdruck bringen möchte, innerlich mehr ist, als im gesprochenen Drama zum Ausdruck kommen kann, und daß er dieses Mehr nur im musikalischen Ausdruck aus sich heraus und an den Tag bringen kann.«[133] *Fiedler an Hildebrand am 27. August 1876.*

Vorbemerkung von Sigrid Braunfels (2010)

Für Hildebrand, der als Kind das Geigenspiel lernte und sich lebenslang als Bratschist mit Freunden zum Quartettspiel traf, war Musik ein selbstverständliches Element seines Lebens. Seine Musikalität und Musikerlebnisse waren von Kindheit an durch die klassische, die absolute Musik ernährt und geprägt worden.

In seinen Gesprächen mit Fiedler über Kunst im allgemeinen und seine eigenen Bildhauerprobleme hatte er die Überzeugung gewonnen, daß für jede der Künste und ihr besonderes Sinnesorgan (das Auge für die bildende Kunst, das Gehör für die Musik, das Sprachverständnis für Dichtung und Drama) auch eigene innere Schaffensprozesse und damit gesetzmäßig zusammenhängende Ausdrucksmöglichkeiten und Ausdrucksformen bestehen. Ihre Vermischung mit denen einer anderen Kunstart – wie im Wagnerischen Musikdrama – nannte er unrein und unkünstlerisch.

Die bei Bock ungekürzt abgedruckte Handschrift mit ihren Wiederholungen ist vermutlich 1876 nach dem Brief Fiedlers entstanden, eine erste, fast erregte Niederschrift des etwa 30jährigen Hildebrand, dessen Arbeitsmaterial nicht die Sprache war, sodaß er erst die Worte für die Ablehnung der Wagneropern suchen mußte.

Wir bringen sie hier nur in Auszügen, da 20 Jahre später in einem Brief an Cosima Wagner die Streitpunkte geklärter benannt sind und weil sie auch den noch späteren beiden Aufsätzen »Über Musik, Drama und Bühnenbild« zugrunde liegen.

Cosima Wagner, die Hildebrands Arbeiten schätzte, blieb nach Wagners Tod freundschaftlich mit ihm in Verbindung, auch als Mittlerin in dem Auftrag zu dem Siegfried-Brunnen in Worms. Hildebrand konnte sie zu ihrem Portrait überreden, doch ihr gelang es trotz der

---

[133] Dieser Brief Fiedlers von 1876 und Hildebrands Antwort in Bernhard Sattler, *Adolf Hildebrand und seine Welt*, a.a.O., S. 230–241. Florian Sattler, *Adolf von Hildebrand und seine Welt*, a.a.O., hat nur Hildebrands Brief gebracht, dessen darin nicht genannter Anlaß daher unverständlich.

Diskussionen mit ihm nicht, ihn zur Anerkennung von Wagners Musikdrama zu bekehren. Umso größer war ihre Freude, als Hildebrands Sohn zum begeisterten Verehrer Wagners wurde.

Auszüge aus einem unpublizierten Manuskript Hildebrands

Ich war stets ein eingefleischter Feind Wagnerscher Kunst. Er war mir ein Beispiel dafür, wie alle Fähigkeit und Bedeutung einer Persönlichkeit einen unkünstlerischen Weg einschlagen kann, wenn nicht der Instinkt, sondern der gedankliche Wille das Geleit gibt. [...] Alle Kunst ist eine Sinnessprache [...] Jede Kunst hat ihre eigene Sinneswelt, ihr besonderes Sinnesorgan, für das sie und mit dem sie schafft und aufbaut. [...] Je sauberer eine Kunst ist, je mehr sich alles auf die eigenen Kräfte verläßt und von allem fernhält, was nicht ganz ihr Eigentum, desto stärker und gesünder. Sind die Künste auch Schwestern, so hat doch jede ihre eigene Beziehung zur Natur, jede lebt mit ihrem besonderen Sinn und schafft der Seele selbständig einen Tempel. Das Eingangstor in solchen Tempel bilden nur die Sinne. Alles Wollen, alles Denken und Wissen gewährt keinen Einlaß. Das ist das Herrliche der Kunst, daß sie sich nur dem Menschen als Naturgeschöpf offenbart und aus ihm entsteht und sich nur an ihn wendet. Ein Sprechen der Sinne an sich, wie sie die Natur ihren Geschöpfen ursprünglich geschenkt, nicht wie sie als Zwischenträger praktisch benützt werden. [...]

Das Wort, welches dem Drama gemäß eine wichtige Rolle spielt, versteht man nicht oder nur mit größter Mühe neben der Musik, es verliert also seine direkte Wirkung. [...]. Dabei dirigiert bei Wagner das Wort als unsichtbarer Geist doch die Musik vollständig, die Musik wird die Begleiterscheinung eines unwahrnehmbaren Wesens. Man versteht sie deshalb auch nicht mehr direkt, denn ihre Begründung liegt nicht mehr in der Handlung als sichtbarem Vorgang, sondern vielmehr im Dialog.

Für mich ist es vor allem eine unkünstlerische Forderung, daß man den Text auswendig kennen muß, weil bei seinem [Wagners] Prinzip der gesungene Text nicht verstanden werden kann. Es ist doch gerade das Wesentliche und der Wert des Kunstwerks, daß es direkt spricht durch seine Erscheinung. [...] Was nicht direkt gesehen oder gehört wird, hat keinen Wert. [...]

Es scheint diese Voraussetzung der Kenntnis des Textes eine unbedeutende Forderung. Man sagt sich, wenn ich eine Oper, z. B. den

Fidelio oft gehört habe, weiß ich den Text ja auch auswendig und kann mich ganz an die Musik halten. Das ist aber ein Trugschluß. Die Musik von Fidelio kann selbständig genossen werden, weil sie selbständig existiert und mit dem Vorgang im Text nur zusammenhängt, wie das Bild mit irgendeinem Vorgang, wie eine Pietà oder eine Grablegung. Die Musik bei Wagner hat aber von vornherein keine selbständige Existenz, sondern soll und ist nur die Illustration des Textes und nichts als Illustration in beständiger Abhängigkeit und gewinnt nur einen Sinn als solche, als beständige Relation zum Text bis ins Einzelnste. Wenn ich mich also ganz an die Musik halten will, finde ich keine reine Musik, die an sich zu mir spricht und auch allein bestehen kann. Ohne Text fehlen ihr die eigentlichen Beine, die sie tragen, und diese Beine gehören aber dem Text und sind nicht musikalischer Natur. Darin liegt das Zwitterhafte der Schöpfung. Wagners Schöpfung ist kein Kentaur, Mensch und Pferd vereint, beide fürs Auge faßbar, sondern ein Zwittergebilde aus zwei Geschöpfen getrennter Sinnesart, denn das ungehörte Wort existiert in einer anderen Region des Bewußtseins als die gehörten Musikteile.

Solch unnatürliche und künstliche Zusammensetzung verneinte die frühere Zeit wohlweislich aus gesundem Instinkt. Deshalb arbeitete sie mit getrennter Buchführung und rettete damit die reine Musik als Kunst.« (Vgl. die letzten Sätze von »Musik und Drama«)

Hildebrand an seine Frau, 6. November 1893

»[...] Cosima Wagner war hier, aber im Hotel, ich war bei ihr und hatte ein langes, sehr offenes Gespräch über Wagner. Solche Dinge hatte sie nie gehört, wie ich ihr sagte, sie hat es aber gut aufgenommen und war Tags darauf bei Tisch bei Fiedlers liebenswürdiger denn je. Sie läßt Dich sehr grüßen und hofft Euch ein andermal zu sehn. [...]«

An Cosima Wagner [Florenz, Juni 1896], 20 Jahre nach dem Manuskript

»Verehrte Frau Wagner,
[...] weiß ich noch gar nicht, ob ich nicht einmal nach Bayreuth komme. Es ist ja bei mir kein Vorurtheil, sondern liegt an der Richtung, in die mein inneres Teleskop gestellt ist [...]. Ich komme nicht über das verschiedene innere Zeitmaaß hinaus, welches das dramatische Wort und die Musik scheidet. Ich meine das so: Innere Vorgänge, Entwicklungen, Stimmungen etc. kann *ein* Wort klar stellen. Das

Wort ist immer nur ein Product des inneren Vorgangs, nicht er selber, wir erkennen aber seine Fährte durch das Wort. Die Sprache kann ja unglaublich kurz sein und je kürzer, desto stärker der Eindruck. Andererseits brauchen wir aber zur Explizirung von den einfachsten äußeren Vorgängen oder Handlungen eine Masse Worte und Zeit.

Die Musik, die symphonische, hingegen giebt den inneren Vorgang, das innere Element selber, folgt von Anfang zu Ende, giebt Windung für Windung. Das ganze tausendfache Gewebe ist die Parallele, nicht das Product und braucht Zeit.

So kann eine Zeile zur Symphonie werden. Bei einer Vereinigung von Musik und Wort bekommt dadurch die Musik das Übergewicht, denn ihr längeres Zeitmaaß hebt die Gewalt des kurzen Wortes auf. Wir befinden uns dann in einer anderen Zeitwelt als der der dramatischen durchs Wort. Von dieser bleibt nur die dramatische Situation, die Pantomime.

So scheint mir bei der alten Oper das bloße Sprechen bei allen äußeren Vorgängen und das eigentlich bloße Musikmachen bei allen inneren Vorgängen ganz consequent. Es ist damit freilich Stückwerk, aber wir vermögen in der Fantasie solche Halbheiten zu eliminieren, sobald wir mit der künstlichen Welt einer Bühne rechnen müssen. Andererseits verstehe ich wohl, daß dies durch äußere und innere Umstände entstandene Conglomerat der alten Oper nicht die einzige Kunstform zu sein braucht. Dann sehne ich mich aber aus der überbrachten Bühnenwelt hinaus in einen anderen Rahmen. Mir ists auch, als sähe ich in den Wagnerschen Opern oft das Bemühen mit den Bühnenmitteln die Bühne los zu werden.[134]

---

[134] Bernhard Sattler, *Adolf von Hildebrand*, a.a.O., S. 417 u. 455.

Musik und Drama

Münchener Künstler-Theater (zum Bühnenbild)[135]

Die Zwecke, welche das Künstler-Theater verfolgt, beruhen vor allem in einer Klärung des Verhältnisses zwischen der dramatischen und der bildenden Kunst, insoweit letztere auf der Bühne in Betracht kommt.
 Es liegt da ein Problem vor, welches je nach der Gattung der dramatischen Dichtung verschieden gelöst werden muß. Über eines muß man sich aber klar sein : daß der rein dramatische Gesichtspunkt, von dem aus der Dichter den Zuhörer in Mitleidenschaft versetzt, ein ganz selbständiger ist, der mit dem Gesichtspunkt der bildenden Kunst nichts zu tun hat. Ich möchte dies an einem Beispiel klar machen. Denken wir uns den Vorgang der Verbrennung des Savonarola auf dem Platz der Signoria in Florenz[136] und versetzen wir uns in die Aufregung des Publikums und das ungeheure dramatische Erlebnis. Der Vorgang spielte sich freilich auf der Piazza ab, aber es ist klar, daß die innere Aufregung und das leidenschaftliche Verfolgen dessen, was da geschah, es nicht zuließ, sich mit der Betrachtung der Piazza als Erscheinung zu beschäftigen. Das reine Bild der Erscheinung konnte nur ein bildender Künstler dabei beobachten, welcher abseits des inneren dramatischen Erlebnisses und außerhalb der inneren Mitaktion blieb. Für das Publikum aber, welches hingerissen von dem Vorgang ihn auch miterlebte, war die Piazza der gewohnte äußere Rahmen,

---

[135] *Münchner Neuste Nachrichten*, Februar 1908.
[136] Der Dominikanermönch Girolamo Savonarola (1452–1498), seit 1491 Prior des Klosters S. Marco in Florenz, gewann als Reformprediger und Führer der demokratischen Partei größten Einfluß in Florenz. Nach dem Sturz der Medici (1494) führte er eine theokratisch gefärbte Demokratie ein, konnte sich jedoch nicht gegen seine Gegner halten, da er von Papst Alexander VI. (1492–1503) exkommuniziert wurde und sich die allgemeine politische Lage zu seinen Ungunsten verändert hatte. Nach zwei Prozessen wurde er 1498 auf der Piazza della Signoria verbrannt.

kein Augenerlebnis. Der, welcher Zeit und Ruhe hat, das Augenbild abzulösen vom Vorgang, befindet sich schon außerhalb des rein dramatischen Zusammenhangs, die Kette ist zerrissen und er ist bildender Künstler. Hier liegen die Gesichtspunkte der beiden Künste beim Erlebnis weit auseinander, und sie müssen es, sobald jeder einheitlich bleiben soll.

Das wirkliche Drama will aber den Zuschauer rein dramatisch erleben lassen, weshalb wir seiner Wirkung auch beim bloßen Lesen erliegen. Was den Eindruck auf der Bühne erhöht und was der Zuhörer dabei noch seinem Auge verdankt, hat nichts mit dem Erleben des bildenden Künstlers zu tun und darf es auch nicht, weil es den inneren Zustand sofort ändert und weil es ein ganz anderes Verhältnis zur Natur voraussetzt. Die dramatische Kraft, wo sie wirklich auftritt, verscheucht alle anderen Interessen. Darin liegt eben ihre Gewalt. Ich will von den Dramen Shakespeares gar nicht reden, sondern eine Erzählung wie den Kohlhaas erwähnen, worin Kleist den Leser so fest mit seinen eisernen dramatischen Klammern packt, daß er nichts von Beschreibung und anschaulicher Zutat bedarf, um ihn gänzlich mitzureißen und erleben zu lassen.

Daraus folgt aber, daß, wenn wir uns die Verbrennung des Savonarola auf der Bühne dächten, die künstlerische Wahrheit für die Bühnendekoration nicht darin liegen darf, eine möglichst wahrheitsgetreue und wirkliche Piazza della Signoria zu bringen, sondern sie nur so weit und nur so stark zu geben, als sie beim wirklich dramatischen Erleben noch in Betracht kommt, d.h. als erklärender, individueller Rahmen. Also der Zustand des dramatischen Erlebens ist die maßgebende Wahrheit, nicht die Wirklichkeit, welche für den betrachtenden Zustand, fürs Auge, in Frage kommen kann.

Jedes Mehr zieht ab vom dramatischen Erleben!

Das Maß zu finden für den Augeneindruck, insoferne es nur die Situation stützt, nicht aber die Aufmerksamkeit auf sich lenkt und abzieht – da liegt das Problem für die Bühne beim wirklichen Drama.

Damit ist zugleich gesagt, daß es nicht gleichgültig ist, was gesehen wird. Es ist wohl zu bedenken, daß das Augenstörende ebenso abziehen kann wie das Zuviel, und daß es sich innerhalb des Maßes und der Stärke der Wirkung stets um eine Harmonie handeln wird, welche das Auge wohltuend berührt, ohne es selbständig werden zu lassen. – Damit fällt aber nicht nur die ganze große Bühnenprotzerei mit ihrem

Vielzuviel, sondern auch die Liebhaberei des bildenden Künstlers, das Auge zu beschäftigen und ein fesselndes Bild, ein Schaustück zu geben.

Nun gibt es aber Theaterstücke, die nicht die eigentliche, geschlossene dramatische Kraft besitzen, und die ihre Lücken mit Augenbeschäftigung ausfüllen wollen, Stücke, die also von vornherein auf letztere rechnen. Es ist klar, daß hier die Aufgabe für die Bühne sich verschiebt und der rein dramatische Gesichtspunkt nicht der alleinige ist. Hier ist jedoch immer noch ein Wichtiges zu tun nötig, welches unter allen Umständen zur Aufgabe der Bühnenverbesserung gehört, das ist die Vereinfachung der Mittel, um eine schlagendere Wirkung zu erreichen. Die Erfahrung des bildenden Künstlers vermag hier unendlich viel zu tun. Mit ein paar Bäumen, die richtig gestellt sind, den Eindruck eines ganzen Waldes hervorzurufen, mit einer Straßenecke das Bild einer ganzen Stadt in der Phantasie anzuregen, das sind Aufgaben, die höchst interessant und wichtig für die Bühne sind. Denn es geht dem Zuschauer wie dem Kinde. Gibt man ihm eine Puppe, die zu wirklich und zu ausführlich ist, so hat die Phantasie nichts mehr zu ergänzen, die Puppe mit ihrer allzu großen Realität verdirbt dem Kinde seine imaginäre Welt und das Kind kann nichts damit anfangen.

Genau so mit der Bühne, die nicht darauf abzielt, die Phantasie in Bewegung zu setzen, sondern die in ganz entgegengesetzter Absicht darauf losgeht, dem Auge eine wirkliche Natur weiszumachen.

Hiermit aber habe ich die zwei wesentlichen Punkte des Problems dargelegt, welche in Frage kommen, wenn man die Bühnenfrage aufwirft. Das Bestreben liegt vor, einen derartigen Versuch zu wagen, und es wäre verdienstlich, wenn er gelänge.

Musik und Drama[137]

Die Musik schaut den Menschen nur von innen. Alle innere Bewe-

---

[137] Posthum erschienen in den *Münchner Neuesten Nachrichten* vom 18. Januar 1931, sicher nach dem Brief an Cosima von 1896 als geklärte Zusammenfassung der Auseinandersetzung mit Wagners Opern (Anm. der Herausgeberin). Siehe hierzu auch Hildebrands wichtige Ausführungen über die Kunst des Dramatikers und die des Schauspielers in dem Aufsatz über das Generelle und das Individuelle, S. 40 und 41.

gung, alles Innengefühl, alles Selbstempfinden wird zur Musik, spiegelt sich im musikalischen Element.

Die Außenwelt, unser Wahrnehmen erlöscht, und wir erleben uns nur von innen in einem Element, welches die Stelle aller wirklichen Welt einnimmt. Das Drama stellt den Menschen in eine Außenwelt, die vor der wirklichen das voraus hat, daß sie einem inneren Bedürfnis des Menschen entspricht. Wir sind der Welt nicht entrückt, sondern stehen in einer viel prägnanteren, schlagenderen: Das Wort ist gesteigert, die Handlung verständlich, die Katastrophe notwendig. Wir leben ganz in der Situation, erleben sie mit, und das Wort ist unser wahrster Ausdruck, alles, was uns aus dem Drang des Ereignisses herauszieht und davon abzieht, wird [...] zum Hemmschuh des dramatischen Fortganges. Unser Innenleben, unser inneres Sich-Bewegen wird nicht an sich gegeben, wie durch die Musik, sondern nur in bezug auf die Außenwelt, nur durch sie erregt.

Wenn sich Musik und Drama verbinden sollen, so kann das nur auf dem Boden einer Situation geschehen, welche einen inneren Vorgang anregt. Mit dem Eintritt der Musik werden wir so weit aus der Außenwelt gezogen, als wir in das musikalische Element untertauchen. Dem Worte wird seine Gewalt genommen, da die Musik sie übernimmt. Um der Musik ihre natürliche Gewalt zu geben, muß aber die Situation derart sein, daß sie einen natürlichen Boden für ein musikalisches Sich-Ergeben darstellt; sie muß so weit sein, daß sie sich nicht nur zum Wort zuspitzen kann, und so allgemein, daß die Musik noch ein durch den Gedanken unberührtes Terrain unter sich fühlt. Es lassen sich nun Situationen schaffen, die den musikalischen Keim in sich tragen und sich zugleich auf das Wort abzweigen, dann läuft Musik und Wort parallel. Es läßt sich aber kein Drama aus lauter solchen Situationen aufbauen. Das Drama verlangt einen Zusammenhang der Außenwelt, welcher nicht aus inneren Vorgängen allein besteht.

Deshalb hat die alte Oper nur da Musik gebracht, wo sie ein natürlicher Ausdruck der Situation ist, das andere gesprochen, dem Drama aber immer soviel Leichtigkeit gelassen, daß man ganz in der Musik aufgehen kann. Eine andere Lösung liegt in der Pantomime, so daß die Musik sich direkt an die Geste anschließt, wodurch die Außenwelt immer einseitig auftritt und das dramatische Element nur als zu Musik gewordene Situation erlebt wird.

Zur Ausbildung von Künstlern

Das Studium an Kunstakademien[138]

K ein Künstler von Bedeutung wird seine eigentliche Entwicklung einer Akademie verdankt haben, mag sie gewesen sein, wie sie wollte. Seine künstlerische Entwicklung wird erst später, sei es in der Werkstatt eines Meisters oder durch dessen persönlichen Einfluß, oder sei es in der Einsamkeit, sich ausbilden. Meist ist aber die Sache so, daß das auf der Akademie Erlernte erst weggelernt werden muß, um richtig anzufangen, und deshalb liegt die Aufgabe einer Schule vor allem darin, kunstfeindliche Einwirkungen auszuschließen und nur das zu lehren, was für jede spätere künstlerische Weiterentwicklung vorteilhaft und brauchbar ist. Eine Akademie soll nicht den Anspruch machen, Künstler auszubilden, sondern sie nur gründlich vorbereiten wollen zur Selbstentwicklung, also nur eine Kunstschule sein.

Wenn es auch nicht zu übersehen ist, daß selbst beim positivsten »Was« immer auch ein »Wie« in Frage kommt, welches beim Lehrer mit mehr oder minder Einsicht und Fernblick erfaßt und behandelt werden kann, so ist es doch wichtig, durch die Wahl des Lehrstoffes es unmöglich zu machen, daß der Schüler bloß prinzipielle Fantastereien und nichts Positives gewinnt. Dieses Positive zu bestimmen und näher festzusetzen, darum handelt es sich hier, und ich teile es in drei Hauptgruppen:

1. Alles Handwerkliche der verschiedenen künstlerischen Gestaltung. Die Beherrschung des Handwerklichen ist in der Schule zu absolvieren, damit auch der, welcher zu keiner höheren Kunstentwicklung kommt, als Kunsthandwerker seinen Platz finden

[138] Unveröffentlicht, wohl um 1905 geschrieben, als Entwurf für eine an die Direktion der Akademie gerichtetes oder von ihr erbetenen Schreiben, als Hildebrand die Leitung einer Bildhauerklasse an der Kunstakademie in München übernommen hatte.

kann. Ferner, damit das handwerkliche Können bei dem späteren Künstler keine Rolle mehr spielt, indem die rein künstlerische Weiterentwicklung unbehindert von technischen Schwierigkeiten vor sich gehen kann, das heißt, damit die Kunst frei wird. Für Bildhauer handelt es sich neben dem selbständigen Modellieren um Erlernen der Steinmetzarbeit, die auch zum freien Hauen in Stein entwickelt werden muß, und zwar zunächst von ornamentalen Dingen, deren Anschauung klar in der Vorstellung existieren und aus dem Kopf gemacht werden kann. Später kommt man dann an die Darstellung lebender Gebilde.

In derselben Weise soll in Holz geschnitten werden und ebenso das Nötige von Metallbehandlung erlernt werden.

Für Maler alle technischen Behandlungen, vom Stubenmaler bis zum Fresko. Dabei natürlich Zeichnen, Radieren, Gravieren.

2. Allgemeine Konstruktion und formale Architektur. Im Gegensatz zu der bisherigen Zusammenlegung der Architekturerziehung mit der des Ingenieurs sollte sie vielmehr in Verbindung und in Anschluß mit den anderen Künsten getrieben werden. Wie weit ein Teil der Architektur obligat für alle, wie weit je nach Wunsch zugänglich, müßte festgestellt werden, und ebenso müßte der Unterricht architektonischer Entwicklungsgeschichte allen gelehrt werden, jedoch von einem Kunsthistoriker.

3. Das Naturstudium:
Es soll dieses zuerst technisch beginnen mit der Darstellung einfacher Gegenstände, dann erst zum lebendigen Akt fortgeschritten werden, so daß das technische Darstellen und Fassen von Verhältnissen an sich keine Hindernisse mehr in den Weg legen. Dabei wäre es wichtig, nicht nur das Studium nach der Natur zu treiben, sondern auch die gewonnenen Erfahrungen der Anschauung frei aus der inneren Vorstellung darzustellen.

Anatomiestudium. Komponieren im üblichen Sinn sollte ausgeschlossen bleiben als Lehrfach. Hier liegen die schädlichsten Einflüsse. Das gehört einer späteren Entwicklung an.

Naturstudium[139]

Es teilt sich dieses in die gegenständliche Kenntnisnahme der Naturgebilde und in die künstlerische Darstellung.

Bei ersterer wird (an der Akademie) meist nur an den Menschen gedacht, während gerade für das Kunstgewerbe die vielseitige Kenntnis von Pflanzen, Tieren und sonstigen als Verzierung zu benutzenden Naturgebilden viel mehr in Betracht kommt. Es handelt sich da vor allem um einen reichen Vorstellungsbesitz von Naturformen, die der Fantasie zu Gebote stehen sollen und die auch leichter zu bewältigen sind als gerade der menschliche Körper.

Was nun den zweiten Punkt, die künstlerische Darstellung betrifft, so handelt es sich beim Kunstgewerbe nicht um die künstlerische Darstellung eines Gegenstandes als selbständiges Darstellungsbild, sondern um die Verwertung gegenständlicher Naturgebilde als Zierde und Teil eines kunstgewerblichen Gegenstandes, also um eine sogenannte dekorativ-künstlerische Darstellung.

Durch diese Teilung ergibt sich für den Schüler Folgendes:

Die gegenständliche Naturkenntnis läßt sich nur durch Abzeichnen der verschiedensten Gebilde erwerben mit dem Zweck eines reichen gegenständlichen Vorstellungsbesitzes, der dann dekorativ zu verwerten ist. Dieser Reichtum ist für ihn wichtiger als das Studium des menschlichen Körpers. Ich teile durchaus die Ansicht von Professor Riemerschmidt, daß die Gewerbeschule zunächst diese Aufgabe nicht hat und die Gefahr vorliegt, den Schüler nach der Richtung der photographischen Treue und Abhängigkeit des zufälligen Modells zu erziehen, was gegenüber anderen Naturgebilden nicht so leicht der Fall ist, weil der Gegenstand leichter zu übersehen und zu überwinden ist. Diese Gefahr gegenüber dem menschlichen Körper wird nur von hochbegabten Künstlern vermieden und durch die Konkurrenz des photographischen Bildes wachgehalten. Was nun die Beobachtung bewegter Modelle betrifft, so liegt darin eine gute Anregung, überhaupt und immer die Natur auch in der Bewegung zu beobachten,

[139] Unveröffentlicht, entstanden wahrscheinlich zwischen 1908–1910, als Hildebrand mit anderen Beamten bayerische Kunstgewerbeschulen inspizierte und darüber zu berichten hatte. Siehe dazu auch Sigrid Esche-Braunfels, *Werkmonographie*, a.a.O., S. 618ff., und Hildebrand an Kronprinz Rupprecht 1919; siehe Bernhard Sattler, *Adolf Hildebrand und seine Welt*, a.a.O., S. 693.

verlangt aber auch eine starke Begabung, wenn sie wirklich fruchtbar werden soll. Für die meisten wird es nicht viel nützen.

Professor Riemerschmidt[140] will die Mißstände der heutigen Zeit, die im Kunsthandwerk sich zeigen und deren Vorhandensein nicht geleugnet werden kann, durch eine neue Erziehungsweise bekämpfen. Er will an Stelle des Kopierens das Erfinden setzen und zwar gleich beim Erlernen des Handwerklichen. Er will den Lernenden durch dessen eigene Fantasie bei der Arbeit erwärmen und stärken und ihn so quasi zur Selbsterziehung entwickeln. Wohl mit Recht läßt sich dabei befürchten, daß der Fantasterei dadurch alle Tore geöffnet werden und es wohl besser ist, wenn der Schüler erst das Handwerk lernen soll, bevor er selbständig erfindet. Denn dann kennt er erst die Grenzen, in denen die Fantasie sich zu bewegen hat. Der Lehrling müßte also auch für Kunstgewerbe damit anfangen, daß der Schüler beim Meister erst sein Handwerk gründlich zu lernen hat mit all seinem praktischen Drum und Dran, erst dann hätte es nun Sinn, selbständig sich weiterzubilden. Dies setzt natürlich voraus, daß das Handwerk und die Meister vorhanden sind, so wie es sein soll und früher war. Ist das Handwerk noch in gesundem Zustand? Hier liegt die Kernfrage. Denn, liegen schon im Handwerk selbst die Mißstände und wird der Lehrling schon da falsch belehrt und verdorben, dann wandelt sich die Sache sehr, dann ist nicht das Handwerk die natürliche Vorbedingung einer breiteren Entwicklung, sondern es muß schon das Handwerk reorganisiert und in der Schule zuerst neu gelernt werden.

Meiner Ansicht nach liegen die künstlerischen Zeitübel schon zum großen Teil im Betrieb des Handwerks selbst, wie es auch Professor Riemerschmidt annimmt; nur erkläre ich sie mir anders und sehe auch das Heilmittel woanders als er.

Ich sehe das Grundübel in der sogenannten Vervollkommnung der mechanischen Hilfsmittel, um mit sogenannter größerer Sicherheit

---

[140] Richard Riemerschmied (1868–1957), Architekt, Maler, Kunstgewerbler, gehörte 1897 zu den Begründern der Vereinigten Werkstätten in München, in denen gegen den Historismus des ausgehenden 19. Jahrhunderts eine neue Kunst gefordert und ausgeübt wurde. Einfachheit der Form, Sparsamkeit der Motive und Rücksicht auf Material und Zweck waren die neuen Forderungen. Außerdem sollte ein Beispiel gegeben werden, wie sich auch im kapitalistisch geführten Großbetrieb Möglichkeiten finden lassen, die Persönlichkeit des Künstlers zu berücksichtigen.

und Raschheit die Arbeit zu vereinfachen und zu erledigen. Denken wir an die Möbelfabriken und an die Holz- und Steinbildhauer! Während man früher z. B. in primitiver Weise beim Kopieren in Holz oder Stein einige Hauptpunkte abmaß, dann aber frei nach dem Augenmaß die Arbeit begann und durchführte, bedeutete die Arbeit ein kontinuierliches Weiterentwickeln im inneren Verkehr zwischen Auge und Hand, ein Durchleben und Fortschreiten der Vorstellung, ein lückenloser und natürlicher Entwicklungsprozeß des anschaulichen Vorstellens. Darin bestand die gesunde künstlerische Erziehung. Bei der häufigen Wiederholung derselben Arbeit konnten die Holzschnitzer allmählich ganz aus dem Kopf frei solche Arbeit leisten, und so entstanden auch die meisten, wenn auch sehr ähnlichen Schnitzereien. Das bezieht sich ebenso auf Möbel und auf Bilddarstellungen. In derselben Weise wurde auch in Stein gearbeitet: Die handwerkliche Tätigkeit führte von der rein technischen Verwendung der Instrumente im Material zur weiteren künstlerischen Bearbeitung desselben, und darin lag das Gesunde.

Mit der Vervollständigung der Punktiermaschine und ihrer weitgehenden Verwendung bleibt von dem eigentlichen künstlerischen Prozeß immer weniger übrig. Der allmähliche natürliche Entwicklungsgang hörte auf. Statt dessen gewöhnte sich der Arbeiter an einen ganz geistlosen, mechanischen Prozeß, und wenn dieser zu Ende, sollte er mitten im Satz nun ein künstlerisches Ende dazu machen. In jeder Weise gebunden, lief seine Arbeit auf ein ängstliches Zurechtstellen und Zurechtputzen hinaus, wobei alle direkte Frische der Hantierung schon von vornherein ausgeschlossen war. Ein geistiger Prozeß läßt sich aber nicht so einteilen, ohne von vornherein wesentlich reduziert zu werden. Es entwickelt sich statt dessen ein Fanatismus der Genauigkeit ohne Liebe für das Auge, weil das Auge dabei nicht tätig benutzt wurde. Jeder konnte freilich das Verschiedenste rasch kopieren, und darin sah man eine Vervollkommnung. Diese Entmannung des Arbeitsvorganges spielt sich nicht etwa nur beim kunstvollen Erzeugnis ab, sondern findet auch beim einfachsten Schaffen statt. Jedem Möbel, wenn noch so einfach, ist es heute auf die Stirn geschrieben, wie unfrei und mutlos, wie rein mechanisch der Handwerker arbeitet. Er ist selbst eine Maschine geworden.

Hier liegt das Übel, woran alles leidet und was das heutige Handwerk gar so wesentlich von dem vergangener Zeiten unterscheidet.

Wir empfinden es wohl, verkennen aber die Ursache. Der Glaube, daß man nur am Handwerk anzuknüpfen bräuchte, ist nur richtig, wenn man auf das alte Handwerk zurückgeht, d. h. die Maschinentätigkeit ganz herausreißt, es neu organisiert. Es gibt kaum einen Meister, der frei von der Seuche unserer Zeit ist, und deshalb muß das, was im Leben dem Handwerk verlorengegangen ist, durch die Schule neu ersetzt werden.

Wenn nun Professor Riemerschmidt dies empfindet und deshalb eine Neuerung sucht, so ist sein Bestreben berechtigt. Er glaubt, die Besserung zu erreichen, wenn er an der Fantasie und der Erfindungsgabe anknüpft. Nicht daß er das Erfinden lehren will, sondern daß der Schüler mit dem Erfinden lernen soll. Hier scheint mir jedoch eine Verwechslung zwischen Vorstellen und Erfinden vorzuliegen. Die Entwicklung und Klärung der Vorstellung ist es, die mit dem rein handwerklichen Lernen zugleich angestrebt werden muß. Diese hat aber an sich nichts mit dem Erfinden zu tun. Letzteres hat nur Wert, nachdem die Vorstellung und das Gestalten schon geordnet ist; sonst ist dies ein oberflächliches Fantasieren, die größte Feindin alles Künstlerischen.

Gegenüber dem Dämon der scheinbaren Genauigkeit und Präzision soll eine gesunde sachliche Entwicklung der Vorstellungskraft erzogen werden. Das läßt sich einmal durch direktes Kopieren eines Vorbildes, welches der Schüler fähig ist, in der Vorstellung beherrschen zu können, erreichen, um es dann auch aus der Erinnerung und Vorstellung allein frei zu wiederholen. Ferner aber durch die Mitarbeit in der Werkstatt an Arbeiten, bei denen fragwürdige, rein mechanische Hilfsmittel ausgeschlossen sein sollten. Auf diese Weise könnte die Schulbildung als Gegengewicht gegen die Einflüsse der heutigen mechanischen Herstellungssysteme neuen Wert und Bedeutung gewinnen.

Der handwerkliche Arbeitsprozeß muß als Problem der Erziehung angesehen werden und deshalb gereinigt werden von den schädlichen Zeitforderungen, die es überwuchern. Im Gegensatz dazu hat man z. B. bei der Holzschnitzerei, wo der Arbeitsprozess noch gesund überliefert war, sich vom Staat aus bemüht, denselben in einen mechanischen umzuwandeln, wo er nicht aus dem direkten Holzschnitzen sich entwickelt, sondern als mechanisches Kopieren des modellierten Modells betrieben wird.

Haben wir nun das Stadium der Natur als vielseitige Kenntnis aller möglicher Naturgebilde auf die eine Seite der Erziehung gestellt, so handelt es sich nun um die eigentliche künstlerische Verwendung in kunstgewerblichem oder dekorativem Sinn.

Diese Verwendung hängt also mit dem kunstgewerblichen Gegenstand zusammen, wobei in erster Linie das Material viel mitzureden hat. Die Arbeit im betreffenden Material und der damit zusammenhängenden Arbeitsorgane muß erlebt werden, um sein Wesen und seine Begrenzung zu erfahren. Die Technik der verschiedenen Materialien muß gelernt werden und gibt die Basis für die dekorativen Möglichkeiten. Das bedeutet also ein Arbeitsstudium, welches durchgangen werden muß und wozu ein Kopieren guter Beispiele der Anfang sein wird. Solche Beispiele sollten nun für die verschiedensten Möglichkeiten dekorativer Verwertung ausgewählt werden, ganz einfache und durch lineare Größengegensätze sozusagen abstrakte Erscheinungsmittel als grundsätzliche Verhältnisverwertung, und dann zu einfacher und komplizierter gegenständlicher Verwertung fortschreiten, um die dekorativen Verwertungsmöglichkeiten die Schüler kennenlernen zu lassen. Erst nach solch vielseitigem Studium und aufklärendem Unterricht durch die Lehren guter Beispiele, wobei das Verständnis, d.h. die Erkenntnis der Ursachen für die jeweilige Mitteilung erworben werden (muß). Vorher irrt sie im Blauen herum. Ich würde also nicht das Erfinden von Anfang an als Hauptbeschäftigung aufkommen lassen, und darin bin ich, glaube ich, nicht im Einverständnis mit Professor Riemerschmidt. Erfinden dürfen wäre erst eine Belohnung.

Zur Ausbildung der Bildhauer[141]

a) Referat Hildebrands für das Kultusministerium

Die Erziehung der Bildhauer zerfällt in drei Richtungen der Ausbildung:
1. in die rein technische,
2. die des Naturstudiums,
3. die architektonische.

[141] Maschinenskript im Nachlaß; ursprünglich handschriftliches Konzept auf der Rückseite eines Ministerialschreibens vom 4. April 1917 an die Direktion der Münchner Kunstgewerbeschule mit der Bitte um Gutachten betreff der Angaben der Kunstgewerbeschule.

I. Die technische Ausbildung besteht im Erlernen:
1. der einfachen Steinmetzarbeit, um die volle Fertigkeit im Weghauen des Steins und die verschiedenen handwerklichen Kenntnisse zu erlangen;
2. des direkten Aushauens nach ornamentalen alten Relief-Vorbildern vom ganz Einfachen bis zum Komplizierten, z.B . Fruchtstücken usw., wobei ein sicheres direktes Vorgehen im Stein als allgemeines allmähliches Fortschreiten von der Oberfläche aus nach der Tiefe hin festgehalten wird.
3. Je nach der Begabung kann dieser Arbeitsprozeß nach eigener, ornamentaler Erfindung geübt werden, um die Vorstellung im Einklang mit diesem Arbeitsprozeß zu entwickeln.
4. Als späteres Stadium entwickelt sich dann dasselbe Vorgehen bis zum ganz Runden, wozu je nach der Begabung zuletzt figürliche Darstellung geübt wird.
5. Ähnliche Schulung soll in Holz betrieben werden, wobei die dem Material entsprechenden Bedingungen berücksichtigt werden. Das wesentliche dabei ist das direkte freie Arbeiten in Stein und Holz mit grundsätzlichem Vermeiden des sogenannten genauen Punktierens an einem Gipsmodell. Die Formgebung soll nicht dem Prozeß des Modellierens, sondern dem des Aushauens entnommen werden (Lehrer schwer zu finden).
6. Metallbehandlung, Ziselieren etc.

II. Das Naturstudium, welches gleichzeitig vor sich geht und sich auf den menschlichen und tierischen Körper bezieht, beginnt
1. mit modellieren und zeichnen nach der Natur, vorausgesetzt, daß der Schüler durch Übung an einfachen Gegenständen und Gebilden die nötige Sicherheit erlangt hat, Verhältnisse zu treffen.

Zur letzteren eignet sich natürlich das Copieren an nicht lebenden, d.h. sich nicht bewegenden, plastischen Gebilden am besten. Darstellungen in Relief dürfen erst dann stattfinden, wenn die Schüler schon ihre Erfahrungen im freien Steinarbeiten von der Fläche aus gemacht haben.
2. Nach halbjährigem Aktzeichnen soll dann auch die anatomische Kenntnisnahme beginnen, soweit die erlebte Körperanschauung sich dadurch erklärt.
3. Mit diesem Naturstudium soll dann auch die Darstellung aus der

Vorstellung, die sich dabei entwickelt hat, also ohne Akt, allmählich geübt werden, so daß der Schüler erkennt, wieviel er von der Natur eingeheimst hat und wo es ihm fehlt.
4. Dann soll sich bewegender Akt beobachtet und aus der Erinnerung gezeichnet oder modelliert werden.
5. Mit Komponieren im üblichen Sinn soll man sich auf der Akademie gar nicht abgeben.

III. Die architektonische Ausbildung
1. Einfachste allgemeine Konstruktionslehre mit den daraus entstehenden Formen.
2. Stilunterschiede bezüglich der Konstruktion und der Formengebung.
3. Ornamentale und plastische Ausschmückung der Bauten im Zusammenhang mit der architektonischen Formengebung.

b) Allgemeine Begründung seiner Vorschläge zur Bildhauer-Ausbildung an Kunstschulen

Ich halte es für wichtig, für meinen Lehrplan noch einige allgemeine Begründungen zu bringen.

Es lassen sich zwei Arten von künstlerischem Schaffensvorgang unterscheiden:

Die erste als das ursprüngliche Schaffen geht von der inneren Vorstellungswelt aus, wie sie sich aus dem Erlebten und der Fantasie bildet und zu bestimmten Bildern kristallisiert, welche dann zur Darstellung drängen.

Die andere geht von einem wirklichen Naturgebilde aus und sucht dessen Erscheinung wiederzugeben.

Die Schwierigkeit ist bei beiden eine verschiedene. Bei der Darstellung des inneren Bildes frägt es sich, bis zu welcher Deutlichkeit es dem Künstler möglich ist, es zu realisieren ohne direkte Zuhilfenahme der Natur. Bei dem anderen Kunstvorgang frägt es sich, wieweit er den Natureindruck zu einem künstlerischen inneren Bild gestalten kann.

Bei dem ersten Vorgang liegt die Gefahr, daß – bei Zuhilfenahme direkter Natur – das zufällige Naturmodell mehr und mehr selbständige Macht gewinnt, so daß das Resultat ein Zwittergeschöpf des ursprünglichen Bildes und des zufälligen Aktes wird und so die eigentliche konsequente künstlerische Entwicklung des inneren Bildes verhindert.

Bei dem andern (zweiten) Vorgang, der inspiriert wird von einem bestimmten Naturakt und von ihm ausgeht, gelangt (der Künstler) meist nur zu einem einheitlichen Bruchstück, weil das Naturganze eben doch kein Bildganzes ist. Das beweisen die herrlichen Naturakte von Rodin, die immer als Rudimente künstlerisch möglich bleiben.

Die Gefahr entsteht also in beiden Fällen aus dem inneren Gegensatz, der an sich zwischen der inneren Qualität eines Bildes entsteht, welches unsere Vorstellung erzeugt hat, und dem, welches die direkte Wahrnehmung eines Naturbildes schafft.

Dieser Konflikt beider ist die Klippe, an der viele Kunstwerke scheitern.

Wenn ich so diese Gegensätze der verschiedenen Kunstziele im Allgemeinen hingestellt habe, trenne ich sie von den Meinungen über ihre reale Verwirklichung. Das ist eine andere Frage. Denn ein Ziel anstreben und die richtigen Mittel anwenden, um zum Ziel zu gelangen, ist zweierlei.

Jeder der oben bezeichneten Schaffensvorgänge trägt seine speziellen Gefahren, so auch bei der Plastik.

Vielfach waltet jetzt der Glaube, es handle sich heute darum, wieder bei den Ägyptern und den ersten Anfängen der Kunst zu beginnen, und verirrt sich dann in eine künstliche unwahre Naivität. Das ist natürlich ein Mißverständnis und führt durchaus nicht zum angestrebten Ziel, es ist wieder eine neue Nachahmung, aber kein natürliches Werden.

Antwort Hildebrands auf das Angebot einer Professur an der Akademie der Bildenden Künste in München[142]

Auf die private Anfrage, ob ich die Professur für Bildhauerei an der Akademie hier übernehmen würde, habe ich Folgendes zu sagen.

Diese Stellung schließt nicht nur die verantwortliche Leitung der

---

[142] Undatiertes Handschreiben des etwa 59-jährigen Hildebrand, evtl. Februar 1906; aus: Personalakte »Adolf Ritter von Hildebrand, Kgl. Prof. für Steinplastik« in der Akademie der Bildenden Künste in München. 1910 erlitt er einen leichten Schlaganfall infolgedessen er nicht mehr steinhauen konnte und von der Professur zurücktrat.

gesamten bildhauerischen Erziehung ein, sondern auch ein tätiges Eingreifen beim Erlernen des Abc, wozu ich vor allem ein gründliches Studium der menschlichen Form rechne.

Eifriges Korrigieren etc. ist da nötig und das verlangt einen ganzen Mann mit allem Lehreifer und Interesse für den Unterricht. Für diesen Unterricht, der in erster Linie Aufgabe der Akademie ist und den nötigen Untergrund bildet, ist meine Zeit zu kostbar und eine jüngere Kraft kann ihn übernehmen.

Was mich interessieren könnte, wäre dagegen ein späterer Unterricht für die Talentvollen, die schon was können. Kurse im freien Arbeiten in Stein, wie ich sie schon vor Jahren als höchst entwickelnd ausgesprochen und beschrieben habe und womit überhaupt eine Einführung in die feineren künstlerischen Probleme zusammenhängt.

Ein solches existiert auf keiner Akademie und wird nirgends gelernt. Hiermit würde ich ein spezielles Eigentum auf die jüngeren Bildhauer übertragen können und somit etwas Spezielles nützen.

Solche Kurse brauchen auch nicht das ganze Jahr hindurch gehalten zu werden und würden mich deshalb auch nicht immer in Anspruch nehmen.

Wenn nun auch die Stellung in der Art umgeformt werden könnte, daß mir ein angestellter Assistent all das abnehmen würde, was mir selbst zu tun nicht beliebt, so bliebe mir jedoch alle Verantwortung, und außerdem wäre noch folgendes in Betracht zu ziehen.

All die großen Vorteile, die die Professur gewährt, die den eigentlichen Gehalt wesentlich erhöhen, ich meine die mit der Stellung verbundenen Aufträge, der künstlerische Einfluß nach außen etc. etc. kommen für mich nicht in Betracht, während sie für einen jungen Künstler von großem Wert sind.

Andererseits bedeuten die Verpflichtungen, welche die Stellung auferlegt gegen Schüler wie Vorgesetzte, kurzum Alles, was mit jeder Beamtenstellung zusammenhängt, meiner gänzlich unabhängigen Lebensstellung gegenüber, eine wesentliche Benachteiligung für mich.

Ich würde also bei einer großen Einschränkung eine große Arbeit und Verantwortung übernehmen, wogegen der Staat nur ein geringes zu bieten imstande ist.

Das Gefühl, für das, was ich nützen kann, falsche Opfer zu bringen, wenn ich die Professur annehme, ist deshalb vollauf begründet und ich kann deshalb die Anfrage auch diesmal nur verneinen.

Vorausgesetzt aber, daß es sich hier nicht nur um die Aquisition eines Namens für die Akademie handelt, sondern daß man aus künstlerisch sachlichen Gründen wünscht, mich mit der akademischen Jugend in Berührung zu bringen, möchte ich folgenden Vorschlag dagegen machen.

Man überlasse mir das Bildhauer-Atelier in der Akademie, um dort solche Kurse für die [...] Steinarbeit abzuhalten.

Ferner stelle man mir die Fonds zur Verfügung, um die Kosten an Stein etc. zu bestreiten. Auf einen Gehalt würde ich verzichten, dagegen völlige Unabhängigkeit von der Akademie beanspruchen. Es wäre eine Stellung, die außerhalb des amtlichen Akademieverbandes läge.

Ich denke mir z. B., daß die Professur an den jetzigen Stellvertreter von Professor Rümann, den jungen Bildhauer Bleeker übergehen wird (den ich, nebenbei bemerkt, für sehr tüchtig und geeignet halte), jedoch mit dem geringeren Gehalte von 3000,-, sodaß der Rest als Fond für meine Zwecke gesichert wäre.

Wenn man also ein Meisteratelier in obiger Weise mir zur Durchführung meiner speziellen Lehrzwecke zur Verfügung stellt, so bin ich bereit, solche Kurse abzuhalten und ins Leben zu rufen.

Es ließe sich ein solches Abkommen vorerst provisorisch treffen, um zu sehen wie die Sache sich entwickelt und wie sie konveniert.

Hildebrand zur Kunsterziehung seiner Töchter[143]

Hildebrand an seine Frau
München, November 1893
Es wäre doch gut, wenn die Kinder sich jetzt das Theater aus dem Sinn schlügen. Es zerstreut entsetzlich. Lisi und Zusi sollen jetzt nach der Natur Stilleben malen. Was es auch sei, zusammenstellen. Ohne Studium geht nichts weiter und sie müssen doch ernsthaft arbeiten und merken, daß man viel weiter gehen kann als sie es bis jetzt thun. Ein Gipsfigürchen auf dunklem Grund und einige andere Dinge zusammen gestellt. Eine Guitarre [...] und Teppich etc. Was im selben Licht bleibt, und wo sie ruhig dran fortstu-

---

[143] Elisabeth (15 Jahre) und Irene (13 Jahre). Siehe Bernhard Sattler, *Adolf von Hildebrand und seine Welt*, a.a.O., S. 417.

dieren können. Sie können es ja auf die Wand malen, da ihnen das sympathischer. So haben sie ein ruhiges Modell, und können ruhig täglich weiter malen, damit sie etwas lernen, auf die Natur einzugehn [...]

Hildebrand an seine Frau
München, 9. November 1893
Lisel und Zusi sollten nach S. Marco gehn und das große Fresco von Fra Angelico ansehn, das ist besser als die Ufficien und viel lehrreicher. Aus dem Campo kann ihnen doch ein Junge sitzen, damit sie mal versuchen einen Kopf an die Wand zu malen. Wenn sie so wenig Natur und soviel alte Bilder sehn, haften die Reminiszenzen mehr als eigene Eindrücke, deshalb müssen sie mehr Natureindrücke aufnehmen und sich soviel wie möglich nackend beobachten [...].[144]

---

[144] Elisabeth (Lisel, verh. Brewster) wurde Malerin, deren feine italienische Landschaftsbilder 2007 eine Ausstellung mit Katalog in Migliarino Pisano, Pisa erfuhren. Irene (Zusi) wurde Bildhauerin und heiratete den Bildhauer Theodor Georgii. Beide Kinder durften als junge Mädchen in den Räumen des von der Familie bewohnten Klostergebäudes S. Francesco da Paola große von Hans Thoma bewunderte Fresken malen, später mit ihrem Vater zusammen auch in einem Schloß des Herzogs Georg von Sachsen-Meiningen.

Literatur

Esche-Braunfels, Sigrid, *Adolf von Hildebrand (1847–1921)*. Werkmonographie, Berlin 1993.

Esche-Braunfels, Sigrid, *Skulptur und Architektur des Wasserspiels. Hildebrands Brunnen*, München 2005.

Goldberg, Gisela, *Wohin mit der modernen Kunst? Bayerische Staatsgemäldesammlungen: Museen – Projekte – Standort in München*, in: Oberbayerisches Archiv, 128. Bd., München 2004.

Hildebrand, Adolf von, *Gesammelte Schriften zur Kunst*, bearbeitet und mit Einführung versehen von Henning Bock, wissenschaftliche Abhandlungen der Arbeitsgemeinschaft für Forschung des Landes Nordrhein Westfalen, Bd. 39, Köln und Opladen 1969, 2. Auflage 1988.

Kehr, Wolfgang / Rebel, Ernst, *Zwischen Welten. Adolf von Hildebrand (1847 bis 1921). Person, Haus und Wirkung* . München 1998.

Martin, Kurt, *Die Tschudi-Spende*, München 1962, S. 9ff.

Pinnau, Peter, *Gruft, Mausoleum, Grabkapelle. Studien zur Sepulkralarchitektur des 19. und 20. Jahrhunderts mit besonderer Hinsicht auf Adolf von Hildebrand*, München 1992.

Sattler, Dietrich, *Adolf von Hildebrand und die Architektur*, Dissertation, München 1930.

Sattler, Bernhard, *Hildebrand und seine Welt. Briefe und Erinnerungen*, München 1962.

Sattler, Florian, *Adolf von Hildebrand. Briefe und Erinnerungen*, München 2008. Auswahl aus Bernhard Sattler.

Wittstock, Jürgen, *Adolf von Hildebrands Hauptwerk, der Wittelsbacher Brunnen in München*, Oberbayerisches Archiv, Bd. 100/101, 1976, S. 7–67.

Bildnachweis

Aus: Hildebrand, Adolf von: *Gesammelte Schriften zur Kunst*, bearbeitet und mit Einführung versehen von Henning Bock, 2. Auflage 1988: 58, 62, 64, 67, 87

Aus: Esche-Braunfels, Sigrid, *Adolf von Hildebrand (1847–1921)*. Werkmonographie, Berlin 1993: 14, 19, 22, 23, 25, 27, 82, 110, 115, 154

www.ingramcontent.com/pod-product-compliance
Lightning Source LLC
Chambersburg PA
CBHW031627210526
45464CB00004B/1783